Praxisabgabe und Praxisübernahme

unter Berücksichtigung des VÄndG und des GKV-WSG

von

Ralph Steinbrück

2., neu bearbeitete Auflage

C.F. Müller
MedizinRecht.de

Bibliografische Information der Deutschen Nationalbibliothek

Die Deutsche Nationalbibliothek verzeichnet diese Publikation in der Deutschen Nationalbibliografie; detaillierte bibliografische Daten sind im Internet über <http://dnb.d-nb.de> abrufbar.

ISBN 978-3-8114-3448-6

© 2009 C.F. Müller, Verlagsgruppe Hüthig Jehle Rehm GmbH, Heidelberg, München, Landsberg, Berlin und MedizinRecht.de Verlag, Frankfurt/Main

Jede Verwertung außerhalb der engen Grenzen des Urheberrechtsgesetzes ist ohne Zustimmung des Verlages unzulässig und strafbar. Dies gilt insbesondere für Vervielfältigungen, Übersetzungen, Mikroverfilmungen und die Einspeicherung und Bearbeitung in elektronischen Systemen.

www.cfmueller-verlag.de
www.medizinrecht.de
E-Mail: kundenservice@hjr-verlag.de

Satz: preXtension GbR, 82284 Grafrath
Druck und Bindung: Köppl und Schönfelder, Stadtbergen

Printed in Germany

Inhaltsverzeichnis

Abkürzungsverzeichnis			XI
A	**Einführung**		1
	Zur 2. Auflage 2009		1
	Zur 1. Auflage 2006		2
B	**Problem Praxisabgabe und Praxisnachfolge**		5
	I	Problemstellung	5
		1 Grund der Praxisabgabe	5
		a) Übliche Gründe für eine Praxisabgabe	5
		b) Zivilrechtliche Verpflichtung zum Verzicht auf die Ausschreibung („Stilllegeprämie")	5
		2 Zeitrahmen der Praxisabgabe	6
		a) Ein ganzes Jahr!	6
		b) „Witwenvierteljahr"	7
		3 Unterschiedliche Gestaltung der Praxisabgabe	8
		4 Vor- und Nachteile einer Praxisübernahme	8
	II	Planung und Organisation der Praxisabgabe	10
	III	Nachfolger / Praxissuche	10
		1 Zeitrahmen	10
		2 Konkrete Suche	11
		3 Medizinische Versorgungszentren als Nachfolger .	12
		a) Definition, Voraussetzungen und Gründung . . .	12
		b) Rechtsform und Sitz	13
		c) Chancen für Praxisabgeber?	14
		4 Weitere Chancen durch das GMG 2004 und das GKV-WSG 2007?	15
		a) Einrichtung und Weiterentwicklung der Integrierten Versorgung	15

		b) Einrichtung und Weiterentwicklung der Hausarztzentrierten Versorgung	20
		c) Einrichtung der besonderen ambulanten ärztlichen Versorgung (§ 73c SGB V)	23

C Ermittlung des Praxiswertes 25

- I Allgemeines 25
- II Die Ärztekammer-Methode 26
  1. Ermittlung des materiellen Praxiswertes 27
  2. Ermittlung des ideellen Praxiswertes 27
  3. Wertmindernde und werterhöhende Merkmale ... 30
- III Betriebswirtschaftliche Bewertungsmethoden 32
  1. Ertragswertverfahren 32
  2. Kombinationsmethoden 35
  3. Methodendiskussion 36
  4. Gutachten oder Eigenbewertung nach Marktlage? . 39

D Praxisübernahmevertrag, Übergangskooperation und Vertrag über die Übernahme eines Anteils an einer Gemeinschaftspraxis 43

- I Praxisübernahmevertrag 43
  1. Rechtsnatur und Formvorschriften 43
  2. Vertragsgegenstand 44
     - a) Verkauf der „vertragsärztlichen Zulassung"? ... 44
     - b) Trennung von materiellem und immateriellem Praxiswert 47
     - c) Vertragsarztzulassung als nicht abnutzbares immaterielles Wirtschaftsgut? 49
  3. Kaufpreis 51
     - a) Aufteilung 51
     - b) Fälligkeit 51
     - c) Leibrente o. ä. 54
  4. Gewährleistungsrechte 54
  5. Übergabe der Patientenkartei bzw. EDV-Datei 56
     - a) Zustimmung der Patienten 56
     - b) Verfahren 57
  6. Übertragung des Mietvertrages 59
  7. Übernahme des Personals 61
  8. Sonstige laufende Verträge 63
  9. Belegarztverträge 64

	10	Honorarforderungen / Verbindlichkeiten / Rechnungsabgrenzungen	65
	11	Konkurrenzschutzklausel / Wettbewerbsverbot ..	66
		a) Sinn und Zweck	66
		b) Zeitliche und räumliche Ausgestaltung	67
	12	Vertragsstrafe	69
	13	Schiedsgerichtsklausel / Schlichtungs- oder Mediationsklausel.............................	71
	14	Zustimmung des Ehepartners (§ 1365 BGB)	72
	15	Genehmigungserfordernisse....................	73
II	Alternative: Gründung einer Übergangskooperation? .		73
III	Vertrag über die Übernahme eines Anteils an einer Gemeinschaftspraxis oder an einem Medizinischen Versorgungszentrum		74
	1	Rechtsnatur	74
	2	Form	74
	3	Übernahme durch verbleibenden Gesellschafter oder Gesellschafterwechsel	75
	4	Rechtsfolgen	75
	5	Haftung für Altverbindlichkeiten	75
	6	Anzeige- und Genehmigungspflichten	77

E Nachbesetzungsverfahren und sonstige Möglichkeiten der vertragsärztlichen Zulassung 79

	I	Nachbesetzungsverfahren.........................	79
	1	Gebiete ohne Zulassungsbeschränkungen („nicht gesperrte Gebiete")............................	79
	2	Gebiete mit Überversorgung („gesperrte Gebiete") .	80
	3	Ende des „Windhund-Prinzips"	82
	4	Ende der Bedarfsplanung in Sicht?	83
	5	Nachbesetzungsverfahren zu Gunsten eines ärztlichen Nachfolgers	84
	6	Nachbesetzungsverfahren nach § 103 Abs. 4a SGB V zu Gunsten von Medizinischen Versorgungszentren...................................	85
		a) Gründung und Erweiterung von Medizinischen Versorgungszentren	85
		b) Wegfall des Zulassungserwerbs durch einen im Medizinischen Versorgungszentrum angestellten Arzt (sog. 5-Jahres-Privilegierung)	87

		c) Bewertung	88
	7	Zulassungsverzicht eines Vertragsarztes und Anstellung bei einem anderen Vertragsarzt nach § 103 Abs. 4b SGB V	89
		a) Neuregelung der Anstellung von Vertragsärzten bei anderen Vertragsärzten	89
		b) Bewertung	90
		c) Schicksal der Angestelltenstelle bei Praxisveräußerung?	91
	8	Teilzulassung	93
	9	Begriff der „Praxis" in § 103 Abs. 4, 4 a und 5 SGB V	95
	10	Zulassungsverzicht und Ausschreibung des Vertragsarztsitzes durch den Praxisinhaber oder seine Erben	95
	11	Auswahlkriterien	98
	12	Verkehrswert der Praxis	101
	13	Abhängigkeit der Zulassung vom Abschluss eines Übergabevertrages?	104
	14	Verlegung des Vertragsarztsitzes	105
	15	Probleme mit Mitbewerbern	107
	16	Nachbesetzungsverfahren: Besonderheiten bei Gemeinschaftspraxis und Medizinischen Versorgungszentren	109
		a) Ausschreibungsrecht ausscheidender oder verbleibender Partner	109
		b) Interessen des/der verbleibenden Partner/s	110
		c) Praxisfälle	111
		d) Vereinbarungen über Verzicht auf die Zulassung bei Ausscheiden	112
	17	Nachbesetzung ohne Nachbesetzungsverfahren beim Medizinischen Versorgungszentrum und bei Arztpraxen mit angestellten Ärzten	115
	18	Nachbesetzungsverfahren: Besonderheiten bei Praxisgemeinschaft	116
II		Sonstige Fragen der vertragsärztlichen Zulassung	117
	1	Altersgrenze 68 Jahre	117
	2	Altersgrenze 55 Jahre	121
	3	Zulassung im Rahmen des sog. Job-Sharing	122
		a) Voraussetzungen	122

		b) Vorteile 123

            b) Vorteile 123
            c) Nachteile 123
        4   Anstellung von Ärzten (früher: „Dauerassistent") .. 124
        5   Qualifizierter Sonderbedarf 125
        6   Außerordentliche Belegarztzulassung 125

F   Steuerliche Fragen 129
    I   Seit 01.01.2001 neue Rechtslage 129
    II   Veräußerungsgewinn 129
        1   Freibetrag 129
            a) Freibetrag EUR 45.000,– 129
            b) Besonderheiten des Freibetrages 130
        2   Ermäßigter (tarifbegünstigter) Steuersatz 130
        3   Mindeststeuersatz 131
        4   Wahlrecht 131
        5   Ermittlung des Veräußerungs- bzw. Aufgabegewinns 131
        6   Problem: Weiterbetreuung von Privatpatienten ... 133
        7   Sonderfall: Veräußerungsgewinn bei Ratenzahlung bzw. Verrentung des Kaufpreises 134
            a) Kaufpreisraten 134
            b) Verrentung: Wahlrecht des Veräußerers 134
            c) Vor- und Nachteile 135
        8   Sonderfall: „Praxis im eigenen Haus" bzw. „eigene Praxisimmobilie" 135
    III   Laufender Gewinn im Abgabejahr 136
    IV   Unentgeltliche Abgabe 137
    V   Veräußerungsgewinn bei Gesellschaftsanteil an Gemeinschaftspraxis 137
        1   Entsprechende Anwendung 137
        2   Ende des sog. Zwei-Stufen-Modells ab 01.01.2002? . 138

G   Ausblick 139

H   Statistiken 143

I   Einschlägige Gesetzestexte 169

Literaturverzeichnis 233

Der Autor 235

Abkürzungsverzeichnis

2. GKV-NOG	Zweites Gesetz zur Neuordnung der Gesetzlichen Krankenversicherung
Ärzte-ZV	Zulassungsverordnung für Ärzte
AG	Aktiengesellschaft
BA	Bewertungsausschuss
BDSG	Bundesdatenschutzgesetz
BGB	Bürgerliches Gesetzbuch
BFH	Bundesfinanzhof
BGH	Bundesgerichtshof
BedarfsplRL-Ä	Bedarfsplanungsrichtlinien-Ärzte
BMG	Bundesgesundheitsministerium
BMV-Ä	Bundesmantelvertrag-Ärzte
BSG	Bundessozialgericht
BVerfG	Bundesverfassungsgericht
BWA	Betriebswirtschaftliche Auswertung
EBM 2008	Einheitlicher Bewertungsmaßstab
GBA	Gemeinsamer Bundesausschuss
GbR	Gesellschaft bürgerlichen Rechts
GG	Grundgesetz
GKV	Gesetzliche Krankenversicherung
GKV-GRG 2000	GKV-Gesundheitsreformgesetz
GKV-SolG 1999	GKV-Solidaritätsstärkungsgesetz
GKV-WSG 2007	GKV-Wettbewerbsstärkungsgesetz
GmbH	Gesellschaft mit beschränkter Haftung
GMG 2004	GKV-Modernisierungsgesetz
GRG 1989	Gesundheitsreformgesetz
GSG 1993	Gesundheitsstrukturgesetz

Abkürzungsverzeichnis

KG	Kommanditgesellschaft
MVZ	Medizinisches Versorgungszentrum
OHG	Offene Handelsgesellschaft
PartnerschaftsG	Partnerschaftsgesellschaftsgesetz
SGB V	Sozialgesetzbuch V
UEC-Methode	Methode der Übergewinnverrentung oder -abgeltung
UntStFG	Unternehmenssteuerförderungsgesetz
VÄndG 2007	Vertragsarztrechtsänderungsgesetz

A Einführung

Zur 2. Auflage 2009

1   Die Grundaussagen der Einführung zur 1. Auflage gelten nach wie vor. Allerdings ist es zwischenzeitlich durch weitere Gesetzesreformen im Gesundheitswesen, insbesondere durch das am 01.01.2007 in Kraft getretene Vertragsarztrechtsänderungsgesetz (VÄndG 2007) und das am 01.04.2007 in Kraft getretene GKV-Wettbewerbsstärkungsgesetz (GKV-WSG 2007) zu einschneidenden Veränderungen gekommen, die nunmehr ca. drei Jahre nach der 1. Auflage des vorliegenden Buches eine Neuauflage erforderlich machten.

2   Insbesondere das VÄndG 2007 hat zu einer erheblichen Liberalisierung des Vertragsarztrechts geführt, was in der Regel sowohl die Möglichkeiten für veräußerungswillige Praxisabgeber wie für übernahmewillige Praxiserwerber verbessert hat und weiter verbessern wird. Allerdings setzt dies voraus, dass der potentielle Praxisveräußerer die sich bietenden neuen Versorgungsstrukturen und -kooperationen aktiv nutzt und seine Praxis in den letzten Jahren vor der Praxisübergabe entsprechend am Markt positioniert, damit sie für potentielle Erwerber so interessant ist bzw. wird, damit ein angemessener Kaufpreis realisiert werden kann. Das vorliegende Buch berücksichtigt die durch die beiden Reformgesetze verursachten Neuerungen und die damit verbundenen Chancen für Veräußerer und Erwerber.

3   Die bereits in der Einführung zur 1. Auflage vorausgesagte Wiederbelebung der Nachfrage nach Vertragsarztsitzen und -praxen mit einer entsprechenden Steigerung der erzielbaren Kaufpreise ist erfreulicherweise eingetroffen (vgl. Ärztezeitung vom 23.06.2008: *„Der Wandel wird spürbar"* und *„Klinikketten treiben die Preise für Praxen nach oben"*). Wie aus diesen Schlagzeilen ersichtlich, hat der Konkurrenzkampf stark zugenommen, weil auch andere Betreiber in den Markt

A Einführung

drängen, nämlich Krankenhausträger und insbesondere Klinikketten, die durch den Betrieb von Medizinischen Versorgungszentren in die ambulante Versorgung eindringen, um ihre Zuweisungen zu sichern und zusätzliche Gewinne zu generieren. Kassenärztliche Vereinigungen, Ärztegenossenschaften und andere Ärzteorganisationen sollten darüber nachdenken, wie sie mit durchdachten Konzepten über gemeinsame Kapitalbeschaffung und entsprechende Vernetzung konkurrenzfähige Alternativen hierzu anbieten können.

4 Ob und wie lange diese Marktsituation, vor allem aber das sich erhöhende Preisniveau für Arztpraxen und -zulassungen anhalten wird, kann derzeit nicht vorausgesagt werden. Der gerüchteweise immer wieder thematisierte Wegfall der Bedarfsplanung könnte dem „überhitzten" Markt schlagartig ein Ende bereiten. Eine Prognose zu der Frage, ob und wann die Bedarfsplanung ganz oder teilweise wegfallen könnte, ist in dem vorliegenden Buch ebenfalls enthalten – neben vielen, bereits aus der 1. Auflage bewährten, allerdings erweiterten und aktualisierten praktischen Tipps für den Praxisveräußerer und den -erwerber. Die seit der letzten Auflage bekannt gewordene neuere Rechtsprechung und Literatur wurde in die vorliegende Neuauflage soweit wie möglich und wie nötig eingearbeitet; ferner wurden die darin enthaltenen statistischen Aufstellungen und Übersichten aktualisiert.

Zur 1. Auflage 2006

5 Seit vielen Jahren sind Ärzte daran interessiert, bestehende Arztpraxen zu übernehmen. Praxisneugründungen sind dagegen immer seltener geworden, und zwar im Wesentlichen wegen der durch das Gesundheitsstrukturgesetz (GSG 1993) seit dem 01.10.1993 stark eingeschränkten Zulassungsmöglichkeiten in sog. überversorgten Gebieten. Auch das aufgrund der schwierigen Honorarsituation im Bereich der Gesetzlichen Krankenversicherung (GKV) gestiegene wirtschaftliche Risiko spielt hierbei eine wesentliche Rolle. Hinzu kommen das Inkrafttreten des neuen EBM 2005 am 01.04.2005 und die Einführung der Regelleistungsvolumina mutmaßlich zum 01.01.2006, was jüngere niederlassungswillige Ärzte zusätzlich verunsichert.

6 Nach wie vor gilt: Eine Praxisübernahme ermöglicht in der Regel im Vergleich zu einer Praxisneugründung eine deutlich verkürzte An-

Zur 1. Auflage 2006

laufzeit und erhöht die Chance, auch in einem schwierig gewordenen gesundheitspolitischen und wirtschaftlichen Umfeld zu reüssieren. Der Praxisübernehmer nutzt die Wertschätzung der bestehenden Praxis, den vorhandenen Patientenstamm sowie die eingespielte Praxisorganisation. Für den Praxisabgeber ist von Vorteil, dass die letzte Gesundheitsreform, d. h. das GKV-Modernisierungsgesetz (GMG 2004) zum 01.01.2004 und die hierdurch geschaffenen neuen Versorgungsstrukturen, insbesondere die Medizinischen Versorgungszentren, zu einer spürbaren Wiederbelebung der Nachfrage nach Vertragsarztsitzen geführt hat. Dies wirkt sich durchaus auch positiv auf die für Praxen erzielbaren Kaufpreise aus.

Bei einer Praxisübernahme handelt es sich um eine weitreichende Entscheidung, die in mehrfacher Hinsicht sorgfältig geplant und vorbereitet werden muss. Dies gilt nicht nur für den Praxisübernehmer, sondern auch für den Praxisabgeber. Ein reibungsloser Ablauf der Praxisabgabe und -übernahme gelingt zumeist nur dann, wenn dies frühzeitig geplant, sorgfältig organisiert und in einzelnen Schritten konsequent umgesetzt wird. Das vorliegende Buch richtet sich vor allem an den Praxisabgeber und enthält u. a. auch wertvolle Tipps aus der langjährigen Beratungspraxis des Autors. Aber auch die Interessen des Praxisübernehmers werden umfassend berücksichtigt.

Das Buch soll eine Hilfe geben, die rechtlichen, wirtschaftlichen und steuerlichen Probleme zu erkennen, die bei der Praxisabgabe und -übernahme gelöst werden müssen. Es erhebt dabei nicht den Anspruch auf wissenschaftliche Gründlichkeit und Vollständigkeit, sondern legt den Schwerpunkt auf praktische Fragen und Antworten. Potentiellen Praxisabgebern und -erwerbern soll ein schneller und übersichtlicher Leitfaden an die Hand gegeben werden, der zeigt, auf welche Probleme in der Praxis besonders zu achten ist und wie man sie gegebenenfalls lösen kann. Das Buch ist aber keine Anleitung zur Selbsthilfe: Da jeder Fall individuell zu sehen ist und anders liegt, sollte ein solches Projekt grundsätzlich nicht ohne sachkundigen juristischen Beistand, d. h. einen auf Medizinrecht spezialisierten Rechtsanwalt, insbesondere Fachanwalt für Medizinrecht, und ggf. auch steuerliche und wirtschaftliche Berater durchgeführt werden. Andernfalls sind bittere Erfahrungen und sogar völlige Fehlschläge nicht ausgeschlossen.

B Problem Praxisabgabe und Praxisnachfolge

I Problemstellung

1 Grund der Praxisabgabe

a) Übliche Gründe für eine Praxisabgabe

Die allgemein üblichen Gründe für eine Praxisabgabe sind der freiwillige Verzicht wegen neuer Lebensplanung, der freiwillige Verzicht und (seit 01.01.2004 möglich) die Anstellung in einem Medizinischen Versorgungszentrum (MVZ), das Erreichen der (seit dem 01.01.1999 geltenden) Altersgrenze von 68 Jahren, die Berufsunfähigkeit des Praxisinhabers, der Tod des Praxisinhabers und die Veräußerung durch den oder die Erben und schließlich die Zulassungsentziehung, ein eher seltener Fall.

9

b) Zivilrechtliche Verpflichtung zum Verzicht auf die Ausschreibung ("Stilllegeprämie")

In der Praxis kam es früher gelegentlich vor, dass ein niedergelassener Vertragsarzt oder eine finanzkräftige Gemeinschaftspraxis einen aus der vertragsärztlichen Versorgung ausscheidenden Kollegen im Falle des Bekanntwerdens der Veräußerungsabsicht gegen Zahlung eines Ausgleichs dazu bewegt haben, den Vertragsarztsitz nicht zugunsten eines Nachfolgers ausschreiben zu lassen. Damit wurde die Niederlassung eines jungen Arztes, das heißt eines Konkurrenten verhindert.[1]

10

---

1 *Klapp*, Abgabe und Übernahme einer Arztpraxis, 1.2.1.

11 Diese Fälle sind jedoch in den letzten Jahren immer seltener geworden und haben kaum noch praktische Bedeutung. Heute sind die konkurrierenden Ärzte – und neuerdings auch die Krankenhausträger – in der Regel gleich an der Übernahme des Vertragsarztsitzes interessiert, um mit einem neuen Kollegen eine Kooperation einzugehen bzw. ein MVZ am Krankenhaus zu gründen. Dennoch: Eine vertragliche Vereinbarung über die Zahlung einer „Stilllegeprämie" zwischen Vertragsärzten ist wider Erwarten rechtlich zulässig und nicht etwa sittenwidrig und nichtig!

2 Zeitrahmen der Praxisabgabe

a) Ein ganzes Jahr!

12 Zwischen dem Entschluss zur Praxisabgabe und Veräußerung der Praxis sollten wenn möglich mindestens zwölf Monate[2], sicherheitshalber sogar zwei Jahre, liegen, um eine optimale Planung, Organisation und Umsetzung durchführen zu können. Wie auch beim Verkauf einer Immobilie ist es immer nachteilig, wenn ein solches Projekt „auf die Schnelle" durchgeführt werden muss.[3]

13 **Tipp:** Für eine optimale Vorbereitung und Abwicklung der Praxisabgabe mindestens ein ganzes Jahr einplanen!

14 Sollte sich der Standort der Praxis in einem wegen Überversorgung gesperrten Gebiet befinden, werden allein aufgrund des gesetzlich vorgeschriebenen Nachbesetzungsverfahrens im Zusammenhang mit der vertragsärztlichen Zulassung (§ 103 Abs. 4, 5 und 6 SGB V) in der Regel mindestens drei bis sechs Monate vergehen.[4] Auch deswegen ist eine frühzeitige Planung wichtig.

---

2 *Preißler* in: *Ehlers*, Fortführung von Arztpraxen, Rdnr. 77.
3 *Röschmann* in: *Ratzel/Luxenburger*, Handbuch Medizinrecht, § 18 Rdnr. 6 ff.
4 *Preißler*, a.a.O., Rdnr. 76 spricht von mindestens fünf Monaten.

I Problemstellung

Tab. 1: Praxisabgabe / Praxisübernahme

Praxisabgabe / -übernahme Zeitrahmen > 1 Jahr	
Monat 1	Analyse mit fachkundigen Beratern, d. h. Rechtsanwalt, Steuerberater, ggf. Finanzberater bzw. Bank!
Monat 2 – 3	Kaufpreisermittlung / Praxisbewertung ggf. Sachverständiger!
Monat 4 – 6	Nachfolgersuche Ärztlicher Vertreter? Ärztlicher Verwandter / Bekannter? Inserate! Praxisbörsen! Praxismakler!
Monat 7 – 9	Praxiskaufvertrag / Verhandlungen und Abschluss Rechtliche Gestaltung! Steuerliche Gestaltung! Finanzielle Gestaltung!
Monat 10 – 12	Zulassungs- / Nachbesetzungsverfahren
Monat 12	Praxisübergabe und Zahlung des Kaufpreises

b) „Witwenvierteljahr"

Besonders schwierig ist die Veräußerung der Praxis für die Erben im Todesfall des Inhabers wegen des sog. Gnadenvierteljahres („Witwenvierteljahr", § 4 Abs. 3 BMV-Ä i. V. m. § 20 Abs. 3 MBO-Ä). Nach dem Tod des Arztes verbleiben den Erben nämlich in der Regel nur ein Quartal, maximal jedoch zwei Quartale für die Veräußerung! Die Praxis muss in dieser Übergangszeit durch einen anderen Arzt, den sog. Praxisverweser (ähnlich einem Vertreter)[5] geführt werden. Wegen des veralteten Ausdrucks des Praxisverwesers sollte man heute besser von einem „Praxisverwalter" sprechen. Gelingt dies nicht oder nicht sehr schnell nach dem Ableben des Inhabers, besteht die konkrete Gefahr der Patientenabwanderung.[6]

---

5 *Rieger*, Rechtsfragen beim Verkauf und Erwerb einer Arztpraxis, Rdnr. 192; *Klapp*, a.a.O., 11.; *Kamps*, NJW 1995, 2384.
6 *Klapp*, a.a.O., 4.1.3.2.

B Problem Praxisabgabe und Praxisnachfolge

17
> **Tipp:** Bei Tod des Praxisinhabers sofort „Praxisverwalter" (sog. Praxisverweser) installieren und mit der Nachfolgersuche beginnen!

18 Übrigens: Ein Rechtsanspruch der Erben auf das Gnadenvierteljahr besteht nicht; Die Erlaubnis wird aber – je nach gängiger, aber zum Teil unterschiedlicher Praxis der Kassenärztlichen Vereinigungen – regelmäßig erteilt, in begründeten Fällen auch für ein weiteres, d. h. zweites Vierteljahr. Insbesondere bei der Verlängerung ist man von dem Ermessen der betreffenden Entscheidungsträger abhängig, ganz sicher verlassen kann man sich darauf nicht.

19
> **Tipp:** Bei Tod des Praxisinhabers sofort bei der zuständigen Kassenärztlichen Vereinigung erkundigen, wie das „Gnadenvierteljahr" gehandhabt wird, ggf. rechtzeitig Verlängerung beantragen!

3 Unterschiedliche Gestaltung der Praxisabgabe

20 Die Praxisabgabe / -übernahme gestaltet sich unterschiedlich, je nachdem ob eine Einzelpraxis, Gemeinschaftspraxis oder Praxisgemeinschaft vorliegt. Hieraus ergibt sich ein spezieller Vertrags-, Beratungs- und Gestaltungsbedarf für den jeweiligen Einzelfall, der nur von auf Medizinrecht spezialisierten Rechtsanwälten, insbesondere Fachanwälten für Medizinrecht erfüllt werden kann. Selbst der ansonsten bewährte und langjährige „Hausanwalt" ist hierbei in der Regel überfordert.

21
> **Tipp:** Bei Praxis- oder Gemeinschaftspraxisanteilsveräußerung immer einen Fachanwalt für Medizinrecht einschalten!

4 Vor- und Nachteile einer Praxisübernahme

22 Aus den beiden folgenden Übersichten gehen die Vor- und Nachteile einer Praxisübernahme im Verhältnis zu einer Praxisgründung deutlich hervor. Zentrales Thema ist dabei die Tatsache, dass der niederlassungswillige Arzt in gesperrten Planungsbereichen nur über eine Praxisübernahme an eine vertragsärztliche Zulassung mit Vertragsarztsitz gelangen kann, und deswegen auf die Übernahme einer be-

I Problemstellung

stehenden Praxis angewiesen ist. Eine Neugründung scheidet hier von vornherein aus.

Tab. 2: Neugründung / Übernahme einer Praxis

Neugründung einer Praxis	
Vorteile	Nachteile
1. Einfluss auf Standort	1. lange Anlaufphase (3 bis 5 Jahre)
2. eigenes Raumkonzept	2. fehlender Patientenstamm
3. eigene Praxisorganisation	3. fehlende Praxisorganisation
4. eigenes Personal	4. fehlendes Personal
5. eigenes Leistungs- und Behandlungsspektrum	5. „schwerere" Finanzierung
6. eigene „Praxisphilosophie"	6. hohes Unternehmerrisiko
	7. fehlende Vertragsarztzulassung in „gesperrten" Planungsbereichen!

Übernahme einer Praxis	
Vorteile	Nachteile
1. kurze Anlaufphase (1 Jahr)	1. kein Einfluss auf Standort
2. bestehender Patientenstamm	2. fremdes Raumkonzept
3. bestehende Praxisorganisation	3. fremde Praxisorganisation
4. vorhandenes Personal	4. fremdes Personal
5. „leichtere" Finanzierung	5. fremdes Leistungs- und Behandlungsspektrum
6. geringeres Unternehmerrisiko	6. fremde „Praxisphilosophie"
7. „Übernahme" der Vertragsarztzulassung in gesperrten Planungsbereichen!	

II Planung und Organisation der Praxisabgabe

24 Unmittelbar nach dem Entschluss zur Praxisabgabe bzw. Praxisübernahme sollten von beiden Seiten oder zumindest vom Veräußerer die maßgeblichen Berater, das heißt der schon erwähnte spezialisierte Rechtsanwalt, ggf. auch der Steuer- und ein Finanzberater sowie ein für die Bewertung von Arztpraxen öffentlich bestellter und vereidigter Sachverständiger zur Praxisbewertung hinzugezogen werden, beim Erwerber zusätzlich die für die Finanzierung in Betracht kommende Bank.

25 Dies hat den Vorteil, dass von Anfang an sachkundiger Rat zur Verfügung steht und strategisch geplant, organisiert und umgesetzt werden kann. Da solche spezialisierten und qualifizierten Berater in der Regel zeitlich überlastet sind, hat die frühe Einschaltung den Vorteil entsprechender zeitlicher Reserven. Vor der leider immer noch häufig anzutreffenden Praxis, aus falsch verstandenem Sparwillen heraus alles selbst machen zu wollen, insbesondere alte Vertragsvorlagen ohne spezialisierten anwaltlichen und steuerlichen Rat zu verwenden ist dringend abzuraten. Es ist in jedem Einzelfall notwendig, individuelle Lösungen zu erarbeiten, um spätere kostspielige Auseinandersetzungen zu vermeiden.

26 **Tipp:** Besser vorher EUR 2.500,– bis EUR 5.000,– an Beraterkosten, als später beim Rechtsstreit zwischen Praxisabgeber und -übernehmer EUR 25.000,– bis EUR 50.000,– an Prozesskosten – und ein verlorener Prozess!

III Nachfolger / Praxissuche

1 Zeitrahmen

27 Der bereits angesprochene Zeitrahmen von einem bis zwei Jahren ist wichtiger als allgemein angenommen:[7] Der Nachfolger muss gesucht werden. Nicht selten kommen verschiedene Bewerber in Betracht. Mit diesen Bewerbern muss im einzelnen verhandelt werden. Dies kostet Zeit. Bewerber kommen und gehen, zögern, springen manchmal kurz

---

7 *Preißler* in: Ehlers, a.a.O., Rdnr. 77.

vor Vertragsabschluss wieder ab, und die Nachfolgersuche muss von Neuem beginnen.

Der Betreffende muss für die zu übernehmenden Patienten fachlich und persönlich geeignet sein, es muss eine Einigung über den Kaufpreis erzielt werden, ebenso über die genauen Übergabemodalitäten, etc. All dies muss neben der üblichen Tagesarbeit bewältigt und kann aus familiären Gründen oft nicht in die Freizeit hineinverlegt werden. Übrigens: Auch wenn es lapidar klingt, empfiehlt es sich, die Praxisräume – sollten diese „in die Jahre gekommen" sein – vor der Besichtigung durch die Interessenten zumindest oberflächlich zu renovieren. Der erste optische (negative) Eindruck hat erfahrungsgemäß schon so manchen Bewerber so abgeschreckt, dass er sein Kaufinteresse verliert, ohne sich die durchaus ansprechenden „Zahlen" der Praxis angesehen zu haben. Umgekehrt gilt: Eine positive Optik spricht (fast) jeden Bewerber an, und lässt ggf. ihn über manch andere Schwächen hinwegsehen.

> Tipp: „Veraltete" Praxisräume im Zweifel renovieren!

2   Konkrete Suche

An Möglichkeiten stehen hier zur Verfügung:[8] der ärztliche Vertreter, der ärztliche Verwandte oder Bekannte (z. B. Kinder von befreundeten Kollegen), Inserate in den Publikationen der ärztlichen Standesorganisationen (z. B. Deutsches Ärzteblatt, jeweiliges Landesärzteblatt, regionale Ärzteblätter), die Wartelisten der Kassenärztlichen Vereinigungen, Praxisbörsen verschiedener privater Anbieter, auch über das Internet (z. B. von Banken, Wirtschaftsdiensten) und auch private Praxismakler.

> Tipp: In der Praxis hat es sich bewährt, parallel mehrere Wege der Nachfolgersuche zu benutzen, um die Chance auf einen „Treffer" zu erhöhen.

Bei letzteren fällt in der Regel eine Provision zu Lasten des Praxisübernehmers von 3 % des Kaufpreises zuzüglich Mehrwertsteuer an, zum Teil auch mehr. Makler, die mehr als 3 % Provision verlangen,

---
8 *Klapp*, a.a.O., 2.4.

B   Problem Praxisabgabe und Praxisnachfolge

sind im allgemeinen unseriös, erst Recht solche, die zusätzlich noch eine Provision von 1 % bis 3 % vom Veräußerer realisieren wollen (sog. Innenprovision). Solche „Angebote" sollte man als Praxisabgeber rigoros ablehnen.

33

> **Tipp:** Unseriöse Makler ablehnen, die auch „Innenprovision" verlangen!

3   Medizinische Versorgungszentren als Nachfolger

34   Seit dem Inkrafttreten des GMG 2004 am 01.01.2004 sind neben zugelassenen Ärzten, Zahnärzten, Psychotherapeuten, ermächtigten Ärzten und ermächtigten ärztlich geleiteten Einrichtungen künftig auch MVZ zur vertragsärztlichen Versorgung zugelassen (§ 95 Abs. 1 SGB V).[9]

a)   Definition, Voraussetzungen und Gründung

35   Medizinische Versorgungszentren (MVZ) sind fachübergreifende, ärztlich geleitete Einrichtungen, in denen in das Arztregister eingetragene Ärzte als Angestellte oder Vertragsärzte tätig sind. Die Zulassung wird nicht den in dem MVZ tätigen Ärzten, sondern dem Versorgungszentrum als solchem erteilt. Zuständig ist auch hier der Zulassungsausschuss. Aus dem Merkmal „fachübergreifend" ergibt sich, dass sich mindestens zwei Ärzte verschiedener Fachgruppen oder Versorgungsbereiche zusammenschließen müssen.

36   MVZ können nur von Leistungserbringern gegründet werden, die an der Versorgung der Versicherten der GKV teilnehmen, sei es durch Zulassung, Ermächtigung oder Vertrag. Dies sind zugelassene Ärzte, Zahnärzte und Psychotherapeuten, ermächtigte Ärzte, ermächtigte ärztlich geleitete Einrichtungen, zugelassene Krankenhäuser, Rehabi-

---

[9]   Zu den Einzelheiten *Altendorfer/Merk/Jensch*, Das Medizinische Versorgungszentrum – Grundlagen; *Zwingel/Preißler*, Ärzte-Kooperationen und das Medizinische Versorgungszentrum; *Dahm/Möller/Ratzel*, Rechtshandbuch Medizinische Versorgungszentren; *Hohmann/Klawonn*, Das Medizinische Versorgungszentrum – Die Verträge, vgl. auch *Wigge*, MedR 2004, 123; *Behnsen*, das Krankenhaus 2004, 602 und 698; *Ziermann*, MedR 2004, 540; *Peikert*, ZMGR 06/04, 211; *Orlowski*, Gesundheits- und Sozialpolitik 2004, 60; *Rau*, MedR 2004, 667; *Lindeman*, GesR 2005, 494; *Möller*, MedR 2007, 263.

litationseinrichtungen und Pflegedienste sowie sonstige Leistungserbringer im Sinne des SGB V, z. B. Physiotherapeuten, Logopäden, Ergotherapeuten, Hebammen, Apotheken und Sanitätshäuser.

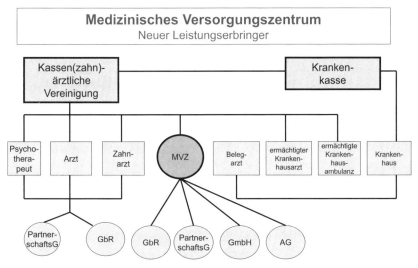

Abb. 1: Medizinisches Versorgungszentrum   37

b) Rechtsform und Sitz

MVZ können sich nach dem Gesetzestext „aller zulässigen Organisationsformen bedienen". In der Gesetzesbegründung heißt es, dass MVZ auch in Form einer Kapitalgesellschaft, z. B. einer GmbH betrieben werden können. Fest steht danach, dass die Rechtsform einer BGB-Gesellschaft oder einer Partnerschaft wie bei Gemeinschaftspraxen bzw. Praxisgemeinschaften zulässig ist. Ob auch eine GmbH und eine AG zulässig sind, hängt vom jeweiligen Bundesland ab, in dem das MVZ tätig ist.[10] Grundsätzlich ist die „Ärzte-GmbH" schon vor einigen Jahren von der Rechtsprechung gebilligt worden.[11] Die Heilberufekammergesetze der Länder enthalten zum Teil noch Verbote der Ausübung ambulanter ärztlicher Heilkunde in Form einer Kapitalgesellschaft, der „Heilkunde-GmbH" (z. B. § 18 Abs. 3 HKaG in   38

---

10 *Möller* in: *Dahm/Möller/Ratzel*, a.a.O., Kapitel V, Rdnr. 62.
11 *BayVerfGH*, NJW 2000, 3418; *OVG Münster*, MedR 2001, 150; *BayObLG* vom 07.06.2000 – 3 ZPR 26; *Klose*, BB 2003, 2702.

B Problem Praxisabgabe und Praxisnachfolge

Bayern). Allerdings ist fraglich, wie lange diese Einschränkungen noch bestehen bleiben.

39 Jedenfalls hat die Ärzteschaft selbst berufsrechtlich sehr schnell auf das GMG 2004 reagiert und im Mai 2004 auf dem 107. Deutschen Ärztetag zahlreiche Liberalisierungen der Musterberufsordnung für Ärzte (MBO-Ä) beschlossen. Hierzu gehört auch die berufsrechtliche Zulassung von „Ärztegesellschaften" (§ 23a MBO-Ä) in der Rechtsform der juristischen Person des Privatrechts. Die Länder haben diese Änderungen seit dem Herbst 2004 mehr oder minder weitgehend in die jeweiligen Landesberufsordnungen übernommen. Für die „Ärztegesellschaft" gilt dies allerdings nur teilweise und in der Regel dort nicht, wo die Heilberufskammergesetze noch entgegenstehen. Früher oder später dürfte sich jedoch die Auffassung bzw. Rechtslage endgültig durchsetzen, dass die GmbH (und dann auch die AG) jedenfalls als Träger von MVZ (und ggf. auch von Arztpraxen) zulässig sein wird.[12]

c) Chancen für Praxisabgeber?

40 Unabhängig von der Rechtsform des MVZ steht bereits jetzt fest, dass das MVZ in gesperrten Planungsbereichen grundsätzlich als potentieller „Nachfolger" von „aufzukaufenden" Arztpraxen bzw. Vertragsarztsitzen in Betracht kommt, da MVZ in solchen Planungsbereichen nur auf diese Weise gegründet bzw. „wachsen" können. Hervorzuheben sind insbesondere die Aktivitäten der Krankenhausträger, die in den letzten Jahren die Nachfrage nach Vertragsarztsitzen und -praxen stark belebt haben. Nur bei käuflicher „Akquisition" von Vertragsarztzulassungen kann ein Krankenhaus ein MVZ errichten, das es zumeist in Erweiterung seines stationären Angebots als klinikeigene Abteilung oder als GmbH zur ambulanten Versorgung betreibt. In nicht gesperrten Planungsbereichen gilt dies allerdings nicht, da MVZ dort nicht auf den Erwerb von Vertragsarztsitzen angewiesen sind, sondern freie Zulassungen beantragen können.

41 In gesperrten Planungsbereichen, insbesondere in Ballungsgebieten, ist daher bereits jetzt eine zunehmende Nachfrage nach Vertragsarztsitzen zu beobachten – eine Tendenz, die sich vermutlich demnächst noch verstärken wird! Am 31.12.2004 waren ca. 70 MVZ zugelassen,

---

12 Möller in: Dahm/Möller/Ratzel, Rdnr. 61 ff.; Zwingel/Preißler, Kapitel V Rdnr. 35 ff.

am 31.12.2005 ca. 380 MVZ, am 31.12.2006 ca. 700 MVZ und am 31.03.2008 ca. 1.023 MVZ[13]. Die „Schallgrenze" von 1.000 MVZ ist also bereits überschritten worden! An ca. 365 MVZ sind dabei Krankenhausträger ganz oder teilweise beteiligt, also an knapp einem Drittel der gesamten MVZ[13].

4 Weitere Chancen durch das GMG 2004 und das GKV-WSG 2007?

a) Einrichtung und Weiterentwicklung der Integrierten Versorgung

Aufgrund des Willens des Gesetzgebers ist zwischenzeitlich darüber hinaus eine intensivierte interdisziplinär-fachübergreifende Versorgung zwischen Vertragsärzten, Krankenhäusern, MVZ, Vorsorge- und Rehaeinrichtungen und Pflegekassen und -einrichtungen entstanden, die sog. Integrierte Versorgung. Die Krankenkassen und Leistungserbringer können seit 01.01.2004 autonome Verträge über die Versorgung der Versicherten außerhalb des Sicherstellungsauftrages abschließen (§ 75 Abs. 1 SGB V). Die Versorgung erfolgt dann für diese Bereiche aufgrund von Einzelverträgen und nicht im Rahmen des Kollektivsystems (§ 140a SGB V).[14] 42

Der Grundgedanke der Integrierten Versorgung ist es, dem Patienten interdisziplinäre und sektorenübergreifende Versorgungsangebote zur Verfügung zu stellen (§ 140a SGB V). Dabei meint interdisziplinär eine verschiedene vertragsärztliche Fachrichtungen zusammenfassende Versorgung, z. B. Hausärzte und Fachärzte bzw. Fachärzte untereinander. Sektorenübergreifend meint eine Versorgung, in der verschiedene Leistungssektoren, z. B. ambulant und stationär, also Ärzte und Krankenhäuser zu einem Versorgungsangebot zusammengefasst werden. Das denkbare Leistungsspektrum reicht von der rein indikationsbezogenen Versorgung bis zur Vollversorgung. 43

---

13 *KBV*, www.kbv.de.
14 Hierzu ausführlich *Wallhäuser*, Verträge in der Integrierten Versorgung; *Bohle*, Integrierte Versorgung; *Möller/Dahm/Bäune* in: *Ratzel/Luxenburger*, Handbuch Medizinrecht, § 8 Rdnr. 296 ff.; *Beule*, GesR 2004, 209; *Dahm*, MedR 2005, 121; *Bäune*, GesR 2006, 289; *Sieben*, MedR 2007, 706.

B Problem Praxisabgabe und Praxisnachfolge

Leistungen / Indikationen	Prävention	ambulante Versorgung	stationäre Versorgung	Reha	Pflege
1					
2					
3		indikationsbezogen			
4					
...			indikationsbezogen, partiell		
n		traditionelles Ärztenetz		Vollversorgung	

44 *Abb. 2:* Integrierte Versorgungsmodelle – Leistungsspektren
Quelle: Ulsenheimer & Friedrich Rechtsanwälte

45 Die Kassenärztlichen Vereinigungen sind von der Integrierten Versorgung als potentielle Vertragspartner von Einzelverträgen ausgeschlossen (§ 140b SGB V), da sie sich auf die Erfüllung des verbleibenden Sicherstellungsauftrages konzentrieren sollen. Sie können im Rahmen der Integrierten Versorgung lediglich beratende Funktion für Ärzte ausüben. Die Teilnahme der Versicherten an der Integrierten Versorgung ist freiwillig (§ 140a Abs. 2 SGB V). Nach der „Einschreibung" der Patienten ist der Wechsel zu Leistungserbringern außerhalb des Versorgungsvertrages jedoch nur noch aufgrund von Überweisungen zulässig oder wenn der Vertrag dies vorsieht (§ 140c SGB V). Der Patient soll sich grundsätzlich auf seinem „Versorgungspfad" im Vertragssystem bewegen, wie aus dem nachfolgend dargestellten Idealmodell ersichtlich.

III Nachfolger / Praxissuche

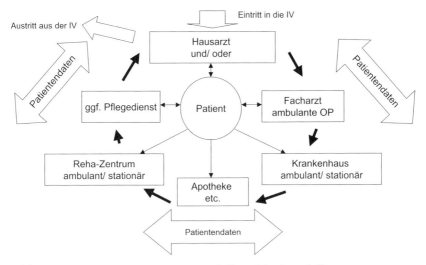

Abb. 3: Integrierte Versorgungsmodelle – Idealmodell

Zur Erleichterung von Vertragsabschlüssen zur Integrierten Versorgung wurde der Grundsatz der Beitragssatzstabilität bis 31.12.2006 ausdrücklich durchbrochen (§ 140b SGB V): Jede Krankenkasse konnte in den Jahren 2004 bis 2006 von der an die Kassenärztlichen Vereinigungen zu bezahlenden Gesamtvergütung für ambulante ärztliche Behandlungen bis zu 1 % einbehalten, ebenso bis zu 1 % von der Rechnungssumme der Krankenhäuser für die voll- und teilstationäre Versorgung („Anschubfinanzierung"). Dies entspricht immerhin ca. EUR 680 Mio. jährlich.

Nach Untersuchungen des Unternehmensberaters Firma Roland Berger aus dem Jahr 2001[15] sollte die in die Integrierte Versorgung fließende Vergütung im Jahr 2005 bereits ca. EUR 2,0 Mrd. ausmachen, im Jahr 2010 soll sie bis zu 7,8 Mrd. und im Jahr 2020 bis zu 16,3 Mrd. betragen. Der Anteil der in die Integrierte Versorgung eingeschriebenen GKV-Versicherten soll im gleichen Zeitraum von ca. 2 % bis 3 % über ca. 10 % bis 17 % auf ca. 20 % bis 35 % anwachsen – falls diese Prognosen zutreffen sollten, ein immenses Potential für die Zukunft!

---

15 Gutachten *Roland Berger Strategy Consultants 2001:* Geschätzte Entwicklung der Integrierten Gesundheitsversorgung.

B Problem Praxisabgabe und Praxisnachfolge

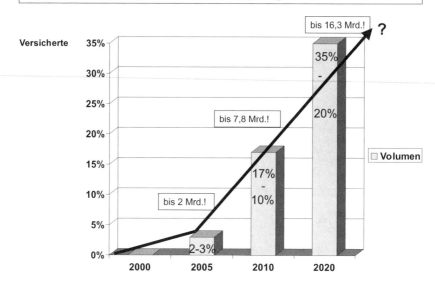

49 *Abb. 4:* Prognose zur Zukunft – Integrierte Versorgungsmodelle der IV 2000-2020

Geschätzte Entwicklung der integrierten Gesundheitsversorgung (nach Roland Berger Strategy Consultants 2001)

50 Bis zum 31.03.2008 sind immerhin ca. 4.475 Verträge über die Integrierte Versorgung abgeschlossen worden.[16] Darin sind bereits ca. 4,3 Mio GKV-Versicherte von ca. 56,7 Mio (ohne ca. 12,7 Mio mitversicherte Familienangehörige unter 20 Jahren) insgesamt eingeschrieben; das Vergütungsvolumen beläuft sich auf ca. EUR 800 Mio[16]. An den bisherigen Verträgen sind zu ca. 26 % Ärzte, zu ca. 17 % Krankenhäuser und zu ca. 20 % beide Leistungsträger beteiligt; die restlichen 37 % verteilen sich auf sonstige Leistungserbringer bzw. Kombinationen[16]. Diese Zahlen zeigen, dass zwar das von der Firma Roland Berger geschätzte und im Rahmen der Anschubfinanzierung zur Verfügung stehende Vergütungsvolumen bisher noch nicht annähernd ausgeschöpft worden ist, jedoch die Zahl der eingeschriebenen Versicherten bereits heute mit ca. 8,5 % bereits heute deutlich höher ist, als die Schätzung.

---

16 BQS, www.bqs-register140d.de.

III Nachfolger / Praxissuche

Durch das am 01.04.2007 in Kraft getretene GKV-WSG 2007 wurde auch die Integrierte Versorgung nochmals intensiviert: Der Schwerpunkt der Integrierten Versorgungsverträge soll künftig auf der „bevölkerungsbezogenen Flächendeckung" liegen (§ 140a Abs. 1 SGB V); die an solchen Verträgen beteiligten Leistungserbringer sollen also als eine Art „Generalunternehmer" fungieren. Die künftigen Verträge sollen sich insbesondere auf die umfassende Organisation der Behandlung einer oder mehrerer versorgungsrelevanter Volkserkrankungen in einer größeren Region beziehen (z. B. Diabetes, Schlaganfall, Bandscheibenerkrankungen, etc.) oder auf die umfassende Organisation des gesamten Krankheitsgeschehens der Versicherten in einer ggf. auch kleineren Region. 51

Die Anschubfinanzierung wird ab 01.04.2007 nur noch für solche übergreifenden Verträge gewährt, nicht aber für Verträge, die die vorgenannten Voraussetzungen nicht erfüllen. Bis zum 31.03.2007 abgeschlossene Versorgungsverträge, d. h. sog. Altverträge bleiben hiervon aber unberührt. Für solche Verträge wie auch für die neuen Verträge wurde – und dies ist von entscheidender Bedeutung – die Anschubfinanzierung ab dem 01.01.2007 bis zum 31.12.2008, d. h. um weitere zwei Jahre verlängert. Ob eine nochmalige Verlängerung über diesen Zeitpunkt hinaus vom Gesetzgeber vorgesehen ist, ist derzeit nicht bekannt, allerdings eher unwahrscheinlich. Auch wenn dies nicht der Fall sein sollte, dürfte dies der weiteren deutlichen Zunahme des Einzelvertragssystems nicht wirklich im Wege stehen. 52

Ernsthafte Schätzungen gehen davon aus, dass dies geschehen und die Integrierte Versorgung in den Jahren bis 2015 ca. 30 % der Gesamtvergütung ausmachen wird.[17] Für die Ärzte bzw. Ärztegruppen, denen der Abschluss von Einzelverträgen mit den Krankenkassen gelingt, ist dies grundsätzlich positiv zu werten, da für sie zusätzliche Vergütungsquellen neben der Vergütung von Seiten der Kassenärztlichen Vereinigungen eröffnet werden. Für nicht teilnehmende Ärzte ist dies negativ zu beurteilen, da die Anschubfinanzierung zu Lasten „ihrer" Gesamtvergütung geht. Ab 01.01.2009 ist dann statt der Anschubfinanzierung nur noch eine Bereinigung der Gesamtvergütung für die Finanzierung der Integrierten Versorgung im Gesetz vorgesehen (§ 140 Abs. 2 SGB V). 53

---

17 *Johann Magnus von Steckelberg* (AOK) und *Dr. Andreas Köhler* (KBV), Hauptstadtkongress Berlin, 16.06.2005.

B   Problem Praxisabgabe und Praxisnachfolge

54   Für die Praxisabgabe kann das bedeuten, dass teilnehmende Ärzte Vorteile haben, wenn es gelingt, die Nachfolge des Praxiserwerbers in den Einzelvertrag zu erreichen. Das ist eine Frage des Verhandlungsgeschicks beim Vertragsabschluss mit den Krankenkassen bzw. der Überleitung des Vertrages beim Ausscheiden des Praxisabgebers auf den Nachfolger. Realistischerweise wird man aber einräumen müssen, dass praktische Erfahrungen mit einer solchen „Nachfolgeklausel" bis heute – soweit ersichtlich – noch nicht vorliegen, da die bis heute bekannten Verträge ohnehin – jedenfalls bis heute – zumeist nur befristet abgeschlossen wurden. Dies könnte sich allerdings ändern, wenn die Integrierte Versorgung tatsächlich ein „Dauerbrenner" wird, wie die Prognosen es derzeit vorhersagen.

55
> **Tipp:** Bei Abschluss eines bzw. Teilnahme an einem Integrationsvertrag nach Möglichkeit über Nachfolgeklausel verhandeln!

56   Solche Nachfolgerprobleme ergeben sich jedoch nicht, wenn Ärzte im Rahmen von Kooperationen, z. B. größeren Gemeinschaftspraxen oder MVZ, Integrationsverträge mit den Kassen abschließen, da in diesem Fall bei einem Ausscheiden des Arztes der Vertrag von der Kooperation natürlich fortgesetzt wird und der Nachfolger in diese eintritt. Der Mehrwert des Vertrages kommt also dann auch dem Ausscheidenden zugute – über die Abfindung oder den Kaufpreis für seinen Anteil.

b)   Einrichtung und Weiterentwicklung der Hausarztzentrierten Versorgung

57   Aufgrund des GMG 2004 sind die Krankenkassen darüber hinaus ab 01.01.2004 verpflichtet gewesen, ihren Versicherten sog. sog. Hausarztzentrierte Versorgungsformen anzubieten (§ 73b SGB V). Die Neuregelung sah ab diesem Zeitpunkt die Möglichkeit des Abschlusses von Einzelverträgen durch die Krankenkassen mit besonders qualifizierten zugelassenen Hausärzten oder entsprechenden MVZ vor.[18] Aus heutiger Sicht muss man die damalige Neuregelung als Vorstufe der jetzt durch das GKV-WSG 2007 mit Wirkung zum 01.04.2007 er-

---

18   Hierzu ausführlich *Kamps*, ZMGR 2003, 91; *Hartmannsgruber* in: Ratzel/Luxenburger in: Handbuch Medizinrecht, § 7 Rdnr. 133; *Hess* in: Wenzel, Handbuch des Fachanwalts Medizinrecht, Kapitel 2, Rdnr. 486.

folgten Weiterentwicklung dieses Hausarztsystems begreifen. Obgleich die Hausarztzentrierte Versorgung im Gesetz nicht definiert wurde, handelt es sich um Verträge zwischen Krankenkassen einerseits und zugelassenen Hausärzten, Gemeinschaften dieser Hausärzte sowie MVZ andererseits, auf deren Grundlage die Erbringung hausärztlicher Leistungen unter Beachtung von besonderen Qualitätsanforderungen gewährleistet werden soll (§ 73b Abs. 1 SGB V).

Ein Anspruch des Hausarztes bzw. des MVZ auf Vertragsabschluss besteht nach wie vor nicht. Das Angebot der Krankenkassen erfolgt auf freiwilliger Basis. Allerdings wurde bereits mit dem GKV-GMG 2004 eine öffentliche Ausschreibungspflicht der Krankenkassen hinsichtlich solcher Verträge mit der gleichzeitigen Bekanntgabe objektiver Auswahlkriterien begründet, wenn sie sich zu einer solchen Versorgungsform entschlossen hatte; die Hausärzte und MVZ können sich hierauf bewerben (§ 73b Abs. 4 SGB V). Die Krankenkassen müssen jedoch keineswegs jeden Hausarzt unter Vertrag nehmen, sondern haben nur mit so vielen Hausärzten diskriminierungsfrei einen Vertrag zu schließen, wie für die Hausarztzentrierte Versorgung der an dieser besonderen Versorgung teilnehmenden Versicherten notwendig ist. 58

Der entscheidende Systemwandel aufgrund des GKV-WSG 2007 besteht darin, dass die Hausarztzentrierte Versorgung nunmehr aus dem Kollektivvertragssystem herausgelöst wurde. Vertragspartner der Krankenkassen können darüber hinaus jetzt auch Managementgesellschaften sein; damit wird die Hausarztzentrierte Versorgung insoweit der bei der Integrierten Versorgung bestehenden Systematik angeglichen. Vertragspartner der Krankenkassen können jetzt auch unmittelbar die Kassenärztlichen Vereinigungen sein, aber nur, wenn und soweit sie von Hausarztgemeinschaften, d. h. Hausarztverbänden hierzu ermächtigt wurden (§ 73b Abs. 4 SGB V). 59

Gegenstand der Neuregelung des GKV-WSG ist darüber hinaus auch, dass nunmehr jede Krankenkasse zum Angebot einer flächendeckenden Hausarztzentrierten Versorgung verpflichtet ist, was zuvor nicht der Fall war (§ 73b Abs. 1 SGB V). Dabei hat die Krankenkasse darauf zu achten, dass in den Verträgen besondere inhaltliche Mindestanforderungen an die teilnehmenden Hausärzte gestellt werden. Hierbei handelt es sich z. B. um die verpflichtende Teilnahme der betreffenden Hausärzte an strukturierten Qualitätszirkeln zur Arzneimitteltherapie, um die Verpflichtung zur Behandlung nach evidenzbasier- 60

B Problem Praxisabgabe und Praxisnachfolge

ten praxiserprobten Leitlinien, um die Erfüllung besonderer Fortbildungspflichten und die Notwendigkeit der Vorhaltung eines speziellen Qualitätsmanagements in der Praxis (§ 73b Abs. 2 SGB V).

61 Der finanzielle Vorteil für den an den Hausarztverträgen teilnehmenden Hausarzt ist in der Regel, dass er pro Patient eine sog. Hausarztpauschale zusätzlich erhält, die also ein „Zubrot" über die sonst übliche Vergütung nach dem EBM 2008 hinaus bildet. Die Höhe der Pauschale ist unterschiedlich, da sie vom jeweiligen Vertrag, also dem Angebot der Krankenkasse abhängt. Dementsprechend ist die ärztliche Gesamtvergütung um die Aufwendungen für die Hausarztzentrierte Versorgung zu bereinigen, und zwar ab dem 01.04.2007 nach dem Leistungsbedarf in Form von Versicherten-Kopfpauschalen; ab dem 01.01.2009 ist hierbei zusätzlich die Morbiditätsstruktur zu beachten, d. h. die Bereinigung der Gesamtvergütung hat zusätzlich unter Morbiditätsgesichtspunkten zu erfolgen (§ 73b Abs. 7 SGB V).

62 Die Teilnahme an der Hausarztzentrierten Versorgung ist für den jeweiligen Patienten freiwillig. Kein Patient ist also verpflichtet, sich in einen Hausarztvertrag „einzuschreiben". Die Kassen locken jedoch mit Vergünstigungen, z. B. mit Beitragsboni oder dem Erlass der Praxisgebühr. Schreibt sich der Patient ein, verpflichtet er sich damit mit einer Mindestbindungsdauer von einem Jahr, nur einen bestimmten, von ihm ausgewählten Hausarzt aufzusuchen. Ein Wechsel des Hausarztes ist allenfalls aus wichtigem Grund möglich, z. B. bei der Störung des Arzt-Patienten-Vertrauensverhältnisses. Auch kann der betreffende Patient ambulante fachärztliche Leistungen während der Bindungsdauer nur noch auf Überweisung des Hausarztes in Anspruch nehmen. Eine Ausnahme gilt hier allerdings für die Inanspruchnahme von Augenärzten und Frauenärzten, da diese letztlich eine hausarztähnliche Funktion haben (§ 73b Abs. 3 SGB V).

63 Für die ausgewählten Hausärzte ist die Hausarztzentrierte Versorgung grundsätzlich positiv zu beurteilen. Die Konkurrenzsituation zu Lasten sonstiger Hausärzte hat sich demgegenüber bereits verschärft und wird sich auch in der Zukunft vermutlich noch weiter verschärfen. Für die Praxisabgabe bedeutet das, dass die ausgewählten Hausärzte Vorteile haben werden, wenn es gelingt, die Nachfolge des Praxiserwerbers in den Einzelvertrag zu erreichen. Die Chancen hierfür dürften deutlich besser stehen, als im Fall der Integrierten Versorgung: Zumindest dann, wenn der Praxisnachfolger als Hausarzt die von der betreffenden Krankenkasse im Rahmen der Ausschreibung

und des Zuschlages für den betreffenden Hausarzt geforderten besonderen Qualitätsmerkmale erfüllt, spricht nach richtiger Auffassung nichts dagegen, eine Nachfolge des Praxiserwerbers in den vom ausscheidenden Praxisabgeber abgeschlossenen Hausarztvertrag als möglich anzusehen.

64

Tipp: Bei Abschluss eines bzw. Teilnahme an einem Hausarztvertrag nach Möglichkeit über Nachfolgeklausel verhandeln!

Sollte der Hausarztvertrag daher keine entsprechende Nachfolgeklausel enthalten, dürfte die Rechtsnachfolge jedenfalls durch Verhandlungen zwischen dem Praxisabgeber und dem Praxisnachfolger einerseits und den Krankenkassen andererseits erreicht werden können, wenn nicht Gründe in der Person des Nachfolgers vorliegen, die eine solche Nachfolge aus Sicht der Krankenkasse ausschließen. Einzuräumen ist allerdings, dass praktische Erfahrungen mit solchen Nachfolgesituationen – soweit ersichtlich – bisher noch nicht vorliegen, da bundesweit derzeit nur ca. 40 Hausarztverträge der unterschiedlichsten Art und Reichweite existieren[19]. Für ärztliche Kooperationen gilt allerdings anderes, wie bereits am Ende des letzten Kapitels ausgeführt. Bei einer Gemeinschaftspraxis oder einem MVZ ändert das Ausscheiden eines Arztes an der Fortsetzung des Hausarztvertrages auch hier allerdings nichts.

65

c) Einrichtung der besonderen ambulanten ärztlichen Versorgung (§ 73c SGB V)

Der am 01.01.2004 durch das GMG 2004 eingeführte § 73c SGB V in der früheren Fassung mit dem Titel „Förderung der Qualität in der vertragsärztlichen Versorgung" wurde durch das GKV-WSG 2007 zum 01.04.2007 grundlegend verändert:[20] Die Versorgungsverträge können nunmehr die gesamte ambulante ärztliche Versorgung oder auch Teilbereiche hieraus umfassen, ohne dass die Schaffung besonderer Qualitätsanforderungen noch Voraussetzung ist. Hierzu gehört also auch und insbesondere der fachärztliche Versorgungsbereich. Die Krankenkassen haben ein Ermessen, ob in welchem Umfang sie derartige Verträge abschließen. Welche Vertragsformen im Bereich

66

---
19 *KVB*, Hausarztzentrierte Versorgung, Aktualisierte Analyse (Stand: Juli 2007).
20 Hierzu ausführlich *Hartmannsgruber*, a.a.O., § 7 Rdnr. 137 ff.

B Problem Praxisabgabe und Praxisnachfolge

der ärztlichen Versorgung sinnvoll sind, soll also der Wettbewerber entscheiden. Ein Anspruch auf den Abschluss eines Einzelvertrages besteht jedenfalls definitiv nicht (§ 73C Abs. 1 SGB V). Mit anderen Worten: Die Krankenkassen können sich frei entscheiden, kleinere, größere oder auch ganze Regionen mit unter Einzelverträge genommenen Ärzten oder Ärztegemeinschaften vieler oder gar weitgehend aller Fachgruppen zu versorgen.

67 Die Krankenkassen können zur Umsetzung ihres Einzelvertragsangebots also allein oder in Kooperation mit anderen Krankenkassen Einzelverträge mit vertragsärztlichen Leistungserbringern, Gemeinschaften dieser Leistungserbringer, z. B. Gemeinschaftspraxen, MVZ, Berufsverbänden, Trägern von Einrichtungen, die eine besondere ambulante Versorgung durch vertragsärztliche Leistungserbringer anbieten, z. B. sog. Managementgesellschaften und den Kassenärztlichen Vereinigungen abschließen (§ 73c Abs. 3 SGB V). Die Mitwirkung der Kassenärztlichen Vereinigungen ist aber möglich, aber nicht mehr unbedingt erforderlich.

68 Im Übrigen ähneln die Regelungen des § 73c SGB V im Wesentlichen der Hausarztzentrierten Versorgung, so dass zur Vermeidung von Wiederholungen hierauf verwiesen wird. Hinsichtlich des Problems der Praxisabgabe und -nachfolge gelten daher auch die im vorstehenden Kapitel gezogenen Schlussfolgerungen für die besondere ambulante ärztliche Versorgung entsprechend. Praktische Erfahrungen liegen aber auch hier noch nicht vor, da es bisher kaum realisierte Verträge nach § 73c SGB V gibt. Nichtsdestotrotz ist davon auszugehen, dass sich dieses sog. dezentrale Selektivvertragssystem in der Zukunft entwickeln und erheblich erweitern wird, da die Krankenkassen hierdurch die Möglichkeit bekommen, die ambulante vertragsärztliche Versorgung ohne Beteiligung der Kassenärztlichen Vereinigungen indikationsbezogen, aber auch fachbereichsübergreifend und mehr oder minder flächendeckend wahrzunehmen und damit den Sicherstellungsauftrag weitgehend an sich zu ziehen.

69

> **Tipp:** Bei Abschluss eines bzw. Teilnahme an einem Selektivvertrag über die besondere ambulante ärztliche Versorgung nach Möglichkeit über Nachfolgeklausel verhandeln!

C Ermittlung des Praxiswertes

I Allgemeines

Die Ermittlung des Praxiswertes ist sowohl für den Praxisabgeber wie auch für den Praxisübernehmer von zentraler Bedeutung. In der Regel hat der Praxisabgeber den aus dem Verkauf seiner Praxis zu realisierenden Kaufpreis im Rahmen seiner Altersversorgung eingeplant. Der Praxisübernehmer dagegen muss den zu zahlenden Kaufpreis in der Regel bei einer Bank fremdfinanzieren. Aus den laufenden Honorareinnahmen muss er also später nicht nur die reinen Betriebsausgaben der übernommenen Praxis und seinen Lebensunterhalt (und ggf. den seiner Familie) aufbringen, sondern auch den Kredit bedienen können, und zwar Zins und Tilgung. 70

Die Bestimmung des angemessenen Wertes bildet nach wie vor eines der schwierigsten Probleme bei der Veräußerung einer Arztpraxis. Eine allgemeinverbindliche Methode zur Feststellung des Verkehrswerts einer Arztpraxis gibt es nicht. Die Erfahrung zeigt allerdings, dass der Praxisabgeber oft unrealistische, d. h. überhöhte Preisvorstellungen hat! Hier ist Flexibilität und kooperatives Verhandeln gefragt: Wer sich als Praxisabgeber hartnäckig auf einen bestimmten, subjektiv aus welchen Gründen auch immer als „richtig" empfundenen, objektiv aber überhöhten Kaufpreis festgelegt hat, muss sich nicht wundern, wenn er über Jahre hinaus keinen ernsthaften Interessenten für die Nachfolge findet und sich „gefährlich" der Altersgrenze nähert. 71

Die Frage, welche Bewertungsmethode zu sachgerechten Ergebnissen führt, ist nach wie vor umstritten.[21] In der Praxis kommen hauptsäch- 72

---
21 Hierzu ausführlich *Wollny*, Unternehmens- und Praxisübertragungen, Fn. 103; *Cramer/Maier*, MedR 2002, 549 und 616; *Schmid-Domin*, Bewertung von Arztpraxen und Kaufpreisfindung, 4.2; *Frielingsdorf*, Praxiswert / Apothekenwert, S. 33 ff.; *Merk* in: *Drukarczyk/Ernst*, Branchenorientierte Unternehmensbewertung, S. 441 ff.

C Ermittlung des Praxiswertes

lich zwei Verfahren zur Anwendung, nämlich die Umsatzmethoden, insbesondere entsprechend der „Richtlinie zur Bewertung von Arztpraxen" der Bundesärztekammer (sog. Ärztekammer-Methode)[22] sowie die betriebswirtschaftlichen Bewertungsmethoden, insbesondere die sog. Ertragswertmethode und die sog. Kombinationsmethoden. Die folgende Darstellung gilt sowohl für die Bewertung einer Einzelpraxis – auch im Rahmen einer Praxisgemeinschaft – als auch für die Bewertung des Anteils an einer Gemeinschaftspraxis.

II Die Ärztekammer-Methode

73 Die Ärztekammer-Methode ist als Grundlage für die Praxisbewertung nach wie vor sehr verbreitet, wenngleich sie in den letzten Jahren von den öffentlich bestellten und vereidigten Sachverständigen für die Bewertung von Arzt- und Zahnarztpraxen immer weniger angewandt wird.[23] Sie kann daher heute lediglich als erste grobe Schätzung, also als Anhaltspunkt für einen Mindestwert der Praxis verstanden werden. Nach ihr ergibt sich der Praxisgesamtwert aus der Addition des materiellen Praxiswertes, d. h. des Wertes der Praxiseinrichtung einschließlich der ärztlichen Geräte und Materialien einerseits und des ideellen Praxiswerts (sog. Goodwill), d. h. insbesondere dem Patientenstamm und dem „guten Ruf" der Praxis andererseits.

74 Im Allgemeinen setzt – so die Ärztekammer-Methode – die wirtschaftliche Verwertung einer Arztpraxis voraus, dass diese mindestens drei bis fünf Jahre besteht. Diese Zeit ist erfahrungsgemäß erforderlich, bis der Patientenstamm sich soweit gefestigt hat, dass ein Praxisnachfolger hierauf aufbauen und die Praxis in etwa dem gleichen Umfang weiterführen kann.[24] Besteht die Praxis erst drei Jahre, sind beim Goodwill deutliche Abstriche zu machen. Bei Praxen, die weniger als drei Jahre bestehen, soll der Ansatz eines Goodwill beim Verkauf regelmäßig nicht gerechtfertigt sein. Dies ist aber so nicht zutreffend, da auch solche Praxen bei entsprechender Qualifikation des Inhabers durchaus einen entsprechenden Patientenstamm aufgebaut haben können.[25]

---

22 DÄBl 1987, B-671 ff.
23 *Schmid-Domin*, a.a.O., 5.2; *Frielingsdorf*, a.a.O., S. 96 ff.; *Merk*, a.a.O., S. 453 ff.; *Rieger*, a.a.O., 269; *Klapp*, a.a.O., 5.2.2.
24 *Rieger*, a.a.O., Rdnr. 230.
25 *Rieger*, a.a.O., Rdnr. 230; *Klapp*, a.a.O., 5.2.3.

1 Ermittlung des materiellen Praxiswertes

Der materielle Praxiswert (Substanzwert) setzt sich aus Praxiseinrichtung, den Praxisgeräten und Materialien zusammen, steuerlich Anlage- und Umlaufvermögen genannt. Maßgebend ist der Verkehrswert, d. h. der Zeitwert[26] der jeweiligen Wirtschaftsgüter, nicht also der oft – allerdings nicht immer – deutlich niedrigere steuerliche Buchwert. Der Zeitwert wird in der Regel für jedes einzelne Wirtschaftsgut gesondert festgestellt und ermittelt sich aus der bereits abgelaufenen Nutzungsdauer einerseits und der noch zu erwartenden Nutzungsdauer andererseits nach der Formel:

75

$$\text{Zeitwert} = \frac{\text{Anschaffungspreis}}{\text{Wertverlust während bereits abgelaufener Nutzungsdauer bei linearer degressiver Betrachtung}}$$

2 Ermittlung des ideellen Praxiswertes

Ausgangspunkt bei der Ärztekammermethode ist die These, dass der ideelle Wert einer Arztpraxis nicht dem Geschäftswert (Firmenwert) eines gewerblichen Unternehmens entspricht. Im Gegensatz zum kaufmännischen Unternehmen soll der Wert einer Arztpraxis ausschließlich personenbezogen sein. Die „persönliche Bindung zwischen Arzt und Patient als Kernstück beruflicher Tätigkeit des Arztes setzt auch bei der wirtschaftlichen Verwertung einer Arztpraxis Maßstäbe, die sich deutlich vom Verkauf und der Bewertung gewerblicher und industrieller Unternehmungen unterscheiden".[27] Deshalb bleiben bei der Ärztekammer-Methode betriebswirtschaftliche Faktoren bei der Praxisbewertung außer Betracht.

76

Der maßgebliche Wertbestimmungsfaktor ist der Praxisumsatz. Zugrundezulegen sind die Bruttoumsätze aus der Kassen- und Privatpraxis in den letzten drei Kalenderjahren vor der Praxisübergabe. Aus den Jahresumsätzen der letzten drei Jahre ist der durchschnittliche Jahresumsatz zu errechnen. Da es in diesen drei Jahren zu einem signifikanten Anstieg oder Abfallen des Jahresumsatzes kommen kann, wird auch die Auffassung vertreten, dass bei der Durchschnittsberechnung der Jahresumsatz des letzten Jahres dreifach, des vorletzten

77

---

26 *Gatzen*, Bewertung von Arztpraxen, S. 78.
27 *Narr*, MedR 1984, 121.

C Ermittlung des Praxiswertes

Jahres zweifach und des vorvorletzten Jahres einfach anzusetzen ist (sog. modifizierte Ärztekammermethode oder Umsatzmethode). Deutliche Veränderungen gegenüber der „reinen" Ärztekammermethode ergeben sich hieraus nur dann, wenn sich die Umsätze der letzten drei Jahre wirklich erheblich unterscheiden.

78 Von dem durchschnittlichen Jahresumsatz ist ein sog. kalkulatorischer Arztlohn für den Praxisinhaber in Abzug zu bringen, d. h. das Jahresgehalt eines Oberarztes nach der Vergütungsgruppe Ib BAT brutto, verheiratet, zwei Kinder, Endstufe, ohne Mehrarbeitsvergütung. Bei Durchschnittsumsätzen unter EUR 150.000,– ist jedoch nur ein Teil dieses Oberarztgehaltes abzuziehen, und zwar nach folgender Staffelung:

Bei Umsatzgrößen

ab EUR 25.000,–	sind 25 %,	d. h. ca. EUR 16.250,–,
ab EUR 50.000,–	sind 50 %,	d. h. ca. EUR 32.500,–,
ab EUR 100.000,–	sind 75 %,	d. h. ca. EUR 48.750,– und
ab EUR 150.000,–	sind 100 %,	d. h. ca. EUR 65.000,–

des zugrunde gelegten Oberarztgehalts abzusetzen.

79 Warum erfolgt dieser Abzug des kalkulatorischen Arztlohns? Die Richtlinie der Bundesärztekammer geht davon aus, dass der Veräußerer, der seine Praxis fortführt, seine Arbeitskraft nicht anderweitig verwerten kann bzw. der Praxiserwerber seine Arbeitskraft einbringt und nicht anderweitig verwerten kann.[28] Anders ausgedrückt: Die eigene Arbeitskraft stellt – wie z. B. bei einer GmbH das Geschäftsführergehalt – praktisch eine Kostenposition dar, die vom Umsatz abgezogen werden muss. Der „eigene Wert" der Arbeitsleistung des Veräußerers bzw. des Erwerbers muss bei der Bewertung des Goodwill in Abzug gebracht werden. Andernfalls würde der Veräußerer praktisch seine eigene Arbeitsleistung beim Praxiswert mitbewerten bzw. der Erwerber seine eigene Arbeitsleistung im Rahmen des an den Veräußerer zu zahlenden Kaufpreises „mitbezahlen". Im Ergebnis beträgt der ideelle Praxiswert dann ein Drittel des sich nach Abzug des kalkulatorischen Arztlohns ergebenden durchschnittlichen Jahresumsatzes.

---

28 *Gatzen*, a.a.O., S. 80; *Luxenburger*, Rechtsfragen beim Verkauf und Erwerb einer ärztlichen Praxis, S. 50.

II Die Ärztekammer-Methode

Tab. 3: Ärztekammer-Methode   80

Ärztekammer-Methode

Bruttoumsätze in den letzten drei vorausgegangenen Kalenderjahren

1999	EUR 350.000,--
2000	EUR 400.000,--
2001	EUR 450.000,--
Summe	EUR 1.200.000,--/ 3
= durchschnittlicher Bruttojahresumsatz	EUR 400.000,--
./. Kalkulatorischer Arztlohn*	EUR 65.000,--
	EUR 335.000,--/ 3
= ideeller Praxiswert**	EUR 111.666,--
+ materieller Praxiswert (Substanzwert)	EUR 100.000,--
= Praxisgesamtwert	EUR 211.666,--

* Jahresbruttogehalt eines Oberarztes der Vergütungsgruppe I b BAT, verheiratet, zwei Kinder, Endstufe, ohne Mehrheitsvergütung
** Ausgangswert, von dem je nach den Gegebenheiten des Einzelfalles **Abschläge oder Zuschläge von c. 20–25%** vorzunehmen sind.

Tab. 4: Modifizierte Ärztekammer-Methode   81

Modifizierte Ärztekammer-Methode

Bruttoumsätze in den letzten drei vorausgegangenen Kalenderjahren

1999	EUR 350.000,-- x 1
2000	EUR 400.000,-- x 2
2001	EUR 450.000,-- x 3
Summe	EUR 2.500.000,--/ 6
= durchschnittlicher Bruttojahresumsatz	EUR 416.666,--
./. kalkulatorischer Arztlohn*	EUR 65.000,--
	EUR 351.666,--/ 3
= ideeller Praxiswert**	EUR 117.222,--
+ materieller Praxiswert (Substanzwert)	EUR 100.000,--
= Praxisgesamtwert	EUR 217.222,--

* Jahresbruttogehalt eines Oberarztes der Vergütungsgruppe I b BAT, verheiratet, zwei Kinder, Endstufe, ohne Mehrheitsvergütung
** Ausgangswert, von dem je nach den Gegebenheiten des Einzelfalles **Abschläge oder Zuschläge von c. 20–25%** vorzunehmen sind.

C Ermittlung des Praxiswertes

3 Wertmindernde und werterhöhende Merkmale

82 Nach der Richtlinie der Bundesärztekammer kommen dann noch folgende wertmindernde oder werterhöhende Merkmale in Betracht:

83 Tab. 5: Wertmindernde und werterhöhende Merkmale

a) Objektive Bewertungsmerkmale

Örtliche Lage der Praxis	Großstadt, Kleinstadt, Landpraxis, „Laufpraxis"?
Arztdichte	Auch in Bezug auf bestimmte Fachgebiete!
Praxisstruktur	Zusammensetzung des Patientenkreises? Anteil der Kassenpatienten?
Konkurrenz durch Neuniederlassungen	Welche? In welchem Umkreis?
Übernahme der Praxisräume	Übernahme möglich oder nicht? Fortsetzung des alten Mietvertrages oder neuer Mietvertrag?
Organisations- und Rationalisierungsgrad der Praxis	Qualitätsmanagement?

b) Subjektive Bewertungsmerkmale

Lebensalter und Dauer der Berufsausübung des Veräußerers	„Hochaktive" oder „sterbende" Praxis?
Spezialisierungsgrad des Veräußerers	Fortsetzung durch Erwerber möglich?
Ruf der Praxis bei Patienten und Kollegen:	Gut oder schlecht?
Fachgebiet des Veräußerers	z. B. Orthopädiepraxis oder Kinderarztpraxis?
Gesundheitszustand des Veräußerers	Längere Krankheit mit reduzierter Tätigkeit oder Vertreter?

Einnahmemöglichkeiten des Praxisinhabers aufgrund besonderer Verträge	z. B. ambulante Operationen, Belegarzttätigkeit, Tätigkeit als D-Arzt, nebenberuflicher Betriebsarzt, Heimarzt?
Wissenschaftliche Qualifikation des Praxisinhabers	Professur, Habilitation, Veröffentlichungen, Vorträge?
Fachkundenachweise, Apparate- und Abrechnungsgenehmigungen	An die Person des Praxisinhabers gebunden oder fortsetzbar?
Fallzahlenentwicklung im Verhältnis zur vergleichbaren Fachgruppe	Positiv oder negativ?
Bindung der Patienten an die Person des Praxisinhabers	Altersgruppen der Patienten?
Auswirkungen auf den Praxisumsatz durch Maßnahmen des Gesetzgebers oder der Kassenärztlichen Vereinigungen	Aktuell: Auswirkungen des GMG 2004, des EBM 2000plus und der Regelleistungsvolumina?
Monopolstellung der Praxis	Fortsetzbar?
Vertreter- oder Assistententätigkeit des Praxisübernehmers in dieser Praxis	In der Regel werterhöhend!
Kündigung von qualifiziertem Personal	Personal befragen!
Interimszeit vom Tod des Praxisinhabers bis zur Praxisübernahme	Patientenabwanderung?

Die vorgenannten wertmindernden und werterhöhenden Merkmale werden ebenfalls durch den Sachverständigen festgestellt und bewertet. Sie können im Ergebnis zu einer Korrektur des ideellen Praxiswertes von bis zu 20 bis 25 % nach oben oder unten führen, sich aber auch gegenseitig teilweise oder ganz aufheben. 84

Dem Vernehmen nach entwickelt die Kassenärztliche Bundesvereinigung (KBV) in Zusammenarbeit mit den jeweiligen Kassenärztlichen 85

C Ermittlung des Praxiswertes

Vereinigungen der Länder derzeit eine neue Berechnungsmethode zur Bewertung von Arzt- und Zahnarztpraxen. Angeblich soll diese an die Ertragswertmethode angelehnt werden. Ursprünglich war die Veröffentlichung für das Jahr 2005 vorgesehen, bis heute ist jedoch kein Ergebnis festzustellen. Die neue (!) Methode soll die bisherige Ärztekammer-Methode ablösen; ob eine weitere Methode wirklich sinnvoll ist, darf jedoch bezweifelt werden[29]. Zweckmäßiger wäre es, wenn die Bundesärztekammer ihre veraltete Methode für obsolet erklären würde. Auf die Verabschiedung einer neuen Richtlinie kann getrost verzichtet werden. Die Betriebswirtschaftslehre wird sich bei der Weiterentwicklung im Bereich der Unternehmensbewertung kaum nach den standespolitischen Vorstellungen der Bundesärztekammer richten, ebenso wenig wie die am Markt teilnehmenden Ärzte[30] und insbesondere die Sachverständigen.

III Betriebswirtschaftliche Bewertungsmethoden

1 Ertragswertverfahren

86 Die von der Betriebswirtschaftslehre heute allgemein anerkannte Unternehmensbewertungsmethode ist das Ertragswertverfahren[31]. Ihre Anwendung auf Praxen von Freiberuflern, insbesondere auch Arztpraxen, wird heute in der betriebswirtschaftlichen Literatur überwiegend und nachdrücklich gefordert.[32] In den letzten Jahren ist eine deutliche Tendenz zur zunehmenden Anwendung von Methoden aus dem Ertragswertbereich festzustellen.[33]

87 Anders als die Ärztekammer-Methode, die sich im Wesentlichen an der Vergangenheit orientiert, ist die Ertragswertmethode schwer-

---

29 *Schmid-Domin*, a.a.O., 8.3.6.
30 *Merk*, a.a.O., S. 455.
31 *Schmid-Domin*, a.a.O., 6.1; *Merk*, a.a.O., S. 459 ff.; *Cramer*, MedR 1992, 315; *Wollny*, a.a.O., Rdnr. 1581.
32 *Merk*, a.a.O., S. 459 ff.; *Cramer*, MedR 1992, 315.
33 *Schmid-Domin*, a.a.O., 6.1; *Merk*, a.a.O., S. 459 ff.; so auch *Rieger*, a.a.O., Rdnr. 265; kritisch aber *Schmid-Domin*, a.a.O., 6.1; kritisch auch *Frielingsdorf*, a.a.O., der allerdings mit der Indexierten-Basis-Teilwertmethode (IBT-Methode) eine eigene Methode entwickelt hat, vgl. a.a.O., S. 39 ff., die wiederum von anderen nicht akzeptiert wird, vgl. *Schmid-Domin*, a.a.O., 5.6; *Merk*, a.a.O., S. 455 ff.

punktmäßig zukunftsbezogen. Auf der Basis der Einnahmen-Überschuss-Rechnungen der Praxis in der Vergangenheit wird versucht, eine Berechnung der Zukunftsprognose zu erstellen. Dabei wird nicht auf den Umsatz, sondern auf die Gewinne abgestellt.[34] Dies setzt eine eingehende Analyse des gesamten betrieblichen Geschehens und des für die Arztpraxis relevanten wirtschaftlichen Umfelds voraus. Die zu bewertende Frage lautet, inwieweit die Vergangenheitserfolge in die Zukunft fortschreibbar sind.

Der Ertragswert der Arztpraxis ist danach der Barwert aller zukünftigen Erfolge. Das in der Praxis gebundene Kapital wird vom Gutachter unter dem Gesichtspunkt gesehen, welchen Nutzen es dem Praxiserwerber in Zukunft in dem Unternehmen Arztpraxis bringen wird. Verwendet wird hierzu im allgemeinen eine Abzinsungsformel betreffend die Entwicklung dieses Kapitals in der Zukunft.[35] Der Zinssatz entspricht üblicherweise der Umlaufrendite für festverzinsliche Wertpapiere (je nach Marktlage zwischen ca. 4 % und 6 %). Bedeutsam ist ferner die Wahl des Kapitalisierungszeitraums (in der Regel ca. zwei bis fünf Jahre), da sich bei einer Arztpraxis der von der Person des Inhabers abhängende Wert mit der Zeit verflüchtigt. Je länger dieser Zeitraum gewählt wird, desto höher fällt der Praxiswert aus[36].

88

---

34 *Schmid-Domin*, a.a.O., 6.1; *Frielingsdorf*, a.a.O., S. 109 ff.; *Merk*, a.a.O., S. 459 ff.; *Rieger*, a.a.O., Rdnr. 265 f.
35 *Schmid-Domin*, a.a.O., 6.1; *Frielingsdorf*, a.a.O., S. 109 ff.; *Merk*, a.a.O., S. 459 ff.; *Cramer*, MedR 1992, 315.
36 *Schmid-Domin*, a.a.O., 6.1; *Frielingsdorf*, a.a.O., S. 109 ff.; *Merk*, a.a.O., S. 459 ff.

C Ermittlung des Praxiswertes

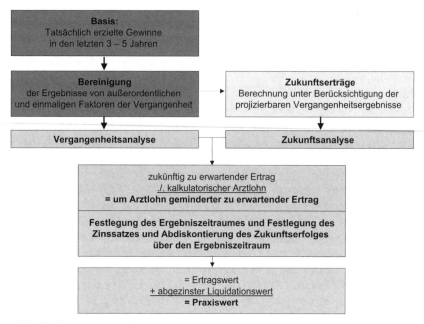

89 *Abb. 5:* Ertragswertverfahren

90 Der Substanzwert (materielle Wert) ist bei der „reinen" Ertragswertmethode, anders als bei der Ärztekammer-Methode, Bestandteil des gesamten Praxiswertes, d. h. des Ertragswertes, und wird nicht gesondert bewertet.[37] Dies ist eine Besonderheit, die von den meisten Ärzten nur schwer nachvollzogen werden kann, da sie (zu Unrecht) annehmen, dies führe zu zu niedrigen Bewertungsergebnissen – das Gegenteil ist der Fall! Die Ermittlung des Praxiswerts nach der reinen Ertragswertmethode ist allerdings deutlich aufwendiger als nach der Ärztekammer-Methode. Die Berechnungsformel ist sehr kompliziert, so dass hier auf ein Berechnungsbeispiel verzichtet wird[38]. Für den Arzt selbst ist es – im Gegensatz zur Ärztekammermethode – in der Regel nicht möglich, den Wert seiner Praxis nach der Ertragswertmethode selbst zu ermitteln. Dies ist sicherlich ein Grund dafür, dass

---

37 *Frielingsdorf*, a.a.O., S. 128 f.; anders *Merk*, a.a.O., S. 459 ff.; *Küntzel*, DStR 2000, 1103.
38 *Schmid-Domin*, a.a.O., 6.1; *Frielingsdorf*, a.a.O., S. 109 ff.; *Merk*, a.a.O., S. 459 ff.; *Küntzel*, DStR 2000, 1103; *Küntzel* in: *Ehlers*, a.a.O., Rdnr. 712 ff.

sich die „reine" Ertragswertmethode nach wie vor schwer tut, sich – anders als in der Bewertungspraxis – vor den Gerichten vollständig durchzusetzen.

2 Kombinationsmethoden

Zu den in der Praxis – gerade auch bei der Bewertung von Arztpraxen – heute weithin gebräuchlichen und von den Gerichten zwischenzeitlich anerkannten betriebswirtschaftlichen Bewertungsmethoden gehören die sog. Kombinationsmethoden, allen voran die Methode der Übergewinnverrentung oder Übergewinnabgeltung (UEC-Methode).[39] Der Name dieser Methode ist darauf zurückzuführen, dass sie – wie die „reine" Ertragsmethode – nicht auf den Umsatz in der Vergangenheit abstellt, sondern auf den Gewinn, und hieraus die künftigen Gewinne zu prognostizieren versucht, von denen der Erwerber der Praxis künftig profitieren wird, also den sog. „Übergewinn". Dieser „Übergewinn" bildet den Wert der Praxis. Die UEC-Methode ähnelt insofern der Ertragswertmethode. Diese Methode berücksichtigt aber, – insoweit ebenso wie die Ärztekammer-Methode – auch den Substanzwert, d. h. den materiellen Wert der Praxis. Die UEC-Methode stellt also einen Kompromiss dar.[40] Dieses Verfahren verbindet die Praktikabilität der Ärztekammer-Methode mit dem schwierigen und aufwändigen Ertragswertverfahren.

91

---

39 Nach *Rieger*, a.a.O., Rdnr. 266, Fn. 224 soll diese Methode mittlerweile überholt sein. Dies erscheint zumindest fragwürdig, zumal sie in der Rechtsprechung nun offenbar zunehmend anerkannt wird, so *OLG Koblenz* vom 10.08.1998, – 13 UF 1143/97; *OLG Schleswig-Holstein*, MedR 2004, 215; so wohl auch *Klapp*, a.a.O., 5.2.2.
40 *Klapp*, a.a.O., 5.2.2.

C Ermittlung des Praxiswertes

92 *Tab. 6:* Methode der Übergewinnverrentung (UEC-Methode)*

Methode der Übergewinnverrentung (UEC-Methode)*	
Berechnung des nachhaltig erzielbaren künftigen Gewinns (G):	
Anrechenbarer (objektivierter) Umsatz*	EUR 400.000,--
./. Anrechenbare (objektivierte) Kosten **	EUR 200.000,--
Praxisrohgewinn	**EUR 200.000,--**
./. Kosten für Reinvestitionen/Ersatzbeschaffungen (Abschreibungen)	EUR 10.000,--
./. Inhaberentgelt (kalkulatorischer Arztlohn)	EUR 65.000,--
= nachhaltig erzielbarer künftiger Gewinn (G)	**EUR 125.000,--**
Berechnung des Praxisgesamtwerts (P):	
Substanzwert (S) nach Bewertung	EUR 100.000,--
nachhaltig erzielbarer künftiger Gewinn (G)	EUR 125.000,--
Kapitalisierungszinsfuß (i)	5,00%
Verflüchtigungsdauer goodwill	2 Jahre
nachschüssiger Rentenbarwertfaktor (an)	1,8463
Berechnungsformel für den Praxisgesamtwert (P):	
P = S + an x (G – i x S) =	EUR 321.555,--
./. Substanzwert (S)	EUR 100.000,--
= goodwill	**EUR 221.555,--**
* ohne „Sonderumsätze", z.B. Arzneimittelstudien, Gutachten	
** ohne „private Kosten", z.B. Pkw, „Ehefrau"	

93 Neuerdings wird auch eine leicht veränderte Spielart der UEC-Methode, die sog. modifizierte Ertragswertmethode angewandt,[41] die sich aber kaum von der UEC-Methode unterscheidet.[42] Soweit ersichtlich, besteht der Unterschied nur darin, dass bei der Gewinnermittlung zusätzlich noch die durchschnittlichen Ertragssteuern in Abzug gebracht werden.[43]

3 Methodendiskussion

94 Der BGH hat im Rahmen der Ermittlung des Zugewinnausgleichs in Scheidungsverfahren die Ärztekammer-Methode nicht nur als eine

---

41 *Rieger*, a.a.O., Rdnr. 267 f.
42 Anders wohl *Rieger*, a.a.O., Rdnr. 267 f.
43 *Boos*, MedR 2005, 203; allerdings für die Praxiswertermittlung im Rahmen von Scheidungsverfahren. Die Ertragssteuern können jedoch nach hiesiger Auffassung bei der Praxisveräußerung keine Rolle spielen, da sich diese auf der persönlichen Ebene und nicht auf der betrieblichen Ebene auswirken.

III Betriebswirtschaftliche Bewertungsmethoden

mögliche, sondern auch als die gegenüber der Ertragswertmethode bevorzugte Bewertungsmethode angesehen[44]. Zwar ist diese Entscheidung des BGH mittlerweile fast 18 Jahre alt, allerdings hat er sich in einer ca. zehn Jahre alten Entscheidung[45] neuerlich kritisch zur Ertragswertmethode und in einer neuen Entscheidung neuerlich in diese Richtung geäußert[46]. Der BGH lehnt in der Entscheidung eine Bezugnahme auf den Gewinn ausdrücklich ab, da dieser *„weitgehend von dem einzelnen Arzt"* abhänge. Ein kalkulatorischer Arztlohn sei zwar abzuziehen, allerdings dürfe dieser nicht pauschal berechnet werden (z. B. Oberarztgehalt), sondern anzusetzen sei der *„im Einzelfall konkret gerechtfertigte Unternehmerlohn"*. Wie dieser zu ermitteln ist, lässt der BGH leider offen. Zwischen den beiden vorgenannten Entscheidungen des BGH sind jedoch diverse Entscheidungen von Instanzgerichten ergangen, die betriebswirtschaftlich orientierte Methoden vorgezogen haben[47]. Bedauerlicherweise muss also festgestellt werden, dass eine einheitliche Rechtsprechung zu der Frage, welche Methode auf die Bewertung von Arzt- und Zahnarztpraxen anzuwenden ist, nicht existiert.

Nichtsdestotrotz kann nicht geleugnet werden, dass die nach der Ärztekammer-Methode ermittelten Werte schon seit einiger Zeit nicht mehr die tatsächlichen Marktverhältnisse widerspiegeln.[48] Die tatsächlich gezahlten Preise für gut eingeführte Arztpraxen in mittleren bis guten Lagen liegen meist deutlich höher, als nach dieser Methode ermittelt. Daher ist die Feststellung zwischenzeitlich überholt, dass die Ärztekammer-Methode infolge ihrer einfachen Praktikabilität noch immer weit verbreitet und damit ein *„Marktfaktum"* ist.[49] Die Methode sagt außerdem nirgendwo, aus welchem Grund ausgerechnet ein Drittel des bereinigten Jahresumsatzes der „richtige" Faktor sein soll[50]. Letztlich unterstellt die Methode mit diesem Faktor, dass

---

44 *BGH*, FamRZ 1991, 43; *OLG Karlsruhe*, MedR 1990, 94 für eine Steuerberaterpraxis.
45 *BGH*, FamRZ 1999, 361 für eine Steuerberaterpraxis.
46 *BGH* vom 06.02.2008 – XII ZR 45/06 für eine Tierarztpraxis.
47 *OLG Hamm* vom 28.06.1996 – 12 UF 34/95 für die Ertragswertmethode bei einer Massagepraxis; *OLG Koblenz* vom 10.08.1998 – 13 UF 1143/97 für die UEC-Methode bei einer Zahnarztpraxis; *OLG München*, MedR 2004, 223 für die Ertragswertmethode bei einer Zahnarztpraxis; *OLG Celle*, NZG 2002, 864; *OLG Schleswig-Holstein*, MedR 2004, 215.
48 So wohl auch *Rieger*, a.a.O., Rdnr. 269; zurückhaltend *Klapp*, a.a.O., 5.2.2.
49 *Cramer*, MedR 1992, 315.
50 *Frielingsdorf*, a.a.O., S. 98 und 101; *Merk*, a.a.O., S. 453 ff.

C Ermittlung des Praxiswertes

von den vom Erwerber übernommen Patienten zwei Drittel relativ schnell nach der Übernahme der Praxis abwandern, also vom Erwerber nicht „gehalten" werden können – eine Hypothese, die erfahrungsgemäß nicht mit der Wirklichkeit übereinstimmt, da das Beharrungsvermögen der Patienten im Allgemeinen deutlich größer ist!

96 Auch der Abzug des kalkulatorischen Arztlohnes wird kritisiert, da hier eine Verwechslung von Einkommen als Liquidität und Praxiswert als Vermögensbestandteil vorliege[51]. Ferner wird zu Recht beanstandet, dass die Ärztekammermethode den Gewinn der zu bewertenden Praxis völlig außen vor lässt, was dazu führt, dass im Vergleich zweier Praxen mit gleichen Umsatz, jedoch mit unterschiedlicher Kostenstruktur und daraus resultierend auch unterschiedlichen Gewinnen, im Ergebnis ein identischer Praxiswert herauskommen kann[52]. Denkt man diesen Gedanken zu Ende, würde in der Tat im Gegensatz zu allen betriebswirtschaftlichen Erkenntnissen selbst eine mit Verlust arbeitende Praxis einen Goodwill zugemessen bekommen[53]! Ferner würden Praxen mit tendenziell hohen Umsätzen, aber relativ geringen Gewinnen, z. B. labormedizinische, nephrologische oder radiologische Praxen, durch diese Methode im Wert künstlich hochgeputscht oder umgekehrt völlig unterbewertet, wenn nachhaltig hohe Gewinne erwirtschaftet werden[54]. Schließlich werden die wertmindernden bzw. werterhöhenden Merkmale als „weiche" Faktoren kritisiert, da deren Ansatz und Bewertung willkürlichen Veränderungen des Ergebnisses Vorschub leisten können.[54]

97 Die Ertragswertmethoden führen zwar nicht a priori, aber doch in aller Regel zu deutlich, d. h. um ca. 50 % bis 100 % (!), höheren und damit marktkonformeren Praxiswerten als die Ärztekammer-Methode. Sie berücksichtigen im übrigen auch die Besonderheiten von Arztpraxen, denn die Betriebswirtschaftslehre hat sich seit langem auch mit den spezifischen Produktionsbedingungen für Dienstleistungen befasst.[55] Die betriebswirtschaftlichen Bewertungsmethoden führen zu nachvollziehbareren, differenzierteren und damit gerechteren Praxiswerten als die *„rechnerisch nicht begründete und wissenschaftlich in keiner Weise untermauerte"*[56] Ärztekammer-Methode. Einige Stimmen gehen

---
51 *Frielingsdorf*, a.a.O., S. 101.
52 *Schmid-Domin*, a.a.O., 5.2.3; *Frielingsdorf*, a.a.O., S. 103; *Merk*, a.a.O., S. 453 ff.
53 *Frielingsdorf*, a.a.O., S. 103.
54 *Frielingsdorf*, a.a.O., S. 103; *Merk*, a.a.O., S. 453 ff.
55 *Merk*, a.a.O., S. 459 ff.; *Klapp*, a.a.O., 5.2.2.
56 *Cramer*, MedR 1992, 315.

sogar soweit, die Ärztekammermethode als *„nicht einmal zur groben Schätzung eines eventuellen Goodwills"* geeignet zu bezeichnen.[57]

Tipp: Die Ärztekammermethode führt oft zu zu niedrigen Ergebnissen! Bereits bei Praxen mit typischer Ausprägung und durchschnittlicher Leistungsstärke (Normalfall) ist die Einholung eines nach betriebswirtschaftlichen Methoden erstellten Gutachtens ernsthaft zu erwägen, erst recht bei der Bewertung von Einsende- und Überweisungspraxen, also z. B. bei Radiologen-, Nephrologen- und Laborpraxen.

98

Dass sich betriebswirtschaftliche Bewertungsmethoden, insbesondere die Ertragswertmethode, mittel- oder langfristig in der Praxis durchsetzen werden, erscheint heute nicht mehr zweifelhaft.[58] Bei dieser Sachlage empfiehlt es sich für den Verkäufer, grundsätzlich ein betriebswirtschaftlich fundiertes Praxiswertgutachten einzuholen, auch wenn es regelmäßig teurer ist,[59] als ein Gutachten nach der Ärztekammer-Methode. Für den Erwerber gilt natürlich – aus seiner Sicht – das Gegenteil.

99

Tipp: Für den Praxisveräußerer ist in der Regel die UEC-Methode bzw. die modifizierte Ertragswertmethode am günstigsten, für den Erwerber aber die Ärztekammer-Methode!

100

4 Gutachten oder Eigenbewertung nach Marktlage?

Die Einholung eines Gutachtens durch einen öffentlich bestellten und vereidigten Sachverständigen für die Bewertung von Arzt- und Zahnarztpraxen empfiehlt sich auf jeden Fall, und zwar insbesondere für den Praxisabgeber. Einem fundierten Praxiswertgutachten durch einen hierauf spezialisierten Sachverständigen wird der Erwerber in den Verhandlungen oftmals kaum etwas Substantielles entgegenset-

101

---

57 *Schmid-Domin*, a.a.O., 5.2; ähnlich auch *Frielingsdorf*, a.a.O., S 96; *Merk*, a.a.O., S. 453 ff.
58 *Merk*, a.a.O., S. 459 ff.; *Rieger*, a.a.O., 269; kritisch aber *Cramer/Maier*, MedR 2002, 549 und 616.
59 Geschätzt ca. EUR 2.500,– bis EUR 10.000,–, je nach Praxisgröße, d. h. Umsatz bzw. Gewinn!

C Ermittlung des Praxiswertes

zen können. Es kann dann allenfalls noch um ein Entgegenkommen des Veräußerers um wenige EUR 1.000,– gehen, damit der Erwerber „sein Gesicht wahren" kann. Dies gilt allerdings nur im Regelfall; driften Angebot und Nachfrage deutlich auseinander, kann es auch durchaus anders sein. Der Veräußerer muss wissen und respektieren, dass es in einigen Situationen zu einem mehr oder minder deutlichen Auseinanderfallen des Gutachtensergebnisses und des tatsächlich erzielbaren Kaufpreises kommen kann. Aber auch dann hat der Veräußerer mit einem Gutachten immer noch bessere Chancen auf einen angemessenen Kaufpreis, als ohne.

102

> **Tipp:** Der – auch durch Gutachten – ermittelte Praxiswert ist nicht immer, oft überhaupt nicht identisch mit dem tatsächlich erzielbaren bzw. erzielten Kaufpreis!

103 Es ist nicht zu leugnen, dass insbesondere in gesperrten Ballungsgebieten mit hoher Attraktivität (wie z. B. München, Freiburg) teilweise Kaufpreise gezahlt wurden und werden, die deutlich über den durch Gutachten ermittelten Werten liegen! Hier bestimmen eindeutig knappes Angebot und starke Nachfrage den Preis![60] Umgekehrtes gilt leider zum Teil in den neuen Bundesländern, d. h. es gibt dort einen Preisverfall oder gar die Unveräußerlichkeit in strukturschwachen Gebieten, insbesondere im hausärztlichen Bereich. In Zeiten der Budgetierung bzw. Regelleistungsvolumina, sinkender Umsätze, steigender Kosten und eventuell besserer Zukunftschancen für junge Ärzte im Ausland wie z. B. England, Schweden oder Norwegen verwundert dies nicht wirklich.

104 Von der nicht selten zu beobachtenden „Eigenbewertung nach Faustformel" (z. B. Umsatz x 0,8) ist grundsätzlich abzuraten. Wegen der oft sehr unterschiedlichen Preisvorstellungen von Veräußerer und Erwerber besteht hier die Gefahr entweder verzerrter Kaufpreise oder des Scheiterns der Verhandlungen. Dennoch ist die „Eigenbewertung nach Marktlage" ein fachlich nicht seltenes Phänomen. Hier gibt es erhebliche Unterschiede von Region zu Region, nach Fachgebieten, etc. Und schließlich:

---

60 So auch *Klapp*, a.a.O., Rdnr. 5.3.

Tipp: Wird ein Gutachten eingeholt, sollten sich Veräußerer und Erwerber vorher darüber einigen, ob sie das Gutachtensergebnis als verbindliche Feststellung des endgültigen Kaufpreises betrachten (sog. Schiedsgutachten), oder ob – wie in der Regel der Fall – das Gutachtensergebnis lediglich die Verhandlungsgrundlage bilden soll, von der bei der endgültigen Kaufpreisfindung noch abgewichen werden kann.

D Praxisübernahmevertrag, Übergangskooperation und Vertrag über die Übernahme eines Anteils an einer Gemeinschaftspraxis

I Praxisübernahmevertrag

1 Rechtsnatur und Formvorschriften

Rechtlich ist der Praxisübernahmevertrag ein Kaufvertrag (§§ 433 ff. BGB) und zwar ein Kauf von Rechten und sonstigen Gegenständen (§ 453 Abs. 1 BGB), also ein sog. Unternehmenskauf im weiteren Sinne[61]. Es handelt sich hierbei um die Gesamtheit all dessen, was die gegenständliche und personelle Grundlage der Tätigkeit des in freier Praxis tätigen Arztes bei der Erfüllung der ihm obliegenden Aufgaben bildet[62]. Hierbei handelt es sich also nicht nur um Sachen, Rechte, tatsächliche Beziehungen, Vertragspositionen und Mitarbeiter, sondern auch um die Patientenkartei, die EDV-Datei und insbesondere den ideellen Wert (Goodwill) mit Patientenstamm und rechtlichen Beziehungen des Arztes zu Dritten[63].

106

Für den Praxisübernahmevertrag ist gesetzlich keine Schriftform vorgeschrieben. Aus Beweisgründen und wegen der weitreichenden Bedeutung empfiehlt sich jedoch in jedem Fall die Schriftform. Der notariellen Beurkundung bedarf der Praxisübernahmevertrag allerdings dann, wenn der Praxisabgeber auch Eigentümer der Praxisräume ist und diese mit der Praxis an den Praxisübernehmer veräußert werden (§ 311b Abs. 1 BGB).

107

---

61 *Röschmann* in: *Ratzel/Luxenburger*, Handbuch Medizinrecht, § 18 Rdnr. 13.
62 *BGH*, NJW 1981, 2000; *Laufs/Uhlenbruck*, Handbuch des Arztrechts, § 18 Rdnr. 1.
63 *Rieger* in: *Rieger/Dahm/Steinhilper*, Heidelberger Kommentar, Nr. 4330 „Praxisveräußerung", Rdnr. 2; *Wollny*, a.a.O., Rdnr. 3419 ff.

D Praxisübernahmevertrag, Übergangskooperation u. a.

108 Tipp: Kein Praxisübernahmevertrag ohne Einschaltung eines Fachanwalts für Medizinrecht!

109 Jeder Praxisübernahmevertrag sollte unbedingt mit einem auf Medizinrecht spezialisierten Anwalt und ggf. Steuerberater für den Einzelfall erstellt werden[64]. „Selbstgestrickte" Vertragsvorlagen oder „Vertragsmuster", insbesondere alte Verträge von ärztlichen Kollegen, stellen hier keine Alternative dar, da die Gefahr besteht, dass aktuelle Rechtsprechung sowie wichtige Inhalte übersehen werden (z. B. Regelungen zum Nachbesetzungsverfahren; Übertragung des Vertragsarztsitzes, Zustimmungsregelungen hinsichtlich der Patienten u.ä.). Jeder Vertrag muss auf die individuellen Besonderheiten und persönlichen Gegebenheiten der Parteien angepasst werden, damit diese Regelungen im Zweifel, wenn es darauf ankommt, eine Lösung herbeiführen können bzw. im Streitfall vor Gericht standhalten.

110 Tipp: Den Praxisübernahmevertrag auf jeden Fall schriftlich abschließen! Keine „selbstgestrickten Vertragsmuster" verwenden!

2 Vertragsgegenstand

a) Verkauf der „vertragsärztlichen Zulassung"?

111 Vertragsgegenstand des Praxisübernahmevertrages ist die Praxis, d. h. das materielle und das immaterielle Praxisvermögen – dazu noch ausführlich unten – nicht aber, wie immer wieder einmal unrichtig in Verträgen zu lesen ist, die vertragsärztliche Zulassung. Der BGH hat bereits vor zahlreichen Jahren entschieden:[65] *„Mit der Zulassung ist eine öffentlich-rechtliche Berechtigung verbunden, die in ihrer Bedeutung – und damit wirtschaftlich gesehen in ihrem Vermögenswert – entscheidend durch die beruflichen Fähigkeiten und die Initiative des Berechtigten ausgefüllt und geprägt wird."*

112 Dagegen hat das BSG vor wenigen Jahren entschieden, die Zulassung habe keinen eigenen Vermögenswert und sei deswegen auch un-

---

64 *Klapp*, a.a.O., 8.3.
65 *BGH*, NJW 1981, 2002.

pfändbar und insolvenzfest.⁶⁶ Das Nichtvorhandensein eines eigenen Vermögenswertes erscheint allerdings aus folgenden Gründen missverständlich: Der aufgrund der Verknappung der Zulassungen seit Inkrafttreten des GSG 1993 seit Jahren nicht selten zu beobachtende „*Konzessionshandel*"⁶⁷ in Form eines „Schwarzen Marktes" wird von Literatur, Rechtsprechung und seit geraumer Zeit auch von den Kassenärztlichen Vereinigungen – jedenfalls bei ungeschickter Vertragsgestaltung oder sonstigem Bekanntwerden – kritisiert, bekämpft und unterbunden. Insbesondere ist kein Vertragsarztsitz mehr vorhanden, wenn die Arztpraxis tatsächlich nicht betrieben wird,⁶⁸ oder nach jahrelangem Rechtsstreit über die Ausschreibungsbefugnis an die frühere ärztliche Tätigkeit nicht mehr angeknüpft werden kann.⁶⁹

113 Also hat die Zulassung praktisch sehr wohl einen eigenen Vermögenswert! Letztlich bildet die Vertragsarztzulassung nämlich die Untergrenze dessen, was ein Erwerber für eine Arztpraxis auch dann noch zu zahlen bereit ist, wenn der immaterielle Wert in Form des Goodwill praktisch kaum noch besteht, weil es keinen nennenswerten Patientenstamm mehr gibt⁷⁰. Hierfür spricht auch, dass nun sogar der Gesetzgeber im Rahmen des GMG 2004 für Medizinische Versorgungszentren die Möglichkeit eröffnet hat, dass diese isoliert „*den Vertragsarztsitz*" – also nicht unbedingt auch die Praxis – übernehmen können, wenn ein Arzt auf die Zulassung verzichtet und sich im Versorgungszentrum anstellen lässt (§ 103 Abs. 4a Satz 1 SGB V); entsprechendes gilt auch für den nun seit dem GKV-WSG 2007 neu geschaffenen Verzicht eines Vertragsarztes auf seine Zulassung, um sich bei einem anderen Vertragsarzt anstellen zu lassen (§ 103 Abs. 4b SGB).

114 Letztlich toleriert der Gesetzgeber also selbst – jedenfalls in diesen beiden Fällen – eine Art „*Konzessionshandel*"⁷¹. Die Zulassung durch den Zulassungsausschuss der Kassenärztlichen Vereinigung setzt nichtsdestotrotz – abgesehen von den vorgenannten Ausnahmefäl-

---

66 *BSG*, MedR 2001, 159; *LSG Nordrhein-Westfalen*, MedR 1998, 377; MedR 1999, 333; *Hesral* in: *Ehlers*, a.a.O., Rdnr. 242; *Dahm*, MedR 2000, 551; *von Zwoll/Mai/Eckhardt/Rehborn*, Die Arztpraxis in der Krise und Insolvenz, Rdnr. 431 ff.
67 *Dahm*, MedR 2000, 551.
68 *Schallen*, Zulassungsverordnung für Vertragsärzte, Rdnr. 233.
69 BSGE 85,1 = SoZR 3 – 2500 = AZR 2000, 162.
70 *Röschmann* in: *Ratzel/Luxenburger*, Handbuch Medizinrecht, § 18 Rdnr. 28.
71 *Möller* in: *Dahm/Möller/Ratzel*, Rechtshandbuch Medizinische Versorgungszentren, Kapitel VI, Rdnr. 19.

len – zwingend die Praxisveräußerung (§ 103 Abs. 4 SGB V) voraus. Ein ausdrücklicher und isolierter „Zulassungsverkauf" ohne Praxis ist nichtig.[72] Als besondere Problemfälle mit der Rechtsfolge Nichtigkeit sind bislang bekannt geworden: Die isolierte Verfügung über eine Zulassung[73], eine längere Zeit des Ruhens der Zulassung[74], kein – ansatzweise erkennbarer – Praxiswert wegen Verflüchtigung des Patientenstammes[75], eine fehlende Regelung über den immateriellen Wert im Übertragungsvertrag[76] und eine tatsächlich nicht existente Gemeinschaftspraxis[77], z. B. *„Scheingemeinschaftspraxis"* wegen (verdeckter) Anstellung[78] und der Wegfall des *„Praxissubtrats"* bei Verlegung eines Vertragsarztsitzes aus einer Gemeinschaftspraxis an einen anderen Ort und mangelndner Anknüpfungsmöglichkeit an die bisher gemeinsam ausgeübte Tätigkeit.[79] Zulässig dürfte aber die sofortige Verlegung der Praxis nach Erhalt der Zulassung sein,[80] jedenfalls aber nach Abwarten einer „Schonfrist" von ca. drei Monaten.

115 Obgleich nach wie vor vieles im einzelnen umstritten ist, steht nach dem BSG jedenfalls fest:[74] *„Praxisfortführung in diesem Sinne verlangt nicht notwendig, dass der Nachfolger eines ausscheidenden Vertragsarztes auf Dauer die bisherigen Patienten in denselben Praxisräumen mit Unterstützung desselben Praxispersonals und unter Nutzung derselben medizinisch-technischen Infrastruktur behandelt oder zumindest behandeln will."* Es muss also eine *„Gesamtschau"* stattfinden im Sinne einer umfassenden Würdigung der Praxisveräußerung: Ob eine Gesamtheit der gegenständlichen und personellen Grundlagen der Tätigkeit eines in freier Praxis arbeitenden Arztes übergeben werden soll oder nicht.[81] Da es für die Ausübung des ärztlichen Berufs in eigener Praxis unerheblich ist, wie die Eigentumsverhältnisse an Praxiseinrichtung, Geräten und Material gestaltet sind[82], ist es im Einzelfall daher auch un-

---

72 *LSG Nordrhein-Westfalen*, MedR 1999, 237; *BSG* vom 29.09.1999 – B 6 KA 1/99; *OLG Hamm*, GesR 2005, 177.
73 *LSG Nordrhein-Westfalen*, MedR 1998, 377.
74 *BSG* vom 29.09.1999 – B 6 KA 1/99 R.
75 *LSG Nordrhein-Westfalen*, MedR 1999, 237.
76 *OLG Saarbrücken*, MedR 1997, 418.
77 *LSG Nordrhein-Westfalen*, MedR 1999, 237; *BSG* vom 29.09.1999 – B 6 KA 17/99.
78 Anders aber *LSG Niedersachsen* – Bremen, MedR 2002, 540.
79 *BSG*, GesR 2008, 304.
80 Vom *OLG Köln*, Urteil vom 22.09.1999 – 13 U 47/99 – zu Unrecht als „systematisch angelegte Manipulation" bezeichnet.
81 *LSG Nordrhein-Westfalen*, MedR 1999, 238.
82 *Möller*, MedR 1999, 496; anders wohl *Engelmann*, ZMGR 2001, 3.

bedenklich, wenn aus nachvollziehbaren Gründen nur der Goodwill als veräußerungs- und übertragungswürdiges Element verbleibt.[83] Umgekehrt reicht es auch aus, wenn noch ausreichend Anlagevermögen für den Betrieb einer Arztpraxis vorhanden ist.[84]

116
Tipp: Im Praxisübernahmevertrag keine Veräußerung der „kassenärztlichen Zulassung" oder des „Vertragsarztsitzes" ohne Veräußerung zumindest auch des Anlagevermögens oder des Goodwill in Form des (wenn auch nur noch kleinen) Patientenstamms.

Zulässig – und in der Praxis dringend erforderlich sind – mehr oder minder ausführliche Vereinbarungen im Kaufvertrag über die Arztpraxis als Kaufgegenstand, nach denen sich der Praxisabgeber verpflichtet, das Nachbesetzungsverfahren einzuleiten und sich beim Zulassungsausschuss zu bemühen, dass der Praxisnachfolger die dann auszuschreibende vertragsärztliche Zulassung bzw. den Vertragsarztsitz an seiner Stelle erhält, und der Erwerber sich verpflichtet, hieran mitzuwirken. 117

118
Tipp: Kein Praxisübernahmevertrag ohne Regelungen über Durchführung des Nachbesetzungsverfahrens durch Veräußerer und Mitwirkung des Erwerbers!

b) Trennung von materiellem und immateriellem Praxiswert

Im Kaufvertrag sind wegen der unterschiedlichen steuerlichen Abschreibungsmöglichkeiten für den Erwerber[85] der materielle Praxiswert (Substanzwert der Praxis) und der immaterielle bzw. ideelle Praxiswert (Goodwill) getrennt auszuweisen. Für den Veräußerer ist dies irrelevant. Der Erwerber kann jedoch grundsätzlich die entgeltlich erworbenen Vermögenswerte in einer sog. Eröffnungsbilanz mit den Anschaffungskosten ansetzen und darauf Absetzungen für Abnutzung (§ 7 Abs. 1 EStG), d. h. Abschreibungen vornehmen[86]. Diese Ab- 119

---

83 *Hesral* in: *Ehlers*, Fortführung von Arztpraxen, Rdnr. 238.
84 *Hesral* in: *Ehlers*, a.a.O., Rdnr. 238.
85 Von 5 – 10 Jahren einerseits bzw. 3 – 5 Jahren andererseits; *Rudolph*, AZR 2007, 85.
86 *Küntzel* in: *Ehlers*, Fortführung von Arztpraxen, Rdnr. 635.

D Praxisübernahmevertrag, Übergangskooperation u. a.

schreibungsmöglichkeit ist für den Erwerber zur Praxisfinanzierung von erheblicher Bedeutung, da sie zumindest in den ersten Jahren nach der Praxisübernahme den in der Praxis erzielten Gewinn steuerlich, nicht aber liquiditätsmäßig mindert, und deswegen in der Regel zur Tilgung des aufgenommenen Praxisdarlehens zur Verfügung steht. Bei dem materiellen Praxiswert handelt es sich um die medizinischen oder sonstigen Geräte, Einrichtungsgegenstände und sonstigen Gegenstände des Anlage- oder Umlaufvermögens, z. B. die Materialvorräte.

120 Hinsichtlich der materiellen Vermögensgegenstände hat es sich in der Praxis bewährt, für die Praxiseinrichtung eine vom Praxisveräußerer und -erwerber abgezeichnete Inventarliste als Anlage zum Übernahmevertrag zu geben, damit kein Streit darüber ausbricht, welche Gegenstände mitverkauft worden sind und welche nicht. Machbar ist es umgekehrt auch, dass alles in der Praxis Befindliche als „gebraucht wie besichtigt" verkauft und eine sog. Negativliste über die Gegenstände beigefügt wird, die ausdrücklich nicht mitverkauft werden. Persönliche Gegenstände, wie wertvolle Gemälde, besondere Einrichtungsgegenstände (Antiquitäten), Pkw werden üblicherweise nicht mitverkauft. Befindet sich beispielsweise der Pkw des Veräußerers wie üblich im Betriebsvermögen, wäre er ohne Aufführung in einer solchen Liste mitverkauft – und das ohne zusätzlichen Kaufpreis!

121

> **Tipp:** Unbedingt Inventarliste für Praxiseinrichtung, ärztliche Geräte etc. fertigen, beiderseits prüfen, abzeichnen und als Anlage beifügen!

122 Außerdem ist ein sog. Eigentumsvorbehalt, also eine aufschiebende Bedingung zu vereinbaren (§ 449 BGB), wonach die Übereignung des materiellen Praxisvermögens erst nach vollständiger Kaufpreiszahlung und der bestandskräftigen Zulassung des Praxiserwerbers zur Teilnahme an der vertragsärztlichen Versorgung erfolgt[87].

123

> **Tipp:** Übereignung der materiellen Vermögensgegenstände nur unter der aufschiebenden Bedingung der vollständigen Kaufpreiszahlung und der bestandskräftigen Zulassung des Praxiserwerbers!

---

[87] *Schmitz/Binz/Oerter*, Der Praxiskaufvertrag für die Arzt- und Zahnarztpraxis, E 4.

Der ideelle Praxiswert besteht in dem wirtschaftlichen Wert der dem Praxisübernehmer gewährten Chance, die Patienten des Veräußerers zu übernehmen (Patientenstamm), für sich zu gewinnen und den vorhandenen Bestand als Grundlage für den weiteren Ausbau der Praxis zu verwenden. Zum Goodwill gehören auch die künftigen Gewinnaussichten der Praxis.[88]

124

c) Vertragsarztzulassung als nicht abnutzbares immaterielles Wirtschaftsgut?

Die vorstehend erwähnten Abschreibungsmöglichkeiten für den Erwerber sind jedenfalls hinsichtlich des immateriellen Praxiswerts in jüngerer Zeit zunächst in Gefahr geraten[89]: ein Finanzgericht hat festgestellt, der mit dem Vertragsarztsitz verbundene wirtschaftliche Vorteil stelle ein nicht abnutzbares immaterielles Wirtschaftsgut dar, da er nicht aus der öffentlich-rechtlichen Zulassung als solcher bestehe, sondern in der damit verbundenen wirtschaftlichen Chance, auf einem beschränkten Markt als Arzt tätig werden zu können[90]. Diese Chance ändere sich auch in den Folgejahren wertmäßig nicht, so dass eine Abschreibung nicht möglich sei.

125

Diesem Urteil hat sich die Finanzverwaltung alsbald mit einer Anweisung angeschlossen[91]. Auch aus Sicht der Finanzverwaltung stelle die Vertragsarztzulassung einen gesondert zu bewertenden wirtschaftlichen Vorteil dar, der nicht abnutzbar und somit auch nicht abschreibbar sein soll. Dies gelte insbesondere auch deswegen, weil die Vertragsarztzulassung – jedenfalls bis zum Erreichen der vertragsärztlichen Altersgrenze von 68 Jahren – generell zeitlich unbegrenzt erteilt wird, also eine Abschreibung nicht in Betracht komme[92].

126

Diese Auffassung würde zur Folge haben, dass jedenfalls der Teil des immateriellen Praxiswertes, der auf die Vertragsarztzulassung entfällt, vom Erwerber nicht mehr steuermindernd hätte abgeschrieben

127

---

88 *Laufs/Uhlenbruck*, Handbuch des Arztrechts, § 19 Rdnr. 1; Möller in: *Ehlers*, Fortführung von Arztpraxen, Rdnr. 402; *BGH* vom 29.10.1990 – XII ZR 101/89.
89 *Rudolph*, AZR 2007, 85.
90 *FG Niedersachsen* vom 28.09.2004 – 13 K 412/01 – DStRE 2005, 427; *FG Baden-Württemberg* – 3 K 101/01 – EFG 2005, 1539; *Röschmann* in: *Ratzel/Luxenburger*, § 18 Rdnr. 141.
91 *OFD Koblenz* – S 2134a A-St 31 4, DStR 2006, 610.
92 *Rudolph*, a.a.O., 85.

D Praxisübernahmevertrag, Übergangskooperation u. a.

werden können. Dies würde weiter bedeuten, dass – jedenfalls in gesperrten Planungsbereichen, in denen der Vertragsarztzulassung ein besonderer Wert zukommt – dieser Wert im Kaufvertrag gesondert ausgewiesen werden sollte, um zu verhindern, dass die Finanzverwaltung die steuerliche Abschreibungsmöglichkeit für den gesamten Goodwill zu Lasten des Erwerbers verneint[93].

128

> **Tipp:** Achtung: Verwaltungspraxis des zuständigen Finanzamtes zur (Nicht-)Abschreibungsfähigkeit der Vertragsarztzulassung in Erfahrung bringen, ggf. über Steuerberater!

129 Dabei wäre natürlich die Problematik entstanden, wie der jeweilige Teilkaufpreis für das immaterielle Praxisvermögen einerseits und die Vertragsarztzulassung andererseits der Höhe nach bestimmt und voneinander abgegrenzt werden können. In der Praxis hätte man dieses Problem nur dadurch lösen können, dass ein öffentlich bestellter und vereidigter Sachverständiger für die Bewertung von Arzt- und Zahnarztpraxen ein (auch aus den bereits zuvor dargestellten Gründen empfehlenswertes) Praxiswertgutachten erstellt, der Goodwill hierbei ebenso nachvollziehbar bewertet wird, wie der „Sockelbetrag", den die Vertragsarztzulassung in der maßgeblichen Region aufgrund von Erfahrungswerten nach Marktlage hat, und in dem Praxisübernahmevertrag zumindest auf dieses Gutachten verwiesen, besser dieses sogar dem Kaufvertrag beigefügt wird.

130 Erfreulicherweise hat ein anderes Finanzgericht dieser Rechtsauffassung kürzlich widersprochen[94]: Hier wird – völlig zu Recht – erkannt, dass die Vertragsarztzulassung bei Übergang einer eingeführten Praxis kein eigenes Wirtschaftsgut darstelle, sondern ein unselbstständiger Teil des Praxiswertes sei. Der Vertragsarztsitz als solcher sei eine öffentlich-rechtliche Erlaubnis; für den Erwerber der Praxis und deren Fortführung orientiere sich der Kaufpreis vorwiegend an der Ertragskraft der Praxis, die eine untrennbare Einheit mit der Kassenzulassung darstelle. Wird im Praxisübergabevertrag also ein gesonderter Wert für die Vertragsarztzulassung vereinbart, wie dies wie dargelegt bereits gefordert worden ist[95], wäre dies für die Finanzverwaltung als Indiz dafür zu werten, dass dem Vertragsarztsitz doch ein ei-

---
93 So die Empfehlung von *Welper*, NWB 2006, 3007.
94 *FG Rheinland-Pfalz* vom 09.04.2008 – 2 K 2649/07.
95 *Welper*, NWB 2006, 3007.

genständiger Wert zuzuordnen sei; dies würde dann zur Nichtabschreibbarkeit zumindest dieses Wertes führen.

Tipp: Im Kaufvertrag keinen gesonderten Teilkaufpreis für die Vertragsarztzulassung vereinbaren! 131

Wird jedoch in der Tat praktisch der gesamte Kaufpreis vom Erwerber für die Vertragsarztzulassung bezahlt, und dies in dem Praxisübernahmevertrag auch noch deutlich zum Ausdruck gebracht, wie z. B. bei der Akquisition eines Vertragsarztsitzes durch ein MVZ, das weder am materiellen Vermögen noch am Patientenstamm der betreffenden Praxis interessiert ist, dürfte die Finanzverwaltung ausnahmsweise mit ihrer Auffassung Recht haben, in diesem Fall sei der hierfür bezahlte Kaufpreis praktisch ausschließlich für die Vertragsarztzulassung bezahlt, der wegen des Charakters der Zulassung als nicht abnutzbares Wirtschaftsgut nicht abschreibungsfähig ist. 132

3 Kaufpreis

a) Aufteilung

Der Kaufpreis ist – wie bereits ausgeführt – entsprechend zwischen immateriellem Praxiswert und materiellem Praxiswert aufzuteilen. In der Regel ist der Kaufpreis für den ideellen Praxiswert höher als der Kaufpreis für den Substanzwert; übliche Verteilungsquoten sind z. B. 75 % / 25 % oder 66,66 % / 33,33 % oder gar 90 % / 10 %. Eine Ausnahme bilden hier allerdings sog. Gerätepraxen mit besonders hochwertiger Einrichtung, z. B. bei Radiologen, Nephrologen und Laborärzten. Hier kann die Verteilung der Anteile durchaus auch umgekehrt aussehen. 133

b) Fälligkeit

Auch die Fälligkeit des Kaufpreises ist im Kaufvertrag zu regeln. Üblicherweise wird der Kaufpreis mit Übergabe der Praxis zur Zahlung fällig. Da jedoch zwischen der Vertragsunterzeichnung und der Übergabe der Praxis durchaus ein längerer Zeitraum liegen kann, ist in diesem Fall dringend zu empfehlen, dass der Praxisabgeber vom Praxisübernehmer durch eine Bankbürgschaft der finanzierenden Bank 134

D Praxisübernahmevertrag, Übergangskooperation u. a.

abgesichert wird.[96] Hierfür fallen üblicherweise Kosten in Form der sog. Avalzinsen, ca. 1,5 % bis 2 % der Bürgschaftssumme, an, die fairerweise der Veräußerer trägt, da die Bürgschaft ja seinen Interessen dient. Die Bürgschaft sollte unbedingt, unwiderruflich, unbefristet und selbstschuldnerisch sein und die Klausel „Zahlung auf erstes Anfordern"[97] enthalten. Andernfalls liefe der Veräußerer das Risiko, bei Nichtzahlung des Kaufpreises durch den Erwerber und Zahlungsverweigerung der Bank diese doch erst verklagen zu müssen – ggf. ein dorniger Weg mit ungewissem Ausgang! Das aber ist gerade nicht der Zweck einer Bürgschaft, die dem Veräußerer das Liquiditätsrisiko des Erwerbers ja abnehmen soll.

135
> **Tipp:** Kein Kaufvertragsabschluss ohne speziell formulierte Bankbürgschaft der Bank des Erwerbers!

136 Für den Fall, dass der Erwerber dem Veräußerer die Bankbürgschaft nicht spätestens bei Unterzeichnung des Kaufvertrages übergibt, sollte ein Rücktrittsrecht des Veräußerers vom Praxiskaufvertrag vereinbart werden. Wenn die Bankbürgschaft nicht beigebracht wird, hat der Praxisverkäufer nämlich keine Sicherheit, dass er den vereinbarten Kaufpreis erhält. Die Unfähigkeit des Erwerbers, rechtzeitig eine Bankbürgschaft beizubringen, ist auch ein Indiz dafür, dass er keine sichere Zusage für die Finanzierung des Praxiskaufs durch ein entsprechendes Darlehen von seiner Bank erhalten hat[98]. Umgekehrt gilt: Hat der Erwerber eine Finanzierungszusage vorliegen, wird die Bank in der Regel auch die erforderliche Bankbürgschaft stellen.

137
> **Tipp:** Kein Kaufvertragsabschluss ohne Rücktrittsrecht des Veräußerers für den Fall der Nichtbeibringung der Bankbürgschaft durch den Erwerber!

138 Eine bloße Finanzierungsbestätigung der Bank ist zwar kostenlos, aber auch wertlos im Fall der späteren Illiquidität oder Insolvenz des Erwerbers.[99] Die Bank kann nämlich eine solche Finanzierungszusage ohne weiteres zurückziehen, falls sich die Bonität des Erwerbers – aus

---
96 *Rieger,* Rechtsfragen beim Verkauf und Erwerb einer Arztpraxis, Rdnr. 160 und 166.
97 *Klapp,* a.a.O., 9.6.3.
98 *Schmitz/Binz/Oerter,* a.a.O., E 32.
99 *Rieger,* a.a.O., Rdnr. 160; *Klapp,* a.a.O., 9.6.3.

welchen Gründen auch immer – vor der Übergabe der Praxis und der Darlehensauszahlung erheblich verschlechtert.

Alternativ zur Bankbürgschaft kommt auch eine Bürgschaft eines (nachgeprüft solventen) Verwandten des Erwerbers, eine Grundschuld auf eine Immobilie oder die Abtretung einer Lebensversicherung (mit von der Versicherung schriftlich bestätigtem Rückkaufswert!) in Höhe des Kaufpreises in Betracht.[100] Auch die treuhänderische Einzahlung des Kaufpreises auf einem Notar- oder Rechtsanwaltsanderkonto ist denkbar.[100] 139

Das Todesfallrisiko des Erwerbers sollte – jedenfalls bei einem Zeitraum von mehr als drei Monaten zwischen Vertragsunterzeichnung und Übergabe der Praxis – durch eine Risikolebensversicherung zugunsten des Veräußerers abgesichert werden.[101] Die Bürgschaft sichert dieses Risiko nämlich nicht ab. Es ist schon vorgekommen, dass ein Erwerber nach Vertragsunterzeichnung das Opfer eines Unfalls wurde – und der Erwerber kurz vor dem geplanten Übergabetag erneut mit der Nachfolgersuche beginnen musste. Hat der Veräußerer dann bereits die Altersgrenze von 68 Jahren erreicht oder steht er knapp davor, kann es zeitlich eng werden. Die (vergleichsweise geringen) Prämien der Versicherung zahlt üblicherweise der Veräußerer. 140

Möglich ist auch die Vereinbarung einer Ratenzahlung, wenn der Erwerber den Kaufpreis nicht zum Zeitpunkt der Übergabe der Praxis in voller Höhe aufbringen kann.[102] Dann sollte aber eine angemessene Verzinsung der später zu zahlenden Raten zugunsten des Veräußerers erfolgen, z. B. 5 bis 8 % über dem Basiszinssatz der Europäischen Zentralbank (§ 288 BGB). Zusätzlich ist dann eine sog. Verfallklausel (sofortige Fälligkeit sämtlicher offenstehender Raten bei Zahlungsverzug mit einer fälligen Rate) erforderlich. 141

Die Ratenzahlung birgt für den Veräußerer natürlich das Risiko der Zahlungsunfähigkeit oder Insolvenz des Erwerbers. Auch dieses Risiko sollte also abgesichert werden, z. B. durch Bankbürgschaft oder Bürgschaft eines Dritten (Vorsicht bei fraglicher Bonität des Dritten), Abtretung einer Lebensversicherung, Eintragung einer Grundschuld an einem Grundstück, etc. 142

---

100 *Klapp*, a.a.O. 9.6.3.
101 *Rieger*, a.a.O., Rdnr. 165.
102 *Rieger*, a.a.O., Rdnr. 162 ff.; *Klapp*, a.a.O., 9.6.2.

D Praxisübernahmevertrag, Übergangskooperation u. a.

143 | Tipp: Keine Ratenzahlung ohne Bankbürgschaft – oder andere Sicherheit – des Erwerbers!

144 Insgesamt ist von der Vereinbarung einer Ratenzahlung aber abzuraten.[103] Wer Sicherheiten bringen kann, kann in der Regel auch den Kaufpreis finanzieren und in voller Höhe zahlen. Mit demjenigen, der dies nicht kann, sollte in der Regel auch keine Ratenzahlung vereinbart werden.

c) Leibrente o. ä.

145 Kaum noch praktische Bedeutung hat die Vereinbarung eines Kaufpreises in Form einer Leibrente oder gar in Form der prozentualen Beteiligung des Veräußerers an den künftigen Honorareinnahmen des Erwerbers.[104] In beiden Fällen ist der Veräußerer nämlich an das wirtschaftliche Schicksal der vom Erwerber fortgeführten Praxis gebunden. Dass dieses Risiko heutzutage wegen der Ungewissheit hinsichtlich der weiteren Entwicklung der Arzthonorare, insbesondere nach der Einführung des EBM 2000 plus am 1.4.2005 und der Regelleistungsvolumina zum 1.1.2006 oder zum 1.1.2007 besonders hoch ist, bedarf keiner weiteren Darlegung.

4 Gewährleistungsrechte

146 Die Gewährleistungsrechte des Erwerbers (§§ 437 – 441 BGB) für Sachmängel der Praxis (§ 434 BGB) und Rechtsmängel (§ 435 BGB) werden im Kaufvertrag – wie beim Verkauf gebrauchter Gegenstände (z. B. Pkw) allgemein üblich – so weitgehend wie möglich ausgeschlossen (§ 444 BGB). Dies bedeutet, dass der Erwerber im allgemeinen später keine „Mängelbeseitigung" oder „Lieferung einer mangelfreien Sache" (eine solche „Nacherfüllung" scheidet bei einer Arztpraxis ohnehin aus), aber auch keine „Minderung", d. h. Herabsetzung des Kaufpreises verlangen und auch nicht vom Kaufvertrag zurücktreten kann.[105]

147 Eine Ausnahme gilt natürlich bei arglistiger Täuschung des Erwerbers durch den Veräußerer über bestimmte Eigenschaften der Praxis

---

103 *Klapp*, a.a.O., 9.6.2.
104 *Rieger*, a.a.O., Rdnr. 168 ff.
105 *Rieger*, a.a.O., Rdnr. 15.

bzw. bei arglistigem Verschweigen von Mängeln (§ 444 BGB),[106] z. B. bei Vorlage veränderter oder gar gefälschter Einnahmen-Überschuss-Rechnungen (auch Gewinnermittlungen genannt), betriebswirtschaftlicher Auswertungen, bei falschen Angaben über den vorhandenen Patientenstamm oder bei sonstigen unwahren Angaben. Für den Veräußerer sollte es selbstverständlich sein, seine „Zahlen" jedem ernsthaften Bewerber zugänglich zu machen. Ziert sich der Abgeber, oder verweigert er dies gar, ist vom Erwerb dieser Praxis dringend abzuraten. „Due Diligence", also die Prüfung der inneren Verhältnisse des „Unternehmens Arztpraxis", sollte heute ebenso selbstverständlich sein wie beim Unternehmenskauf[107]! Führt der Käufer eine solche Prüfung durch, entfallen allerdings die Gewährleistungsrechte, wenn er den Sach- oder Rechtsmangel hierbei festgestellt hat (§ 442 Abs. 1 BGB), hat er ihn fahrlässig übersehen, haftet der Verkäufer nur bei arglistigem Verschweigen des Mangels oder bei Abgabe einer Garantie (§ 442 Abs. 1 BGB) – was bei einer Praxisveräußerung kaum vorkommen wird.

Tipp: Der Praxiserwerber sollte sich vor Vertragsabschluß vom Veräußerer die vom Steuerberater testierten Einnahmen-Überschuss-Rechnungen der letzten drei abgeschlossenen Jahre, die betriebswirtschaftliche Auswertungen des vorausgegangenen und laufenden Jahres (BWA) und die Abrechnungsbescheide der Kassenärztlichen Vereinigung für diesen Zeitraum vorlegen und diese sorgfältig prüfen (lassen)!

148

Bei einer Täuschung ist der Käufer übrigens auch zur Anfechtung des Kaufvertrages berechtigt (§ 123 BGB) mit der Folge, dass dieser nichtig und rückabzuwickeln ist. In der Praxis ist die Rückabwicklung allerdings mit erheblichen Schwierigkeiten verbunden, da der Erwerber nach der Übernahme in der Regel erhebliche Veränderungen vorgenommen hat, z. B. Umbauten, Personalwechsel, organisatorische Änderungen, Patientenwechsel etc. Jahrelange zeitaufwändige und kostspielige Prozesse über mehrere Gerichtsinstanzen mit ungewissem Ausgang können die Folge sein. Immerhin hat der BGH kürzlich entschieden[108], dass der Erwerber bei Nichtigkeit des Kaufvertrages die erworbene Praxis in dem Zustand an den Veräußerer zurückgeben

149

---

106 *Rieger*, a.a.O., Rdnr. 18 f.
107 *Röschmann* in: *Ratzel/Luxenburger*, a.a.O., § 18 Rdnr. 117.
108 *BGH*, MedR 2007, 238.

darf, wie sie sich zum Zeitpunkt der Rückgabe befindet. Für das, was er nicht mehr zurückgeben kann, hat er Wertersatz in Geld zu leisten. Herauszugeben sind allerdings auch die erzielten Gewinne, da sie sog. Nutzungen darstellen, es sei denn sie beruhen auf den persönlichen Fähigkeiten und Leistungen des Erwerbers.

5 Übergabe der Patientenkartei bzw. EDV-Datei

a) Zustimmung der Patienten

150 Das Vorhandensein einer gut geführten Patientenkartei bzw. -datei ist von besonderer Bedeutung für den Praxisnachfolger. Dieser kann nur dann auf der bisherigen Arbeit des Veräußerers aufbauen und eine vom Vorgänger begonnene Behandlung sinnvoll weiterführen, wenn er sich auf dessen sorgfältig geführte Unterlagen bzw. die EDV-Datei stützen kann. Seit einem bedeutsamen Urteil des BGH[109] wird vom Praxisveräußerer verlangt, vor der Weitergabe der Patientenunterlagen bzw. -datei an einen Nachfolger *„die Zustimmung der Patienten in eindeutiger und unmissverständlicher Weise einzuholen"*.

151 Eine Bestimmung in einem Praxisübergabevertrag, die den Veräußerer auch ohne Zustimmung der betroffenen Patienten verpflichtet, die Patientenkartei zu übergeben, verletzt das informationelle Selbstbestimmungsrecht des Patienten und die ärztliche Schweigepflicht. Eine solche Regelung ist wegen Verstoßes gegen ein gesetzliches Verbot nichtig (§ 134 BGB) und führt in der Regel zur Nichtigkeit des gesamten Kaufvertrages, abgesehen von einer etwaigen Strafbarkeit wegen Verstoßes gegen die ärztliche Schweigepflicht (§ 201 Abs. 1 Ziffer 1 StGB). Diese Notwendigkeit und deren Bedeutung wird von vielen Ärzten erfahrungsgemäß immer noch unterschätzt.

152
> **Tipp:** Kein Kaufvertrag ohne ausführliche und sorgfältige Regelung über die erforderliche Zustimmung der Patienten zur Übertragung der Patientenkartei bzw. EDV-Datei!

153 Anders ist dies nur dann, wenn der Praxisübernehmer vorher als Mitarbeiter in der Praxis des Veräußerers z. B. als Vertreter, Entlastungsassistent oder Job-Sharing-Angestellter für den Patienten erkennbar

---

109 *BGH*, NJW 1992, 737 = MedR 1992, 104; *BGH* vom 17.05.1995 – VIII ZR 94/94; *BGH* vom 22.05.1996 – VIII ZR 194/95.

freien Zugang zu allen Patientenunterlagen bzw. EDV-Dateien hatte.[110] Ebenso ist es nach ständiger Rechtsprechung auch dann, wenn bei einer Gemeinschaftspraxis ein Gesellschafterwechsel stattfindet, d. h. ein Arzt ausscheidet und ein neuer Arzt eintritt.[111]

b) Verfahren

In welcher Form der Patient in die Weitergabe seiner Unterlagen bzw. Datei an den Praxisnachfolger einwilligen muss, hat der BGH offen gelassen. Schon wegen der Bestimmungen des Bundesdatenschutzgesetzes (BDSG) muss heute die schriftliche Zustimmung der Patienten verlangt werden. Eine Ausnahme gilt nur dann, wenn der Patient zur Weiter- oder neuen Behandlung beim Praxiserwerber erscheint, d. h. seine Zustimmung durch sog. konkludentes, d. h. schlüssiges Verhalten „erklärt". Es haben sich im Wesentlichen zwei kombinierte Verfahren eingebürgert, die im Vertrag sorgfältig geregelt werden müssen:[112] Den Patienten wird im letzten Quartal vor der Praxisübergabe eine schriftliche Erklärung zur Unterschrift vorgelegt, mit der sie ihr Einverständnis zur Übergabe ihrer Unterlagen an den (konkret namentlich zu benennenden) Nachfolger erklären.[113] Bei der Patientenkartei wird das sog. „Zwei-Schrank-Modell" oder „Münchner Modell"[114] favorisiert:

154

Tipp: Kein Kaufvertrag ohne Vereinbarung des „Zwei-Schrank-Modells" bzw. des „Münchner Modells"!

155

Der Erwerber verpflichtet sich vertraglich, die Patientenkartei und -unterlagen der nicht erschienenen bzw. nicht zustimmenden Patienten für den Veräußerer treuhänderisch in einem gesonderten „Altschrank" zu verwahren. Ferner muss er sich verpflichten, diese Unterlagen nur dann einzusehen, zu entnehmen und in den „Neuschrank" mit den zustimmenden Patienten zu überführen, wenn der jeweilige

156

---

110 *LG Darmstadt,* NJW 1994, 2962.
111 *BGH,* NJW 2001, 2462 sogar für den Fall einer „Übergangssozietät" im Außenverhältnis mit Kaufvertrag im Innenverhältnis bei Rechtsanwaltskanzlei.
112 *Rieger,* a.a.O., Rdnr. 97; *Möller* in: *Ehlers,* a.a.O., Rdnr. 414 ff; *Klapp,* a.a.O., 9.5.3.
113 *Rieger,* a.a.O., Rdnr. 96.
114 *„Münchner Empfehlungen zur Wahrung der ärztlichen Schweigepflicht bei Veräußerung einer Arztpraxis"* vom 08.04.1992, MedR 1992, 207.

D   Praxisübernahmevertrag, Übergangskooperation u. a.

Patient schriftlich oder durch Erscheinen zur Weiterbehandlung dem zugestimmt hat. Weiter ist eine Absicherung des Veräußerers durch eine Vertragsstrafe zu Lasten des Erwerbers im Fall der Zuwiderhandlung zu vereinbaren.

157   Der Eigentumsübergang der Patientenkartei und der Patientenunterlagen vom Veräußerer auf den Erwerber darf erst bei vorliegender Zustimmung der Patienten zu erfolgen, d. h. es ist ein sog. Eigentumsvorbehalt, also eine aufschiebende Bedingung zu vereinbaren (§ 449 BGB), wonach die Übereignung erst nach vollständiger Kaufpreiszahlung und der bestandskräftigen Zulassung des Praxiserwerbers zur Teilnahme an der vertragsärztlichen Versorgung erfolgt[115]. Für die EDV-Datei gilt dies natürlich entsprechend. Bei einer EDV-Datei muss eine Sperrung des alten Datenbestandes mit einem gesonderten Passwort des Veräußerers erfolgen sowie die Verpflichtung des Erwerbers zum Zugriff erst bei vorliegender Zustimmung des Patienten; im Übrigen gelten die vorherigen Ausführungen zu den Patientenunterlagen entsprechend.

158

Tipp: Übereignung der Patientenkartei, der -unterlagen und der EDV-Datei nur unter der aufschiebenden Bedingung der vollständigen Kaufpreiszahlung und der bestandskräftigen Zulassung des Praxiserwerbers!

159   Bei Verletzung dieser Regeln ist in fast allen Fällen der Praxiskaufvertrag auch dann insgesamt nichtig, wenn die üblicherweise in dem Vertrag enthaltene sog. salvatorische Klausel („Heilungsklausel") nur Teilnichtigkeit vorsieht. Auf jeden Fall ist der Vertrag dann insgesamt nichtig, wenn die zu übergebende Patientenkartei im Vertrag als wesentlicher Bestandteil des Vertrages bezeichnet wurde.[116] Selbst dann, wenn die Übergabe der Patientenkartei nicht wesentlicher Bestandteil des Praxiskaufvertrages sein sollte, hilft die salvatorische Klausel nur dann weiter, wenn der Kaufpreisanteil, der auch die Patientenkartei bzw. -datei enthält, aufgeschlüsselt ist und abgegrenzt werden kann.[117] Aus diesem Grunde weisen korrekte Praxisübernahmeverträge vorsichtshalber einen gewissen Kaufpreisteil für die Patientenkartei bzw. -datei gesondert aus.

---

115   *Schmitz/Binz/Oerter*, a.a.O., E 10.
116   *KG Berlin*, MedR 1996, 220.
117   *BGH*, NJW 1996, 773.

> **Tipp:** Im Kaufvertrag gesonderten Teilkaufpreis für Patientenkartei bzw. -datei ausweisen!

6 Übertragung des Mietvertrages

Wesentlich für die erfolgreiche Weiterführung der erworbenen Praxis ist in der Regel auch die Übergabe der Praxisräume am gleichen Standort.[118] Kein Problem stellt dies dar, wenn die Räume dem Praxisabgeber gehören und der Praxisübernehmer sie ebenfalls kauft. Allerdings läuft der Veräußerer hierbei – wie noch unten näher darzustellen sein wird – möglicherweise in eine „Steuerfalle".

In der Regel werden die Praxisräume jedoch von einem Dritten angemietet sein. In diesem Fall ist es unabdingbar, dass zum Zeitpunkt des Abschlusses des Praxiskaufvertrages die schriftliche Zustimmung des Vermieters zum Eintritt des Erwerbers in den laufenden Mietvertrag und zum Ausscheiden des Veräußerers vorliegt. Ausreichend ist natürlich auch die verbindliche Erklärung des Vermieters, mit dem Erwerber einen neuen Mietvertrag abschließen zu wollen. Einige Vermieter ziehen diese Variante vor, um gleichzeitig eine Mieterhöhung durchsetzen zu können. Hiergegen kann der Erwerber in der Regel kaum etwas tun.

> **Tipp:** Schriftliche Zustimmung des Vermieters zur Übernahme bzw. zum Neuabschluss des Mietvertrages vor Unterzeichnung des Kaufvertrages einholen!

Insbesondere reicht es in der Regel nicht aus, dass der Veräußerer sich im Kaufvertrag bereit erklärt, die schriftliche Zustimmung des Vermieters zum Eintritt des Erwerbers in dem bestehenden Mietvertrag einzuholen und gleichzeitig versichert, der Vermieter habe ihm sein Einverständnis bereits mündlich erklärt.[119] Die Erfahrung zeigt, dass es hier trotz guten Willens nicht selten zu unvorhergesehenen Schwierigkeiten kommt.

Wenn die schriftliche Zustimmung des Vermieters (z. B. in Form einer Vereinbarung zwischen Praxisabgeber, Praxisübernehmer und Ver-

---

118 Rieger, a.a.O., Rdnr. 104; Röschmann in: Ratzel/Luxenburger, a.a.O., § 18 Rdnr. 64.
119 Rieger, a.a.O., Rdnr. 129; Klapp, a.a.O., 9.7.

D Praxisübernahmevertrag, Übergangskooperation u. a.

mieter, §§ 398, 413 BGB) bei Abschluss des Kaufvertrages nicht vorliegt, z. B. weil die Verhandlungen mit dem Vermieter noch nicht abgeschlossen sind, sollte in den Praxiskaufvertrag ein Rücktrittsrecht zu Gunsten des Erwerbers oder beider Vertragsparteien aufgenommen werden für den Fall, dass der Vermieter dem Eintritt des Erwerbers in den Mietvertrag oder einem Neuabschluss des Mietvertrages nicht zustimmt[120]. Die häufig empfohlene Lösung, statt dessen eine aufschiebende oder auflösende Bedingung in den Vertrag aufzunehmen, überzeugt nicht, weil diese Konstruktion zu starr und unflexibel ist[121]. Sie führt nämlich aufgrund des damit verbundenen Automatismus im Fall des Bedingungseintritts automatisch zur Unwirksamkeit des Kaufvertrages, was nicht in allen Fällen sinnvoll ist. Demgegenüber haben die Vertragspartner beim Rücktrittsrecht die Wahl, es entweder auszuüben oder auch nicht.

166
Tipp: Bei noch fehlender Zustimmung des Vermieters Rücktrittsrecht für den Erwerber oder für beide Vertragspartner im Kaufvertrag vereinbaren!

167 Andernfalls muss der Erwerber die Praxis übernehmen, kann aber nicht über die bisherigen Praxisräume verfügen – eine fatale Situation, falls andere geeignete Räume in unmittelbarer Nähe nicht gefunden werden können! All diese Probleme stellen sich natürlich nicht, wenn der Mietvertrag des Praxisveräußerers eine sog. Nachfolgeklausel in der Weise enthält, dass dieser berechtigt ist, im Fall einer Praxisveräußerung an einen Nachfolger dessen Eintritt in den Mietvertrag ohne Zustimmung des Vermieters herbeizuführen oder der Vermieter den Nachfolger als Nachfolgemieter nur aus wichtigen Gründen ablehnen darf[122]:

168
Tipp: Bei Abschluss des Mietvertrages Nachfolgeklausel für den Fall der Praxisveräußerung mit dem Vermieter vereinbaren!

---

120 *Möller* in: Ehlers, a.a.O., Rdnr. 470; *Röschmann* in: Ratzel/Luxenburger, a.a.O., § 18 Rdnr. 67.
121 *Klapp*, a.a.O., 9.11.2.
122 *Klapp*, a.a.O., 6.16; *Möller* in: Ehlers, a.a.O., Rdnr. 467; zur Wahrung der Schriftform bei Nachfolgeklauseln; BGH, NJW-RR 2005, 958.

7 Übernahme des Personals

Der Erwerber tritt kraft Gesetzes in die Rechte und Pflichten aus den im Zeitpunkt der Praxisübernahme bestehenden Arbeitsverhältnissen ein (§ 613a BGB)[123]. Diese Regelung erfasst alle zum Zeitpunkt des Übergangs bestehende Arbeitsverhältnisse, einschließlich befristeter Arbeits-, Nebenbeschäftigungs- und Probearbeitsverhältnisse, gekündigter Arbeitsverhältnisse (während des Laufs der Kündigungsfrist) sowie auch Arbeitsverhältnisse mit Arbeitnehmern in Mutterschutz bzw. Elternzeit[124]. Der Übergang dieser Arbeitsverhältnisse auf den Praxisnachfolger kann im Übernahmevertrag nicht ausgeschlossen werden. Kündigungen wegen des Betriebsübergangs und diesbezüglicher Aufhebungsvereinbarungen sind rechtsunwirksam (§ 613a Abs. 4 BGB)[125]. Ferner haften für eine Übergangszeit von einem Jahr sowohl der Veräußerer wie auch der Erwerber für die Verpflichtungen aus den Arbeitsverhältnissen (§ 613a Abs. 2 BGB). Von diesen Regelungen werden Ärzte in der Lebenswirklichkeit immer wieder überrascht!

169

Dem Erwerber ist deshalb dringend zu raten, sich vom Praxisveräußerer die vorhandenen Arbeitsverträge mit allen späteren Änderungen und Ergänzungen sowie eine aktuelle Lohnliste vorlegen zu lassen.[126] Auch hier gilt also der Grundsatz der „Due Diligence"! Wo keine schriftlichen Arbeitsverträge bestehen, sollte sich der Erwerber vom Veräußerer in einer dem Kaufvertrag beizufügenden Liste schriftlich bestätigen lassen, welche Vereinbarungen mit dem Veräußerer getroffen worden sind. Die Arbeitsverträge bzw. die schriftlichen Bestätigungen über bestehende mündliche Arbeitsverhältnisse sollten dem Praxiskaufvertrag als Anlagen beigefügt werden.

170

Tipp: Alle aktuellen Arbeitsverträge mit Änderungsvereinbarungen und aktuelle Gehaltsbescheinigungen vom Veräußerer vorlegen lassen. Auch Arzthelferinnen im Mutterschutz oder Erziehungsurlaub nicht vergessen!

171

---

123 *LAG Düsseldorf*, NZA-RR 2000, 353 zum Betriebsübergang bei Weiterführung einer Arztpraxis; *LAG Hamm*, ArztR 2002, 12 zum Betriebsübergang einer Vertragsarztpraxis.
124 *Röschmann* in: *Ratzel/Luxenburger*, a.a.O., § 18 Rdnr. 75.
125 *BAG*, NJW 1982, 1607; BAGE 55, 228.
126 *Rieger*, a.a.O., Rdnr. 134.

D Praxisübernahmevertrag, Übergangskooperation u. a.

172 Ferner müssen der Veräußerer oder der Erwerber die von dem Betriebsübergang betroffenen Arzthelferinnen vorher über Zeitpunkt und Grund des Übergangs, die rechtlichen, wirtschaftlichen und sozialen Folgen des Übergangs sowie über die für die Arbeitnehmer in Aussicht genommenen Maßnahmen schriftlich informieren (§ 613a Abs. 5 BGB). Dem einzelnen Arbeitnehmer steht es dann frei, dem Übergang seines Arbeitsverhältnisses auf den Erwerber innerhalb eines Monats zu widersprechen (§ 613a Abs. 6). Der Widerspruch kann gegenüber dem Veräußerer wie auch dem Erwerber erklärt werden. Widerspricht er, bleibt er Arbeitnehmer des Veräußerers, der allerdings dann betriebsbedingt ordentlich kündigen kann, und zwar wegen Betriebsaufgabe.[127] Die ordentlichen Kündigungsfristen müssen hierbei allerdings eingehalten werden.

173

> **Tipp:** Arzthelferinnen unbedingt mindestens drei, ggf. sogar sechs Monate vor dem Übergang der Praxis schriftlich informieren!

174 Andernfalls kann es vorkommen, dass eine erst einen Monat vorher informierte Arzthelferin kurz vor Ablauf der Widerspruchsfrist widerspricht. Hat diese wegen langjähriger Betriebszugehörigkeit z. B. eine Kündigungsfrist von drei Monaten, muss der Veräußerer noch drei Monate weiterhin das Gehalt zahlen, kann die Helferin aber mangels Arztpraxis nicht beschäftigen, wohingegen beim Erwerber eine Arbeitskraft fehlt.

175 Unterbleibt die schriftliche Information über den Betriebsübergang oder ist die Information falsch oder unverständlich, wird die Widerspruchsfrist nicht in Gang gesetzt. Folge: Der Widerspruch kann in diesem Fall bei längeren Kündigungsfristen auch noch nach dem Betriebsübergang erklärt werden. Dies bedeutet ein erhebliches finanzielles Risiko für den Veräußerer![128] Unabhängig von diesen Regelungen gilt bei mehr als fünf Angestellten (ohne Auszubildende) auch noch das KSchG, bei bis zu 10 Angestellten gilt das KSchG nicht für solche Arbeitskräfte, die ab dem 1.1.2004 neu eingestellt worden sind (§ 23 Abs. 1 KSchG).

176 Übrigens: Sofern die Identität der selbstständigen, abtrennbaren, wirtschaftlichen Einheit gewahrt bleibt, gilt als Betriebsübergang

---

127 *Rieger*, a.a.O., Rdnr. 139.
128 Anders *Rieger*, a.a.O., Rdnr. 140, der die praktische Bedeutung dieser Regelungen als gering ansieht.

auch die Veräußerung eines Betriebsteils[129]. Als selbstständiger Betriebsteil zählt bei Ärzten insbesondere das Labor[130], aber auch der vertragsärztliche Teil einer Praxis[131], wenn z. B. der Veräußerer zukünftig nur noch privatärztlich tätig sein will. Unerheblich ist, ob der ärztliche Leistungskatalog hierbei eingeschränkt oder erweitert wird[132].

8 Sonstige laufende Verträge

Auch die übrigen laufenden Verträge sollte sich der Erwerber vom Veräußerer vorlegen lassen. Das Spektrum reicht von Leasingverträgen für ärztliche und sonstige Geräte und Einrichtungsgegenstände, z. B. Ultraschallgerät, EDV, Telefonanlage, Fotokopierer, etc., Wartungsverträgen, Stromversorgungsverträgen bis zu Verträgen über Zeitschriftenabonnements. Diese Verträge gehen in der Regel nicht automatisch vom Veräußerer auf den Erwerber über[133]. Vielmehr muss eine Vertragsübernahme zwischen dem Veräußerer, dem Erwerber und dem jeweiligen Vertragspartner vereinbart werden, wenn dies gewünscht ist. Andernfalls muss der Veräußerer dafür sorgen, dass er diese Verträge nach Möglichkeit bis zum Stichtag der Übergabe an den Erwerber durch Kündigung oder Auflösungsvereinbarung beendet. Der Erwerber wird dann neue Verträge mit den von ihm gewünschten Vertragspartnern abschließen.

177

Tipp: Alle sonstigen laufenden Verträge vom Veräußerer vorlegen lassen! Ggf. Vertragsübernahme vereinbaren!

178

Alle Verträge, die vom Erwerber übernommen werden, müssen im Vertrag erwähnt und sollten ebenfalls als Anlage dem Kaufvertrag beigefügt werden. Im Übrigen gelten die vorstehenden Ausführungen zur Übernahme des Mietvertrages hier entsprechend. Der Vereinbarung eines Rücktrittsrechts für den Fall der Nichtzustimmung der betreffenden Vertragspartner bedarf es allerdings in diesem Fall nicht, dafür aber einer Freistellungsverpflichtung des Erwerbers gegenüber dem Veräußerer.[133]

179

---

129 *BAG* NZA 1998, 253.
130 Vgl. *LAG Köln*, MedR 1998, 225.
131 *Möller* in: Ehlers, a.a.O., Rdnr. 408.
132 *LAG Hamm*, ArztR 2002, 12.
133 *Klapp*, a.a.O., 9.9.1.

D Praxisübernahmevertrag, Übergangskooperation u. a.

180 Wichtig ist noch zu wissen, dass der Erwerber in die Rechte und Pflichten bestehender sachbezogener Versicherungsverträge (z. B. betrieblicher Haftpflicht-, Hausrat- und Gebäudeversicherung) kraft Gesetzes eintritt (§ 69 VVG). Allerdings hat der Erwerber ein Sonderkündigungsrecht, das nur innerhalb eines Monats ausgeübt werden kann (§ 70 VVG). Personengebundene Versicherungen, wie z. B. die Berufshaftpflichtversicherung, gehen allerdings nicht mit der Veräußerung über[134].

181
> **Tipp:** Auf Übergang sachbezogener Versicherungsverträge achten, ggf. Sonderkündigungsrecht des Erwerbers ausüben!

9 Belegarztverträge

182 Bei dem Belegarztvertrag handelt es sich um einen zwischen einem Krankenhausträger und einem niedergelassenen, nicht im Krankenhaus angestellten Arzt geschlossenen Vertrag zur stationären Behandlung eigener Patienten des Arztes unter Inanspruchnahme der hierfür bereitgestellten Dienste und Einrichtungen des Krankenhauses. Belegarztverträge haben oft große wirtschaftliche Bedeutung für die Praxis des betreffenden operativ tätigen Arztes[135]. Daher ist frühzeitig und schriftlich die Zusage des Krankenhausträgers zur Übertragung des bestehenden Belegarztvertrages auf den Erwerber oder zum Abschluss eines neuen Vertrages einzuholen. Der Erwerber benötigt natürlich die Anerkennung als Belegarzt durch die für seinen Niederlassungsort zuständige Kassenärztliche Vereinigung (§ 40 BMV-Ä). Im Übrigen gelten für den Belegarztvertrag die vorstehenden Ausführungen zum Mietvertrag entsprechend.

183
> **Tipp:** Schriftliche Zustimmung des Krankenhausträgers zur Übernahme bzw. zum Neuabschluss des Belegarztvertrages vor Unterzeichnung des Kaufvertrages einholen!

---

134 *Röschmann* in: *Ratzel/Luxenburger*, a.a.O., § 18 Rdnr. 71.
135 *Röschmann* in: *Ratzel/Luxenburger*, a.a.O., § 18 Rdnr. 74.

10 Honorarforderungen / Verbindlichkeiten / Rechnungsabgrenzungen

Im Kaufvertrag wird üblicherweise geregelt, dass die bis zum Übergabestichtag entstandenen Honorarforderungen noch dem Veräußerer zustehen und er deren Einziehung selbst übernimmt. Selten werden auch die offenen Honorarforderungen mitverkauft. Ist dies doch der Fall, muss der Kaufpreis natürlich entsprechend erhöht werden, und zwar um den mutmaßlichen Wert der offenen Forderungen, ggf. abzüglich eines Risikoabschlags für nicht einbringliche Privathonorare. Die Mitveräußerung der Honorarforderungen birgt allerdings hinsichtlich der Einhaltung der ärztlichen Schweigepflicht ähnliche Probleme, wie diese oben im Zusammenhang mit der Übergabe der Patientenkartei bzw. EDV-Datei geschildert wurden. Ohne Zustimmung der betroffenen Patienten ist die Mitveräußerung der offenen Honorarforderungen daher praktisch nicht möglich[136].

184

> **Tipp:** Offene Honorarforderungen des Veräußerers in der Regel nicht mitveräußern!

185

In der Praxis führt die übliche Regelung dazu, dass der Veräußerer noch über Monate über weiterlaufende Honorareinnahmen verfügt, der Erwerber ab dem Stichtag der Übergabe aber erst einmal neue Honorarforderungen „aufbauen" muss. Die Kosten der Praxis treffen den Erwerber indessen sofort nach Übernahme in voller Höhe. Da die vom Erwerber neu zu erarbeitenden Honorare erst um Monate später bei ihm eingehen, führt dies in der Regel zu einer erheblichen Liquiditätslücke. Diese Liquiditätslücke kann nur mit dem Einsatz von – oft nicht vorhandenem – Eigenkapital oder durch einen Kontokorrentkredit der finanzierenden Bank aufgefangen werden. Dieser muss dann sukzessive später wieder abgebaut werden, was ca. zwei bis drei Jahre dauern kann! Hierzu braucht der Erwerber gute Nerven, und – wie schon vorher bei der Finanzierung – eine professionelle Bank, die einen entsprechenden Kreditrahmen zusätzlich zum Kaufpreis bereitstellt.

186

> **Tipp:** Großzügigen Kontokorrentkreditrahmen des Erwerbers mit der Bank vereinbaren!

187

---

136 *BGH*, NJW 1995, 2026.

D Praxisübernahmevertrag, Übergangskooperation u. a.

188 Verbindlichkeiten, die bis zum Stichtag der Übergabe entstanden sind, übernimmt üblicherweise ebenfalls noch der Veräußerer. Ein Haftungsproblem des Erwerbers ergibt sich insoweit nicht – anders als beim Eintritt in eine bereits bestehende Gemeinschaftspraxis.

11 Konkurrenzschutzklausel / Wettbewerbsverbot

a) Sinn und Zweck

189 Grundsätzlich sollte jeder Praxisübernahmevertrag eine Konkurrenzschutzklausel (auch Wettbewerbsklausel oder Rückkehrverbot genannt) enthalten. Hierdurch soll es dem Veräußerer untersagt werden, sich innerhalb eines bestimmten Zeitraums nach Abgabe der Praxis am selben Ort oder in dessen Nähe neuerlich als Arzt niederzulassen. Andernfalls besteht für den Erwerber die nicht zu unterschätzende Gefahr, dass sich der für teures Geld erworbene sog. Goodwill zugunsten des Veräußerers in Kürze verflüchtigt, d. h. die Patienten „zurückwandern"[137]. Das Wettbewerbsverbot unterliegt allerdings inhaltlichen, zeitlichen und räumlichen Grenzen, andernfalls es wegen Sittenwidrigkeit nichtig und rechtsunwirksam ist (§ 138 BGB i. V. m. Art. 12 Abs. 1 GG).

190 Inhaltlich muss das Verbot heute nicht nur die nochmalige Niederlassung umfassen, die wegen der Übertragung der Zulassung auf den Erwerber in gesperrten Planungsbereichen ohnehin allenfalls privatärztlich möglich ist, z. B. mit der nicht selten anzutreffenden Privatpraxis im eigenen Wohnhaus. Vielmehr muss auch die Tätigkeit des Veräußerers als Vertragsarzt in einer Gemeinschaftspraxis und in einem MVZ ausgeschlossen werden, ferner auch die Tätigkeit als angestellter Arzt bei einem anderen Vertragsarzt, in einer Gemeinschaftspraxis oder in einem Medizinischen Versorgungszentrum, und schließlich auch die Tätigkeit als Job-Sharing-Partner und Job-Sharing-Angestellter. Die bisher üblichen Wettbewerbsklauseln reichen also nicht mehr aus.

191
> **Tipp:** Wettbewerbsverbot inhaltlich auch auf eine Tätigkeit in einer Gemeinschaftspraxis, in einem MVZ sowie als angestellter Arzt erstrecken!

---

137 *Morawietz*, ArztR 2008, 116.

Vor einer inhaltlichen Überdehnung des Wettbewerbsverbots muss man sich allerdings hüten: bei einem Ausscheiden aus einer Gemeinschaftspraxis kann beispielsweise nicht die Tätigkeit als Vertrags- und als Privatarzt verboten werden.[138] Auch die Tätigkeit als angestellter Krankenhausarzt muss dem ausscheidenden bzw. die Praxis abgebenden Arzt erlaubt bleiben.[139]   192

b) Zeitliche und räumliche Ausgestaltung

Bedauerlicherweise ist die Rechtsprechung zu den Konkurrenzschutzklauseln bzw. Wettbewerbsverboten nach wie vor sehr einzelfallbezogen und recht uneinheitlich: Einigkeit besteht immerhin jedenfalls darin, dass ein solches Wettbewerbsverbot grundsätzlich als zulässig angesehen wird, wenn es zeitlich und räumlich begrenzt ist.[140] Die maximale Dauer eines Rückkehrverbots hängt vom Einzelfall ab. Die zeitliche Obergrenze betrug nach der Rechtsprechung früher maximal fünf Jahre.[141] Da die Rechtsprechung zur Dauer von Wettbewerbsverboten in den letzten Jahren erkennbar restriktiver geworden ist, sollte heute sicherheitshalber nicht nur für den Fall des Ausscheidens eines Gesellschafters aus einer Gemeinschaftspraxis[142] oder einem MVZ, sondern sicherheitshalber auch bei einer Praxisveräußerung ein maximaler Zeitraum von höchstens zwei Jahren vereinbart werden[143].   193

Tipp: Bei Praxisveräußerung wie auch bei Ausscheiden aus einer Gemeinschaftspraxis oder einem Medizinischen Versorgungszentrum Wettbewerbsverbot von maximal zwei Jahren Dauer vereinbaren!   194

Das zulässige Maß der örtlichen Begrenzung eines Wettbewerbsverbots richtet sich nach dem jeweiligen Einzugsbereich der Praxis, wo-   195

---

138 *OLG Düsseldorf*, MedR 2007, 478.
139 *Rieger* in: *Rieger/Dahm/Steinhilper*, Heidelberger Kommentar, Nr. 5550 „Wettbewerbsverbot", Rdnr. 17; *OLG Schleswig*, MedR 1993, 22.
140 *BGH*, NJW 1986, 2944; *BGH*, NJW 1986, 2995.
141 *OLG Koblenz*, MedR 1994, 450; *OLG Karlsruhe*, MedR 1995, 156; *LG Limburg*, MedR 1997, 221.
142 *BGH*, NJW 1955, 337; *BGH*, NJW 1999, 741; *BGH*, NJW 2000, 2584; *BGH* vom 29.09.2003 – II ZR 59/02; *BGH*, NJW 2004, 66.
143 *BGH*, NJW 1997, 799: nur ein Jahr bei Ärzten für Laboratoriumsmedizin; *BGH*, NJW-RR 2007, 1257.

D Praxisübernahmevertrag, Übergangskooperation u. a.

bei es auf die Luftlinie, nicht die Straßenkilometer ankommt[144]. Ein Wettbewerbsverbot von 30 Kilometern ist bei einer Tierarztpraxis auch in einer ländlichen Gegend jedenfalls nicht zulässig[145]. Bei einer kleinstädtischen Zahnarztpraxis ist ein Niederlassungsverbot im Umkreis von 20 Kilometern zulässig.[146] Auch bei einer Allgemeinarztpraxis in einem im wesentlichen ländlich strukturierten Gebiet ist die Vereinbarung eines Wettbewerbsverbots im Umkreis von 20 Kilometern zulässig.[147] Bei einer Dialysepraxis ist ein Wettbewerbsverbot mit einer Ausdehnung von 20 Kilometern von der Praxis und von zehn Kilometern von den Filialen nicht zu beanstanden[148].

196 Bei einer großstädtischen Allgemeinpraxis bzw. Zahnarztpraxis beträgt die zulässige Begrenzung auf einen Stadtteil oder einen Umkreis 5 bis 10 Kilometer.[149] Facharztpraxen, z. B. eine orthopädische Praxis, können in Ausnahmefällen auch in Großstädten einen größeren Einzugsbereich von 20 Kilometern vom Stadtmittelpunkt haben;[150] in der Regel wird hier jedoch nur ein deutlich kleinerer Umkreis von ca. 2 bis 5 Kilometern zulässig sein. Ein Wettbewerbsverbot bei einer neurologisch-radiologischen Facharztpraxis für eine Großstadt und einen über die Stadtgrenze hinausgehenden weiteren Bereich von 25 Kilometern ist unzulässig[151]; unzulässig auch bei einem Umkreis von 20 Kilometern bei einer chirurgischen Praxis, wenn damit fast der gesamte Landkreis erfasst wird[152].

197 Ein Wettbewerbsverbot, das den gesamten vertragsärztlichen Planungsbereich umfasst, ist jedenfalls dann nichtig und rechtsunwirksam, wenn der betreffende Planungsbereich für Neuzulassungen von Vertragsärzten des betreffenden Fachgebiets gesperrt ist.[153] Unzulässig ist auch eine Sperrzone im Umkreis von 10 Kilometern bei einer neurologisch-radiologischen Praxis, wenn hiervon das gesamte Stadtgebiet einer Großstadt erfasst wird[154]. Dagegen wird ein Wettbe-

---

144 *OLG Koblenz*, MedR 1994, 450; *OLG Koblenz*, MedR 1994, 367.
145 *BGH*, NJW 1997, 3089.
146 *OLG Koblenz*, MedR 1994, 459.
147 *OLG Frankfurt a. M.* vom 25.02.1997 – 8 U 192/96.
148 *BGH*, NJW-RR 2007, 1256.
149 *OLG Schleswig-Holstein*, MedR 1993, 22; *OLG Frankfurt*, GesR 2005, 89.
150 *OLG Karlsruhe*, MedR 1995, 156.
151 *OLG Köln* vom 20.03.1996 – 20 U 169/95.
152 *OLG München*, MedR 1996, 567.
153 *OLG München* vom 04.06.1996 – 17 U 5531/95; *OLG Köln* vom 22.09.1999 – 13 U 47/99; *OLG Düsseldorf*, MedR 2007, 478.
154 *OLG Stuttgart* vom 13.03.1998 – 2 U 21/98.

werbsverbot bei einer Zahnarztpraxis mit einem Radius von acht Kilometern in einer mittelgroßen Stadt als zulässig angesehen[155]. Festzuhalten ist zusammenfassend, dass die Tendenz in der Rechtsprechung in den letzten Jahren von Ausnahmen abgesehen eher zu engeren Umkreisen geht.

> **Tipp:** Wettbewerbsverbot räumlich individuell je nach Einzugsbereich der Praxis festlegen!

198

Bei der Überschreitung der zeitlichen Grenze des Wettbewerbsverbots kann dieses im Streitfall durch das Gericht gegebenenfalls aufrechterhalten werden, und zwar im Rahmen einer angemessenen kürzeren Laufzeit (sog. geltungserhaltende Reduktion).[156] Dies gilt aber nicht bei räumlich überdehnten, bei zeitlich und räumlich und bei zeitlich, räumlich und inhaltlich überzogenen Konkurrenzklauseln – diese sind unheilbar nichtig![157]

199

> **Tipp:** Räumliche Grenze des Wettbewerbsverbots sorgfältig prüfen: i. d. R. nicht mehr als ca. zwei bis fünf Kilometern in einer Großstadt bzw. fünf bis zehn Kilometern im städtisch-ländlichen Bereich und von 20 Kilometern im ländlichen Bereich!

200

12 Vertragsstrafe

Das Wettbewerbsverbot sollte durch eine Vertragsstrafe abgesichert werden.[158] Wird dies unterlassen, hat der Erwerber im Fall des Weiterpraktizierens des Veräußerers zwar einen Unterlassungsanspruch, der auch gerichtlich durch eine einstweilige Verfügung durchgesetzt werden kann. Besser für den Erwerber ist allerdings, wenn der Veräu-

201

---

155 *OLG Düsseldorf*, Urteil vom 21.06.2002 – 17 U 248/01 mit kritischer Anmerkung von *Möller*, MedR 2006, 621.
156 *BGH*, DStR 1997, 1413; *OLG Koblenz*, MedR 1994, 450; *BGH*, NJW 1986, 2944; NJW 1991, 699; NZW-RR 1996, 741.
157 *Möller* in: *Ehlers*, a.a.O., Rdnr. 489; *OLG Schleswig-Holstein*, MedR 1993, 22; *OLG Koblenz*, MedR 1994, 367; *OLG München*, MedR 1996, 567; *OLG Koblenz* vom 28.02.1996 – 1 W 21/96; vgl. *aber LG Limburg*, MedR 1997, 221;*LG Stuttgart* vom 20.11.1998 – 2 U 204/96; *BGH*, BRAK-Mitt. 2005, 280 für eine Anwaltskanzlei.
158 *Möller* in: *Ehlers*, a.a.O., Rdnr. 491.

D Praxisübernahmevertrag, Übergangskooperation u. a.

ßerer aufgrund der vereinbarten Vertragsstrafe einen erheblichen Geldbetrag an den Veräußerer bezahlen muss. Eine solche finanziell empfindliche Sanktion ist deutlich wirksamer!

202

> **Tipp:** Wettbewerbsverbot des Veräußerers durch Vertragsstrafe absichern! Es kann eine feste, pauschalisierte Vertragsstrafe, z. B. EUR 100.000,– vereinbart werden!

203 Der Erwerber hat dann im Fall eines Verstoßes des Veräußerers ein Wahlrecht zwischen dem Unterlassungsanspruch und der Vertragsstrafe (§ 340 Abs. 1 BGB). Beides gleichzeitig bzw. zusammen kann der Erwerber nicht geltend machen[159]. Bei der Vertragsstrafe besteht allerdings die Gefahr der späteren Herabsetzung durch das Gericht, falls diese unangemessen hoch sein sollte (§ 343 BGB). Üblicherweise wird die Vertragsstrafe im Kaufvertrag so vereinbart, dass der für den sog. Goodwill gezahlte Kaufpreis im Fall des Verstoßes durch den Veräußerer ganz oder zumindest teilweise zurückbezahlt werden muss.

204 Denkbar – und wohl auch zweckmäßiger – ist statt der Vereinbarung eines festen Betrages, eine Staffelung, die z. B. bei Vereinbarung eines Wettbewerbsverbots von 5 Kilometern im Umkreis Folgendes vorsieht: Rückzahlungspflicht von 20 % des für den Goodwill bezahlten Kaufpreisanteils bei Niederlassung des Veräußerers zwischen Kilometer 4 und Kilometer 5, von 40 % bei Niederlassung des Veräußerers zwischen Kilometer 3 und Kilometer 4, von 60 % bei Niederlassung zwischen Kilometer 2 und Kilometer 3, von 80 % bei Niederlassung zwischen Kilometer 1 und Kilometer 2 und von 100 % bei Niederlassung zwischen Kilometer 0 und Kilometer 1 im Umkreis der veräußerten Praxis.[160]

205

> **Tipp:** Rückkehrverbot ggf. durch gestaffelte Vertragsstrafe abhängig vom Umkreis der Neuniederlassung absichern!

---

159 *Klapp*, a.a.O., 9.12.
160 *Rieger*, a.a.O., Nr. 5550 „Wettbewerbsverbot", Rdnr. 25; *Broglie*, AusR 4/1994, 23.

13 Schiedsgerichtsklausel / Schlichtungs- oder Mediationsklausel

Immer noch wird gelegentlich die Vereinbarung eines sog. Schiedsverfahrens, d. h. die Entscheidung etwaiger Streitigkeiten von Veräußerer und Erwerber durch ein privates Schiedsgericht statt der Anrufung eines ordentlichen (staatlichen) Gerichts empfohlen. Die Schiedsgerichtsvereinbarung (§ 1029 Abs. 1 ZPO) muss schriftlich erfolgen (§ 1031 Abs. 1 ZPO); die Klausel kann allerdings heute in den Praxisübernahmevertrag integriert werden.[161] Die Abschluss einer gesonderten Schiedsvereinbarung ist entgegen der früheren Rechtslage nicht mehr erforderlich (§ 1029 Abs. 2 ZPO). Zur Vermeidung ausführlicher, oft seitenlanger Regelungen empfiehlt es sich, die Anwendung der Schiedsgerichtsordnung der Deutschen Institution für Schiedsgerichtsbarkeit e. V. (DIS) zu vereinbaren. Dort ist sowohl die Bestellung des Schiedsgerichtes als auch der Ablauf des Verfahrens detailliert geregelt[162]. 206

Tipp: Wenn Schiedsgerichtsklausel, dann schriftlich im Praxisübernahmevertrag vereinbaren! 207

Die Vorteile eines Schiedsgerichts sind zwar in der Tat die Diskretion und die (häufig) kürzere Verfahrensdauer, da in der Regel nur eine Instanz durchgeführt wird. Der Ausschluss der Öffentlichkeit ist insbesondere im Hinblick auf den Praxiswertverfall bei einer Auseinandersetzung von Vorteil. Das Schiedsgericht hat aber nur eine Instanz und es gibt keine Möglichkeit, in Berufung zu gehen. Beide Parteien sind dann an den Schiedsspruch dieser einen Instanz gebunden – das kann in manchen Fällen von Vorteil, in anderen von Nachteil sein. Der Nachteil liegt in den häufig höheren Kosten, da die privaten Schiedsrichter in der Regel wie Rechtsanwälte bezahlt werden, das hängt aber nicht zuletzt von der Schiedsordnung ab. Die Besetzung des Schiedsgerichts kann in der vertraglichen Schiedsklausel vorher vereinbart werden und ist dringend zu empfehlen, da nur so Einfluss auf die Kompetenz der Schiedsrichter ausgeübt werden kann. 208

---

161 *BGH* vom 24.02.2005 – III ZB 36/04.
162 *Klapp*, a.a.O., 9.16.

D Praxisübernahmevertrag, Übergangskooperation u. a.

209 Nach hier vertretener Auffassung spricht daher einiges für die staatlichen Gerichte und gegen das private Schiedsverfahren.[163] Staatliche Gerichte arbeiten nicht selten professioneller, oft auch schneller als private Schiedsgerichte. Und es gibt das Rechtsmittel der Berufung zur Korrektur (tatsächlicher oder vermeintlicher) Fehlurteile, auch wenn der Gesetzgeber zugegebenermaßen diese Rechtsmittel in den letzten Jahren bedauerlicherweise immer mehr eingeschränkt hat. Allerdings: Leidvolle praktische Erfahrungen zeugen davon, dass auch staatliche Gerichte gelegentlich vor klassischen Fehlurteilen nicht gefeit sind – aus welchen Gründen auch immer.

210
> **Tipp:** Die Vereinbarung einer Schiedsgerichtsklausel vorher sorgfältig überdenken!

211 Nichts einzuwenden ist allerdings gegen Schlichtungs- oder sog. Mediationsklauseln, die die zwingende Durchführung eines außergerichtlichen Einigungsversuches beispielsweise bei der Ärztekammer oder einem professionellen Mediator (zumeist ein hierauf spezialisierter Rechtsanwalt) vorschreiben, bevor Klage vor einem Schieds- oder staatlichen Gericht erhoben wird. Ein vermiedener Prozess ist (fast) immer besser, als ein (mit ungewissen Ergebnissen) geführter.[164]

14 Zustimmung des Ehepartners (§ 1365 BGB)

212 Oft übersehen wird, dass zur Veräußerung der Arztpraxis die Zustimmung des Ehepartners erforderlich ist, falls diese das ganze oder nahezu das ganze Vermögen des Veräußerers darstellt. Dies ist dann der Fall, wenn das sonstige Vermögen des Veräußerers weniger als 10 % des Wertes der Arztpraxis ausmacht.[165] Fehlt die Zustimmung, ist der Kaufvertrag schwebend unwirksam, bis ggf. eine Entscheidung des Vormundschaftsgerichts herbeigeführt wird. In den Vertrag sollte daher aufgenommen werden, dass der Ehepartner zugestimmt hat, allerdings sollte dies dann auch stimmen!

---

163 Anders *Möller* in: *Ehlers*, a.a.O., Rdnr. 498; *Rieger*, a.a.O., Rdnr. 199; unentschieden *Klapp*, a.a.O., 9.16.
164 *Rieger*, a.a.O., Rdnr. 197; *Möller* in: *Ehlers*, a.a.O., Rdnr. 497; *Klapp*, a.a.O., 9.16.
165 *BGH*, NJW 1991, 1739.

> **Tipp:** An ggf. erforderliche Zustimmung des Ehepartners denken!

213

15 Genehmigungserfordernisse

Genehmigungserfordernisse für einen Praxisübernahmevertrag existieren nicht. § 24 MBO-Ä sieht vor, dass der Arzt alle Verträge über seine ärztliche Tätigkeit vor dem Abschluss der Ärztekammer vorlegen soll. Es handelt sich jedoch hierbei um eine reine Sollvorschrift. Der Zulassungsausschuss kann den Praxiskaufvertrag allerdings anfordern, wenn er diesen als nötiges Beweismittel ansieht und es für die Zulassung erforderlich ist (§ 39 Abs. 1 Ärzte-ZV).

214

II Alternative: Gründung einer Übergangskooperation?

Ob alternative Übergangskooperationen, d. h. die für einen beschränkten Zeitraum, z. B. zwei bis drei Jahre vereinbarte Bildung einer Gemeinschaftspraxis zwischen dem abgabewilligen und erwerbswilligen Arzt Sinn macht, kann nur im Einzelfall beantwortet werden.

215

Die Vorteile für den Erwerber liegen darin, dass bei einer solchen Übergabe nach dem „Prinzip des sanften Übergangs" eine höhere Patientenbindung erreicht wird und die bereits angesprochene Liquiditätslücke im ersten Jahr der Übernahme weitgehend vermieden wird. Die Vorteile für den Veräußerer liegen darin, dass er sich sukzessive aus dem Berufsleben zurückziehen, auf den Ruhestand vorbereiten und ein Bruch bei der Übertragung der Patienten eher vermieden werden kann. Die Nachteile für beide liegen in den vorübergehend geringeren, weil aufzuteilenden Honorareinkünften.

216

In nicht gesperrten Gebieten ist die Übergangskooperation zulassungsrechtlich unproblematisch, da der Seniorpartner – soweit nicht die Altersgrenze greift – seine Zulassung zur Teilnahme an der vertragsärztlichen Versorgung bis zur endgültigen Aufgabe seiner Tätigkeit behalten und der Juniorpartner für die Kooperation eine neue erhalten kann. Die Übergangskooperation ist hier vertragsarztrechtlich auch in Form der Gemeinschaftspraxis möglich.

217

D Praxisübernahmevertrag, Übergangskooperation u. a.

218 In gesperrten Gebieten wird der Juniorpartner nur die vertragsärztliche Zulassung des Seniorpartners übernehmen und der Seniorpartner weiterhin als bloßer Privatarzt tätig sein können. Die Übergangskooperation ist dann vertragsarztrechtlich lediglich in Form der Praxisgemeinschaft möglich. Eine Gemeinschaftspraxis kann daneben nur im privatärztlichen Bereich gebildet werden.[166] Eine weitere Möglichkeit bietet die Job-Sharing-Gemeinschaftspraxis (§ 101 Abs. 1 Ziffer 4. SGB V). Darauf wird unten noch näher einzugehen sein.

III Vertrag über die Übernahme eines Anteils an einer Gemeinschaftspraxis oder an einem Medizinischen Versorgungszentrum

1 Rechtsnatur

219 Die wirksame Übertragung eines Anteils an einer Gemeinschaftspraxis oder einem MVZ erfordert den Abschluss eines Kaufvertrages (§§ 433 ff. BGB), in dem sich der aus der Gesellschaft ausscheidende Gesellschafter verpflichtet, seinen Gesellschaftsanteil auf den Erwerber zu übertragen.[167] Hierbei handelt es sich – anders als beim Kauf einer Einzelpraxis – um einen sog. Rechtskauf (§ 453 BGB). Ferner ist der Abschluss eines sog. Abtretungsvertrages erforderlich, mit dem der ausscheidende Gesellschafter seinen Gesellschaftsanteil auf den neuen eintretenden Gesellschafter überträgt (§ 398 BGB), und die Zustimmung des bzw. der verbleibenden Gesellschafter. Die Zustimmung des bzw. der verbleibenden Gesellschafter kann schon im (bisherigen) Gesellschaftsvertrag erklärt worden sein. Kauf und Abtretung erfolgen in der Regel in einem einheitlichen Vertrag, dem Kauf- und Abtretungsvertrag oder sog. Anteilsübertragungsvertrag.

2 Form

220 Eine Schriftform ist für den Kauf- und Abtretungsvertrag ebenfalls nicht vorgeschrieben, empfiehlt sich aber aus den bereits oben darge-

---

166 *Möller*, MedR 2003, 195; *Cramer*, MedR 2004, 552; irreführend *OLG München*, MedR 2005, 172 mit ablehnender Anmerkung von *Cramer*, MedR 2006, 173.
167 *Wollny*, a.a.O., Rdnr. 722 ff.

III Vertrag über die Anteilsübernahme an einer Gemeinschaftspraxis u. a.

legten Gründen. Selbst wenn die Gemeinschaftspraxis Eigentümerin der Praxisräume sein sollte, ist eine notarielle Beurkundung des Vertrages nicht erforderlich,[168] da „nur" der Gesellschaftsanteil veräußert wird und die Immobilie mit diesem untrennbar verbunden ist.

3 Übernahme durch verbleibenden Gesellschafter oder Gesellschafterwechsel

Konstruktiv bestehen bei der Übernahme des Anteils an einer Gemeinschaftspraxis oder einem MVZ zwei Möglichkeiten: Entweder der verbleibende Gesellschafter übernimmt den Gesellschaftsanteil des ausscheidenden Gesellschafters gegen Zahlung einer entsprechenden Abfindung und führt die bisherige Gemeinschaftspraxis bzw. das MVZ als Einzelpraxis oder mit einem Nachfolger seiner Wahl fort oder der ausscheidende Gesellschafter verkauft und überträgt seinen Gesellschaftsanteil an einen Dritten, der neuer Gesellschafter wird, sog. Gesellschafterwechsel durch Doppelvertrag.[169] 221

4 Rechtsfolgen

Durch die Übertragung eines Gesellschaftsanteils gehen alle Rechte und Pflichten des ausscheidenden Gesellschafters aus dem Gesellschaftsvertrag auf den Eintretenden über. Dies gilt auch für den Mietvertrag, Anstellungsverträge mit dem Personal, Leasingverträge über Geräte, Inventar, etc. Der eintretende Partner erwirbt daher über den Gesellschaftsanteil auch eine entsprechende Berechtigung an den materiellen Praxisgegenständen, aber auch am Goodwill.[170] 222

5 Haftung für Altverbindlichkeiten

Aufgrund der neueren Rechtsprechung des BGH[171] ist eine Gesellschaft bürgerlichen Rechts, also auch eine Gemeinschaftspraxis bzw. ein MVZ nunmehr prozess- und rechtsfähig. Folgerichtig hat die Rechtsprechung daraufhin in zwei weiteren Entscheidungen die per- 223

---

168 *Münchner Kommentar/Ulmer*, § 719 Rdnr. 26.
169 *BGH* vom 22.09.1993 – IV ZR 1983/92.
170 *Rieger*, a.a.O., Rdnr. 213.
171 *BGH*, NJW 2001, 1056.

sönliche Haftung eines in eine Gesellschaft bürgerlichen Rechts eintretenden Neugesellschafters für Altverbindlichkeiten,[172] insbesondere gesetzliche Verbindlichkeiten[173] und vertragliche Verbindlichkeiten, z. B. Altschulden aus früheren Investitionen[174] bejaht (§ 130 HGB). Dies gilt allerdings nicht für die sog. Altfälle vor dem Bekanntwerden dieser Entscheidung,[174] es sei denn, dem Eintretenden waren die Altverbindlichkeiten beim Eintritt in die Gesellschaft bekannt oder grob fahrlässig unbekannt.[175] Ob diese Haftungsgrundsätze auch für Altverbindlichkeiten wegen Berufsversehen gelten, war zunächst offen geblieben[176]. Nunmehr hat der BGH klargestellt, dass die Mithaftung des eintretenden Gesellschafters auch für solche Haftpflichtverbindlichkeiten gilt[177]Bis auf weiteres abgelehnt wird lediglich noch die Mithaftung für Honorarrückforderungen bzw. Arzneimittelregresse der Kassenärztlichen Vereinigung.[178]

224 Diese Haftung kann im Außenverhältnis praktisch nicht bzw. nur durch eine (in der Regel wohl kaum realisierbare) vertragliche Vereinbarung mit den Gläubigern ausgeschlossen werden. Vor dem Eintritt in eine bestehende Gemeinschaftspraxis oder in ein MVZ sollte der Neugesellschafter bei den Altgesellschaftern daher genaue Informationen über die bestehenden Verbindlichkeiten einholen und sich entsprechende Unterlagen vorlegen lassen. Auch hier gilt der bereits oben erwähnte Grundsatz der „Due Diligence" wie bei jedem anderen Unternehmenskauf![179] Unabdingbar nötig ist es ferner, dass der eintretende Gesellschafter sich im Eintrittsvertrag von den bisherigen Gesellschaftern von jeglicher Haftung für die bestehenden Altverbindlichkeiten freistellen lässt, ggf. mit einer Absicherung dieser Verpflichtung durch eine Bankbürgschaft. Die Freistellungsverpflichtung ist nämlich nur dann und nur soweit werthaltig, wie die Altgesellschafter finanziell in der Lage sind, sie im Ernstfall auch zu erfüllen.

---

172 Ausführlich hierzu *Möller*, MedR 2004, 69.
173 *BGH*, MedR 2003, 632.
174 *BGH*, MedR 2003, 634.
175 *BGH*, MedR 2006, 427 für Verbindlichkeiten aus Versorgungsverträgen, z. B. Strom, Gas und Wasser; a. A. *KG Berlin* vom 09.07.2007 – 20 U 179/05.
176 *BGH*, MedR 2003, 634; bejahend aber bereits *LG Hamburg*, NJW 2004, 3492; *LG Frankenthal*, NJW 2004, 3190; kritisch *Schmid*, NJW 2003, 1897.
177 *BGH* vom 03.05.2007 – IX ZR 218/05.
178 *BSG*, MedR 2004, 172; *BSG*, MedR 2007, 669; ebenso *Engelmann*, ZNGR 2004, 4; *Möller*, MedR 2004, 69; MedR 2006, 626.
179 *Möller*, MedR 2004, 69 mit Checkliste zur Due Diligence.

> **Tipp:** Vor Eintritt in eine Gemeinschaftspraxis bzw. ein MVZ genaue Informationen und Unterlagen über bestehende Verbindlichkeiten einholen! Im Zweifel zumindest eine Freistellungsverpflichtung des Veräußerers gegenüber dem Erwerber aufnehmen, ggf. sogar Absicherung im Vertrag durch Bankbürgschaft!

Die dargelegten neueren Haftungsgrundsätze der Rechtsprechung gelten allerdings nicht bei der erstmaligen Begründung einer Gesellschaft bürgerlichen Rechts, d. h. z. B. beim Zusammenschluss zweier Partner zu einer neuen (Übergangs-) Gemeinschaftspraxis.[180] Und eines darf nicht übersehen werden: Unabhängig von den vorstehenden Ausführungen haftet der ausscheidende Gesellschafter für während der bestehenden Gemeinschaftspraxis begründete Verbindlichkeiten zunächst weiter, und zwar bis zum Ablauf von fünf Jahren nach seinem Ausscheiden (§§ 736 Abs. 2 BGB, 128, 160 Abs. 1 HGB).

6 Anzeige- und Genehmigungspflichten

Die durch den Eintritt eines Gesellschafters personell veränderte, d. h. neue Gemeinschaftspraxis ist der Ärztekammer (§ 24 MBO-Ä) anzuzeigen und muss vom Zulassungsausschuss der KV genehmigt werden (§ 33 Abs. 2 Ärzte-ZV), um wirksam zu werden.

---

[180] *BGH*, MedR 2004, 384; *Schmidt*, NJW 2003, 1897; a. A. für den Fall bestehender Mietverbindlichkeiten aber bereits *OLG Naumburg*, MedR 2006, 725.

E Nachbesetzungsverfahren und sonstige Möglichkeiten der vertragsärztlichen Zulassung

I Nachbesetzungsverfahren

Bis zum Inkrafttreten des GSG 1993 gab es für Ärzte keine Probleme, eine vertragsärztliche Zulassung zu erhalten. Am dem 01.01.1993 trat hier eine grundlegende Änderung ein.

228

1 Gebiete ohne Zulassungsbeschränkungen („nicht gesperrte Gebiete")

In den nicht gesperrten Gebieten hat sich zulassungsrechtlich durch das GSG 1993 nichts geändert. Auch im nicht gesperrten Gebiet muss jedoch darauf geachtet werden, dass die Zulassung bei einem vom Praxisabgeber ungeschickterweise erklärten Verzicht nach Eingang beim Zulassungsausschuss der KV nicht unwiderruflich erlischt (§§ 95 Abs. 7 Satz 1 SGB V, 28 Abs. 1 Ärzte-ZV).

229

Die Zulassung endet in diesem Fall mit dem Ende des auf den Zugang der Verzichtserklärung beim Zulassungsausschuss folgenden Quartals. Von dieser Erklärung kann sich der betreffende Arzt nicht mehr lösen, auch der Zulassungsausschuss ist hieran gebunden.[181] Tritt dieser Fall ein, kann durch die Zeitverzögerung zwischen der Beendigung der Zulassung des Abgebers und dem Erhalt der Zulassung des Nachfolgers das Problem entstehen, dass ein Teil der Patienten bereits abgewandert ist. In Gebieten mit Zulassungsbeschränkungen, d. h. mit Überversorgung, sind die Konsequenzen allerdings noch viel einschneidender: Verzichtet ein Vertragsarzt in einem solchen

230

---

181 *LSG Baden-Württemberg*, MedR 2005, 671; *BSG* vom 06.10.1998, SozR 5503, Art. 2 § 6; BSGE 78, 175.

"gesperrten Gebiet" auf seine Vertragsarztzulassung, ist diese unwiderruflich und endgültig verloren, da die Rechtsfolgen einer unbedingten Verzichtserklärung unabhängig vom Willen des den Zulassungsverzicht erklärenden Vertragsarztes eintreten.[182]

231 Tipp: In jedem Fall Vorsicht mit dem vorbehaltlosen Verzicht auf die Zulassung!

2 Gebiete mit Überversorgung ("gesperrte Gebiete")

232 Problematischer ist seit dem GSG 1993 das Zulassungsverfahren in gesperrten Gebieten (§ 103 Abs. 4 SGB V). In gesperrten Planungsbereichen ist – von der Ausnahme einer vorübergehenden „Entsperrung" abgesehen – der Erhalt einer freien Zulassung aufgrund der Zulassungsbeschränkungen nicht mehr möglich. Hier sind nur noch Zulassungen möglich im Rahmen des Nachbesetzungsverfahrens (§§ 103 Abs. 4 und 5 SGB V), des qualifizierten Sonderbedarfs (§ 101 Abs. 1 Ziffer 3. SGB V), des Job-Sharings (§ 101 Abs. 1 Ziffer 4. SGB V) oder der außerordentlichen Belegarztzulassung (§ 103 Abs. 7 SGB V). Die Bedarfsplanungssperren sind für Zahnärzte allerdings durch das GKV-WSG 2007 zwischenzeitlich aufgehoben worden (§§ 103 Abs. 8, 104 Abs. 3 SGB V).

233 Schon seit einiger Zeit ist von der Rechtsprechung entschieden worden, dass die Zulassungsbeschränkungen nicht wegen Verstoßes gegen die Berufsfreiheit (Art. 12 Abs. 1 GG) oder den Gleichheitsgrundsatz (Art. 3 Abs. 1 GG) verfassungswidrig sind, solange es in Deutschland generell noch Niederlassungsmöglichkeiten gibt.[183] Die entscheidende Passage in dem Urteil lautet: *„Der Schutzbereich des Grundrechts der Berufsfreiheit ist unzweifelhaft betroffen, jedoch lässt sich der Eingriff durch die Annahme des Gesetzgebers rechtfertigen, dass eine unkontrolliert steigende Zahl von Ärzten und Zahnärzten zu extrem steigenden Gesundheitskosten führen würde. Mehr Ärzte verursachen auch mehr Leistungen."*

234 Allerdings wirft dies die Frage auf, ob und wann das jetzige System ggf. „verfassungswidrig" wird: Reicht es aus, wenn für eine Fach-

---

182 *LSG Baden-Württemberg*, MedR 2005, 671; *BSG* vom 06.10.1998, SozR 5503, Art. 2 § 6; BSGE 78, 175.
183 BSGE 79, 152 = MedR 1997, 282.

I Nachbesetzungsverfahren

gruppe alle Zulassungsbezirke gesperrt sind? Oder müssen für alle Fachgruppen praktisch alle Zulassungsbezirke gesperrt sein? Trotz der Eingriffe des Gesetzgebers ist folgende Zahlenentwicklung der an der vertragsärztlichen Versorgung teilnehmenden Ärzte (ohne Job-Sharing-Ärzte und ermächtigte Ärzte) festzustellen:[184] 1990: 88.811, 1994: 106.240, 1996: 109.118, 1998: 112.683, 2002: 116.965 und 2006: 118.277. Mit anderen Worten: Ein tatsächlicher und nachhaltiger Rückgang der Ärztezahlen ist nicht festzustellen; vielmehr sind die Zahlen jedenfalls bis zum Jahr 2006 angestiegen. Der Anstieg hat sich allerdings verlangsamt.

Nichtsdestotrotz steigt aber die Überalterung der Vertragsärzte: Betrug das Durchschnittsalter 1993 noch 47,5 Jahre, war es im Jahr 2006 bereits auf 51,2 Jahre angestiegen. Waren 1993 9.099 Vertragsärzte bzw. 8,8 % aller Vertragsärzte 60 Jahre und älter, belief sich diese Zahl im Jahr 2006 schon auf 20.555 Vertragsärzte bzw. 17,2 % aller Vertragsärzte.[184] Der Grund ist nicht eine „massenhafte Flucht" aus dem System, sondern offenbar die mangelnde Bereitschaft, in der kurativen Patientenversorgung tätig zu werden. Ferner ist eine zunehmende Abwanderung insbesondere von jungen Ärzten ins Ausland, z. B. nach England, Schweden und Norwegen festzustellen, in denen tatsächliche, rechtliche und wirtschaftliche Rahmenbedingungen vorzuherrschen scheinen, die diesen Ärzten die Ausübung ihres Berufs attraktiver erscheinen lässt, als im Inland.

235

Die natürliche Folge war, dass die Chancen eines erfolgreichen Praxisverkaufs in den letzten Jahren zunächst stetig gesunken sind, jedenfalls außerhalb von Ballungs- und / oder attraktiven Gebieten. In letzter Zeit bieten sich aber erfreulicherweise neue Chancen für den Praxisverkauf wegen der „Sogwirkung" der durch das GMG 2004 zum 01.01.2004 eingeführten MVZ, deren Bedarf an Zulassungen – wie schon oben ausgeführt – für eine Belebung der Nachfrage sorgen dürfte, insbesondere auch wegen der sich belebenden Nachfrage der Krankenhausträger. Für die mit dem VÄndG 2007 zum 01.01.2007 eingeführte Möglichkeit der Anstellung von Ärzten bei anderen Vertragsärzten dürfte Entsprechendes gelten.

236

---

184 www.kbv.de, Bundesarztregister der KBV 2008.

3 Ende des „Windhund-Prinzips"

237 Bei einem Wegfall der Überversorgung in einem gesperrten Planungsbereich (§ 101 Abs. 1 SGB V), d. h. bei einem Versorgungsgrad von weniger als 110 %, ist der Planungsbereich für eine oder weitere Zulassungen partiell zu öffnen, bis wieder ein Versorgungsgrad von 100 % erreicht ist (§ 103 Abs. 3 SGB V i. V. m. § 16b Abs. 3 Satz 2 Ärzte-ZV). Nach der bisherigen Verwaltungspraxis wurden dabei Erstanträge von Zulassungsbewerbern bevorzugt berücksichtigt, sofern sie vollständig waren, selbst wenn sie vor Öffnung des bisher gesperrten Gebietes bei dem Zulassungsausschuss vorlagen (sog. „Windhund-Prinzip").

238 Aufgrund einer neueren Entscheidung des BSG ist diese Vorgehensweise nunmehr unzulässig:[185] Das BSG hat zwar eingeräumt, dass die nur teilweise Aufhebung einer Zulassungsbeschränkung für Vertragsärzte bei Wegfall der Überversorgung in einem Planungsbereich rechtmäßig ist, die Auswahl unter mehreren Zulassungsbewerbern allein nach der Maßgabe der Reihenfolge des Eingangs der vollständigen Zulassungsanträge, d. h. das sog. „Windhund-Prinzip", den verfassungsrechtlichen Anforderungen an ein faires Verfahren für einen Berufszugang (Artikel 12 Abs. 1 GG) jedoch nicht entspricht. Das Gericht hat in seiner Entscheidung u. a. auch ein „geordnetes" Ausschreibungs- und Auswahlverfahren gefordert. Nach der Bekanntmachung des Öffnungsbeschlusses müsse ausreichend Zeit für neue Zulassungsanträge eingeräumt werden, so dass es für die Entscheidung über weitere Zulassungen bis zur erneuten Sperrung nicht mehr nur auf den Zeitpunkt der Antragsstellung ankommen darf, also auf Zufälligkeiten oder die interne Kenntnis einzelner Ärzte über das Datum der Öffnung eines gesperrten Gebietes.[185]

239 Aufgrund dieser Entscheidung hat der Gemeinsame Bundesausschuss (GBA) zwischenzeitlich die Bedarfsplanungs-Richtlinien für Ärzte (BedarfsplRL-Ä) geändert und eine Neuregelung getroffen, die dem Nachbesetzungsverfahren für eine Vertragsarztpraxis bzw. -zulassung entspricht (§ 103 Abs. 4 SGB V). Insbesondere sind nunmehr die „Entsperrung" des Planungsbereichs, die Entscheidungskriterien und die Antragsfrist (in der Regel sechs bis acht Wochen) durch die zuständige Kassenärztliche Vereinigung in den hierfür vorgesehenen Blättern öffentlich bekannt zu machen, innerhalb der der Antrag und

---

185 *BSG*, MedR 2005, 666; *Kamps*, MedR 2004, 40.

die erforderlichen Unterlagen einzugehen haben, um durch den Zulassungsausschuss berücksichtigt zu werden. Als Entscheidungskriterien des Zulassungsausschusses müssen die berufliche Eignung des Antragstellers, die Dauer der bisherigen ärztlichen Tätigkeit, das Approbationsalter und die Dauer der Eintragung in die Warteliste, die räumliche Wahl des Vertragsarztsitzes und ihre Beurteilung im Hinblick auf die bestmögliche Versorgung der Versicherten berücksichtigt werden (§ 23 Abs. 3 BedarfsplRL). Hierbei handelt es sich um die Kriterien, die auch bei der Nachbesetzung von Vertragsarztsitzen maßgeblich sind.

4 Ende der Bedarfsplanung in Sicht?

Immer wieder hört man das Gerücht, die bisherige Bedarfsplanung werde demnächst ihr Ende finden, so dass es für einen potentiellen Erwerber keinen Sinn mehr mache, jetzt noch eine Vertragsarztpraxis einschließlich vertragsärztlicher Zulassung käuflich zu erwerben bzw. – spiegelbildlich – höchste Eile für einen potentiellen Praxisabgeber geboten sei, seine Praxis zu veräußern. Das am 01.04.2007 in Kraft getretene GKV-WSG 2007 trifft hierzu tatsächlich folgende Aussage: 240

„Der Bewertungsausschuss berichtet im Bundesministerium für Gesundheit bis zum 31. März 2012 über die Steuerungswirkung der auf der Grundlage der Orientierungswerte nach Abs. 2e) Satz 1 Nr. 2 und 3 vereinbarten Punktwerte nach § 87a) Abs. 2 Satz 1 auf das ärztliche Niederlassungsverhalten. Abs. 6 Satz 4 bis 6 gilt entsprechend. Auf der Grundlage der Berichterstattung nach Satz 1 berichtet das Bundesministerium für Gesundheit im Deutschen Bundestag bis zum 30. Juni 2012, aber auch für den Bereich der ärztlichen Versorgung auf die Steuerung des Niederlassungsverhaltens durch Zulassungsbeschränkungen verzichtet werden kann."

Eine verbindliche Festlegung des Gesetzgebers dahingehend, dass die Bedarfsplanung im Jahre 2012 oder im Jahre 2013 endgültig und flächendeckend fallen wird, ist dieser Vorschrift also nicht zu entnehmen. Vielmehr ist eine zweifache Berichtspflicht des Bewertungsausschusses (BA) an das Bundesgesundheitsministerium (BMG) und des BMG an den Deutschen Bundestag vorgesehen, so dass etwaige Entscheidungen mit etwaigen Entscheidungen über das Schicksal der Bedarfsplanung mit gesetzgeberischer Wirkung frühestens zum 241

01.01.2013 zu rechnen ist. In diesem Zusammenhang muss allerdings gesundheitspolitisch im Auge behalten werden, dass, wenn der derzeitige Takt der Legislaturperioden nicht durch außergewöhnliche Ereignisse, z. B. vorgezogene Neuwahlen unterbrochen wird, nach den Neuwahlen des Jahres 2009 auch im Jahr 2013 turnusgemäß wiederum Neuwahlen anstehen, deren Ausgang natürlich heute niemand voraussehen kann.

242 Dabei erscheint es nicht sehr wahrscheinlich, sondern eher unwahrscheinlich, dass eine neue Regierung – in welcher politischen Konstellation auch immer – als eine ihrer ersten Handlungen eine Gesetzvorlage über die Aufhebung der Bedarfsplanung in den Bundestag einbringen wird. Vielmehr ist damit zu rechnen, dass dies frühestens mit Wirkung zum 01.01.2014 auf der Tagesordnung stehen dürfte, was die weitere Frage nach sich zieht, ob die Bedarfsplanung ggf. in allen heute gesperrten Planungsbereichen entfallen wird, oder ob sie in Großstädten und verdichteten Ballungsräumen jedenfalls teilweise aufrechterhalten bleibt.

243 Auch diese Frage kann heute niemand verbindlich beantworten, so dass ein potentieller Praxiserwerber jedenfalls in den nächsten ca. drei Jahren beim Erwerb einer Vertragsarztpraxis mit Zulassung keine Fehlinvestition tätigt, und ein potentieller Praxisabgeber jetzt nicht in verfrühte Hektik verfallen, sondern seine bisherige Lebensplanung jedenfalls für die nächsten ca. drei Jahre beibehalten und umsetzen sollte. Spätestens zum Jahreswechsel 2011/2012 dürften dann nähere Einzelheiten zum zukünftigen Schicksal der Bedarfsplanung bekannt werden, so dass dann möglicherweise andere Handlungsempfehlungen zweckmäßig sein könnten.

5 Nachbesetzungsverfahren zu Gunsten eines ärztlichen Nachfolgers

244 In Gebieten mit Zulassungsbeschränkungen kann der Praxisinhaber bei Beendigung der Zulassung durch Erreichen der Altersgrenze, Verzicht oder Entziehung bzw. bei Tod dessen Erben den Nachfolger nicht mehr selbst frei auswählen. Soll die Praxis von einem Nachfolger fortgeführt werden, ist der Vertragsarztsitz auf Antrag des ausscheidenden Arztes bzw. seiner Erben von der zuständigen Kassenärztlichen Vereinigung in den amtlichen Blättern auszuschreiben (§ 103 Abs. 4 und Abs. 5 SGB V).

Der Zulassungsausschuss sowie der ausscheidende Arzt bzw. seine 245
Erben erhalten dann eine Liste der eingehenden Bewerbungen. Dabei
ist die Kassenärztliche Vereinigung nicht befugt, dem Zulassungsausschuss im Praxisnachfolgeverfahren eine Bewerbung vorzuenthalten,
die nicht innerhalb der (gesetzlich nicht geregelten) Bewerbungsfrist
eingeht, vielmehr ist auf den Zeitpunkt der Abgabe von der Kassenärztlichen Vereinigung an den Zulassungsausschuss abzustellen, d. h.
auch diese Bewerbung muss berücksichtigt werden.[186] Der Zulassungsausschuss hat den Nachfolger nach pflichtgemäßem Ermessen
auszuwählen. Auf die einzelnen Auswahlkriterien wird noch unten
einzugehen sein.

Die Durchführung des Nachbesetzungsverfahrens setzt voraus, dass 246
die Praxis von einem Nachfolger fortgeführt werden soll. Die vom
bisherigen Praxisinhaber versorgten Patienten müssen also durch den
Nachfolger weiterbehandelt werden können. Hieran fehlt es, wenn –
wie schon oben ausführlich dargestellt – die fortzuführende Praxis
nicht mehr existiert.[187] Dies gilt auch bei einem Vertragsarztsitz in einer ehemaligen Gemeinschaftspraxis.[188]

6 Nachbesetzungsverfahren nach § 103 Abs. 4a SGB V zu Gunsten von Medizinischen Versorgungszentren

a) Gründung und Erweiterung von Medizinischen Versorgungszentren

Auch das MVZ unterliegt der Bedarfsplanung in überversorgten Gebieten: Wo Zulassungsbeschränkungen angeordnet sind, können MVZ nicht zugelassen werden bzw. eine Zulassung nur im Wege des Nachbesetzungsverfahrens (§ 103 Abs. 4a und 5 SGB V) erhalten. Hierzu gibt es zwei Möglichkeiten: 247

---

186 *SG Duisburg*, MedR 2006, 447; *Rieger*, a.a.O., Rdnr. 50 m. w. N., Fn. 55; *Steinhilper*, MedR 1994, 229; a.a.O.; *Gasser* in: *Ehlers*, Fortführung von Arztpraxen, Rdnr. 911; differenzierend *Hesral*, a.a.O., Rdnr. 268 und *Preißler*, a.a.O., Rdnr. 278.
187 *BSG* vom 29.09.1999 – B 6 KA 1/99 R; *LSG Nordrhein-Westfalen*, MedR 1999, 27; *SG Dortmund*, MedR 2002, 100; *Bartels*, MedR 1995, 232; *Klaas*, MedR 2004, 248.
188 *BSG*, GesR 2008, 304.

E Nachbesetzungsverfahren und sonstige Möglichkeiten der Zulassung

248 Niedergelassene Vertragsärzte in einem zulassungsbeschränkten Planungsbereich können auf ihre Zulassung verzichten, um sich in einem MVZ anstellen zu lassen (§ 103 Abs. 4a Satz 1 SGB V). Der Zulassungsausschuss hat die Anstellung in diesem Fall zu genehmigen, hat also keinen Ermessensspielraum. Die Durchführung eines Nachbesetzungsverfahrens ist in diesem Fall nicht erforderlich. Die Zulassung dieses Vertragsarztes geht dann allerdings auf das MVZ über, d. h. der Verkauf der Praxis an einen Nachfolger und die Übertragung der vertragsärztlichen Zulassung auf diesen ist praktisch nicht möglich. Es bleibt dem Arzt in diesem Fall nur die Möglichkeit, seine Praxis an das MVZ zu veräußern. Der in das MVZ wechselnde Vertragsarzt, so die Gesetzesbegründung, „nimmt seine Zulassung in das medizinische Versorgungszentrum mit." Andernfalls würden trotz Zulassungsbeschränkungen zusätzliche Ärzte zugelassen werden müssen.

249 Niedergelassene Vertragsärzte bzw. deren Erben können im Fall des Verzichts, Erreichens der Altersgrenze, Todes oder Entziehung der Zulassung statt des Verkaufs ihrer Praxis und der Übertragung der Zulassung auf einen Nachfolger die Zulassung im Wege des Nachbesetzungsverfahrens auch auf ein MVZ übertragen (§ 103 Abs. 4a Satz 2 SGB V). Bei einem oder mehreren Bewerbern muss der Zulassungsausschuss eine Auswahl nach den üblichen Kriterien treffen; das MVZ hat hier nicht automatisch den Vorzug. Das MVZ „erwirbt" im Fall der positiven Auswahlentscheidung den „Vertragsarztsitz" (so wörtlich der Gesetzestext) und führt die vertragsärztliche Tätigkeit durch einen neuen angestellten Arzt im MVZ weiter. Diese Formulierung und die Gesetzesbegründung lassen nur den Schluss zu, dass tatsächlich nur die isolierte Zulassung veräußert und übertragen werden kann, der bisher (jedenfalls offiziell) unerwünschte und unzulässige „Konzessionshandel" daher zumindest in diesem Fall zulässig ist.[189] In der Regel wird der abgebende Arzt allerdings auch hier Wert darauf legen, einen angemessenen Kaufpreis für seine Praxis zu erzielen, diese also zusammen mit der Zulassung an das MVZ zu veräußern.

---

189 *Rieger*, a.a.O., Rdnr. 28; *Ratzel*, ZMGR 2004, 63; *Dahm* in: *Dahm/Möller/Ratzel*, Rechtshandbuch Medizinische Versorgungszentren, Kapitel VI., Rdnr. 26.

b) Wegfall des Zulassungserwerbs durch einen im Medizinischen Versorgungszentrum angestellten Arzt (sog. 5-Jahres-Privilegierung)

Aufgrund des GMG 2004 konnte ein angestellter Arzt seit 01.01.2004 nach einer Tätigkeit von mindestens fünf Jahren im MVZ auch im gesperrten Planungsbereich eine eigene vertragsärztliche Zulassung erhalten. Diese war vom Zulassungsausschuss zu erteilen; er hatte hierbei kein Ermessen. Hierbei handelte es sich um eine geradezu sensationelle Durchbrechung der Bedarfsplanung! Der gesetzgeberische Grund hierfür war, dass angestellten Ärzten der Übergang zum niedergelassenen Vertragsarzt ermöglicht werden sollte. Tatsächlich dürfte den MVZ damit eine deutliche „Starthilfe" gegeben worden sein, da beispielsweise bisherige angestellte Krankenhausärzte auf diesem Weg über das MVZ nach der fünfjährigen Übergangszeit in die „freie Ärzteschaft" wechseln konnten, ohne eine Praxis mit Vertragsarztsitz erwerben und finanzieren zu müssen. 250

Die privilegierte Zulassung wurde allerdings nicht mehr erteilt, wenn der betreffende Arzt bei Ablauf der fünf Jahre die untere Altersgrenze von 55 Jahren überschritten hatte. Ferner: für die „nachbesetzten Ärzte" galt der privilegierte Wechsel in die Freiberuflichkeit nicht nochmals (§ 103 Abs. 4a Satz 4 SGB V). Das heißt: Ärzte, die ihre Arztstelle durch Nachbesetzung einer bereits vorhandenen Arztstelle im MVZ erhalten hatten, konnten nur über den üblichen Weg des Erwerbs einer Praxis mit Zulassung in die Freiberuflichkeit wechseln. Andernfalls wäre die Bedarfsplanung weitgehend unterlaufen worden, da es dann zu einer unkontrollierten Vermehrung von Vertragsarztzulassungen hätte kommen können. Das MVZ konnte dann diese freiwerdende Arztstelle seinerseits – wie bereits oben dargestellt – auch in diesem Fall wieder nachbesetzen (§ 103 Abs. 4a Satz 5 SGB V). 251

Leider hat der Gesetzgeber zwischenzeitlich Angst vor seiner eigenen Courage bekommen und der Möglichkeit der Generierung von weiteren Vertragsarztsitzen unter Nutzung der sog. 5-Jahres-Privilegierung mit dem VÄndG 2007 einen Riegel vorgeschoben. Das Gesetz (§ 103 Abs. 4a Satz 4 SGB V) sieht nunmehr vor, dass die 5-Jahres-Privilegierung nicht mehr für Ärzte gilt, die erst seit dem 01.01.2007 in einem MVZ tätig sind. In nicht wenigen Fällen sind nämlich MVZ von Vertragsärzten gegründet worden, die hierbei in das Angestelltenverhältnis ihrer eigenen MVZ-GmbH gewechselt haben, um nach 252

Ablauf von fünf Jahren beim Ausscheiden aus dem MVZ in den Genuss einer neuen Vertragsarztzulassung zu gelangen. Diese soll dann nach Ablauf einer „Schamfrist" von ca. drei Monaten wieder in das MVZ eingebracht werden, wohingegen ihre bisherige Angestelltenstelle zwischenzeitlich durch einen Nachfolgearzt nachbesetzt werden soll.

253 Im Ergebnis hätte dies in nicht seltenen Fällen zu einer Verdoppelung der Vertragsarztzulassung bzw. Angestelltenstelle geführt hat – eine Entwicklung, der der Gesetzgeber wegen der damit verbundenen Durchbrechung der Bedarfsplanung aus seiner Sicht nicht tatenlos zusehen konnte! Mit anderen Worten: Die Privilegierung gilt nunmehr nur noch für Ärzte, die in der Zeit vom 01.01.2004 bis zum 31.12.2006 in einem MVZ angestellt worden sind und bei denen das Anstellungsverhältnis fünf Jahre gedauert haben wird; für danach angestellte Ärzte entsteht also kein Rechtsanspruch auf eine eigene Vertragsarztzulassung nach dem Ausscheiden aus dem MVZ, auch wenn dies nach fünf Jahren oder mehr geschieht!

c) Bewertung

254 Auch wenn dieses Privileg zwischenzeitlich wieder gestrichen wurde, steht nach wie vor fest: Der Gesetzgeber sieht die MVZ als „eine" der Kooperationsformen der Zukunft an; andernfalls er solche begünstigenden Regelungen seinerzeit nicht getroffen hätte. Und: Die Regelungen über das MVZ geben dem Praxisabgeber einen deutlich erweiterten Spielraum bei der Nachfolgesuche. Statt des Verkaufs an einen ärztlichen Nachfolger ist auch der Verkauf der Praxis bzw. sogar nur des Vertragsarztsitzes an ein MVZ möglich oder die Realisierung des Praxis- bzw. Zulassungswertes über die Einbringung in ein MVZ und eine „auslaufende" Tätigkeit als Angestellter im MVZ. Da eine Angestelltenstelle im MVZ auf bis zu vier Teilzeitstellen „atomisiert" werden kann (§ 38 BedarfsplRL-Ä), kann der abgebende Arzt seine letzten Berufsjahre auch sukzessive in Teilzeit verbringen – flexible Modelle sind also durchaus denkbar.

7 Zulassungsverzicht eines Vertragsarztes und Anstellung bei einem anderen Vertragsarzt nach § 103 Abs. 4b SGB V

a) Neuregelung der Anstellung von Vertragsärzten bei anderen Vertragsärzten

Durch das VÄndG 2007 wurde darüber hinaus zum 01.01.2007 die Möglichkeit eingeführt, dass ein Vertragsarzt in einem gesperrten Planungsbereich auf seine Zulassung verzichten kann, um bei einem anderen Vertragsarzt (oder in einer Gemeinschaftspraxis) als angestellter Arzt tätig zu werden (§ 103 Abs. 4b Satz 1 SGB V i. V. m. § 95 Abs. 9 Satz 1 SGB V). In diesem Fall hat der Zulassungsausschuss die Anstellung zu genehmigen; eine Fortführung der Praxis des verzichtenden Vertragsarztes ist nicht möglich. Ferner ist die Nachbesetzung der Fälle eines solchen angestellten Arztes möglich, auch wenn Zulassungsbeschränkungen angeordnet sind (103 Abs. 4 b Satz 2 SGB V).

Diese Regelung ist offenkundig der für MVZ geltenden Regelung (§ 103 Abs. 4a SGB V) nachgebildet, so dass zu den Einzelheiten zunächst einmal auf die vorstehenden Ausführungen verwiesen wird, die hier entsprechend gelten, soweit sie sich auf den Verzicht von Vertragsärzten auf ihre Zulassung und die Anstellung in einem MVZ beziehen. Diese Art der Anstellung ist also auch nicht mit der Job-Sharing-Anstellung (§ 101 Abs. 1 Ziffer 5. SGB V) zu verwechseln, die eine andere Struktur hat und noch unten ausführlich behandelt wird.

Da der angestellte Arzt das volle Budget bzw. Regelleistungsvolumen seiner bisherigen Praxis in die Praxis des anstellenden Arztes einbringt, gibt es keine Leistungsbeschränkung, d. h. „Honorardeckelung" wie bei der Job-Sharing-Anstellung. Dies führt zwangsläufig zu einer entsprechenden Werterhöhung der Praxis des anstellenden Arztes, da der immaterielle Wert in Form des Goodwill, insbesondere Patientenstamms entsprechend steigt. Dies muss sich dann aber auch bei der Veräußerung der Praxis in einem entsprechend höheren Kaufpreis niederschlagen.

Die Anstellung von Ärzten bei einem Vertragsarzt bzw. einer Gemeinschaftspraxis ist grundsätzlich zahlenmäßig unbegrenzt und setzt auch keine Fachgebietsidentität voraus (§ 95 Abs. 9 Satz 1 SGB V), sofern und soweit nicht in den Berufsordnungen der Länder berufsrechtlich abweichende Regelungen bestehen bzw. getroffen worden sind.[190] Vertragsarztrechtlich ist die Anzahl der angestellten Ärzte in dem am 01.07.2007 in Kraft getretenen neuen BMV-Ä allerdings grundsätzlich auf drei vollzeitbeschäftigte Ärzte pro Vertragsarzt beschränkt worden (§ 14a Abs. 1 Satz 2 BMV-Ä).

259 Die Anstellung kann nicht nur in Vollzeit, sondern je nach Bedarf auch mit flexiblen Beschäftigungszeiten erfolgen. Anders als die Teilzulassung (§ 19a Ärzte-ZV), auf die noch unten näher einzugehen sein wird, ist die Anstellung von Ärzten nicht auf eine Halbtagsbeschäftigung begrenzt. Ein angestellter Arzt kann – wie bei einem MVZ – auch zu anderen Stundenzahlen als nur halbtags mit den Faktoren 1,0/0,75/0,5 oder 0,25 beschäftigt werden und wird dementsprechend auch bedarfsplanungsrechtlich entsprechend seiner Arbeitszeit erfasst und in der Bedarfsplanung berücksichtigt (§ 101 Abs. 1 Satz 7 SGB V).

260 In nicht gesperrten Planungsbereichen – dies muss noch der Vollständigkeit halber erwähnt werden – ist die Anstellung von Ärzten ohne die „Verzichts- und Anstellungslösung" (§ 103 Abs. 4b SGB V) möglich. Eines vorherigen Zulassungsverzichts eines Vertragsarztes bedarf es also nicht, da die Anstellungsgenehmigung vom Zulassungsausschuss in diesem Fall ohne weiteres auf Antrag erteilt wird (§ 95 Abs. 9 Satz 1 SGB V; § 38 BedarfsPlRL).

b) Bewertung

261 Sofern und soweit ein Vertragsarzt Vertragsarztsitze bzw. Anstellungsgenehmigungen an sich binden möchte, hat er nunmehr durch die vorgenannten Neuregelungen eine sichere und absolut legale Möglichkeit hierzu. War bisher nur die Möglichkeit über entsprechende gesellschaftsrechtliche Regelungen (mit den bekannten Risiken der „Scheingesellschaftspraxis") oder aber die Konstruktion über ein MVZ möglich, ist nunmehr eine weitere Variante eröffnet worden[191] (§ 103 Abs. 4b Satz 1 SGB V).

262 Da das Nachbesetzungsrecht für die in eine Angestelltenstelle umgewandelte Vertragsarztzulassung in den gesperrten Planungsbereichen bei dem Praxisinhaber liegt, hat er die Möglichkeit, auch bei einem Ausscheiden des angestellten Arztes – aus welchem Grund auch immer – die Nachfolge für diese Stelle zu sichern, ohne ein förmliches Nachbesetzungsverfahren mit Ausschreibung des Sitzes durchführen

---

190 Derzeit – soweit ersichtlich – nur noch in Berlin und Nordrhein!
191 *Orlowski/Halbe/Karch*, Vertragsarztrechtsänderungsgesetz, 2. Auflage, S. 72.

zu müssen. Ein bloßer Antrag an den Zulassungsausschuss reicht aus. Feststehen dürfte allerdings, dass die Arztstelle nicht wieder in eine Zulassung zurückverwandelbar ist, da der Gesetzgeber klarstellt, dass eine Fortführung der Praxis nicht mehr möglich ist, wenn der Zulassungsverzicht erfolgt ist.[192]

Sofern der Vertragsarzt nach Beendigung des Anstellungsverhältnisses nicht unmittelbar einen Nachfolger findet, bedeutet dies zunächst keine Gefährdung der Arztstelle. Diese bleibt dem Vertragsarzt zwar nicht dauerhaft erhalten, jedoch ist zumindest davon auszugehen, dass eine Nichtbesetzung der Stelle von sechs Monaten ohne Konsequenzen bleibt.[193] Fraglich ist jedoch, was danach passiert. In einigen Kassenärztlichen Vereinigungen wird diskutiert, hier ähnliche Fristen anzusetzen wie bei der Nachbesetzung von Vertragsarztsitzen, also einen Zeitraum von sechs Monaten, nachdem sich der ideelle Wert verflüchtigt habe, und deswegen eine Nachbesetzung nicht mehr möglich sein soll.[193]

263

Ob diese beiden Fälle wirklich gleichzustellen sind, darf bezweifelt werden, da selbst im Fall der vorübergehenden, aber längeren Nichtbesetzung der Angestelltenstelle der Vertragsarzt als solcher ja nach wie vor zur Erbringung der vertragsärztlichen Leistungen zur Verfügung steht. Insoweit dürfte es hier auch nicht zu einer relativ schnellen Verflüchtigung des ideellen Wertes kommen, zumal der Vertragsarzt im Regelfall ja auch die Praxis des vormaligen Vertragsarztes und jetzt ausgeschiedenen angestellten Arztes gekauft hat, um künftig ein größeres Abrechnungsvolumen realisiert und entsprechende Mehrgewinne abschöpfen zu können. Dieses Wertpotential dürfte daher dem grundrechtlichen Eigentumsschutz unterliegen (Artikel 14 Abs. 1 GG),[194] so dass auch dem Kontinuitätserfordernis des BSG im Hinblick auf das Kriterium der Fortführungsfähigkeit einer Praxis im Rahmen der Praxisnachfolge genügt sein dürfte.[195]

264

c) Schicksal der Angestelltenstelle bei Praxisveräußerung?

Wie mit der bedarfsplanungsrechtlich relevanten angestellten Arztstelle umzugehen ist, wenn der Vertragsarztsitz des Praxisinhabers

265

---

192 *Orlowski/Halbe/Karch*, a.a.O., S. 72.
193 *Orlowski/Halbe/Karch*, a.a.O., S. 73.
194 *Orlowski/Halbe/Karch*, a.a.O., S. 73 f.; *Dahm* in: *Dahm/Möller/Ratzel*, a.a.O., Kapitel VI, Rdnr. 99.
195 *BSG* vom 29.09.1999 – B 6 KA 1/99 R, SozR 3-2500 § 103 SGB V Nr. 5.

nachbesetzt werden soll (§ 103 Abs. 4 SGB V) ist derzeit noch nicht geklärt und muss der Praxis der Kassenärztlichen Vereinigungen bzw. der Zulassungsausschüsse vorbehalten bleiben:

266 Teilweise wird die Auffassung vertreten, der Zulassungsausschuss habe die Genehmigung der Anstellung des Arztes mit Zustimmung des antragsstellenden Vertragsarztes mit der Maßgabe zu erteilen, dass sie im Fall der Praxisnachfolge fortgilt, sofern der Praxisnachfolger einen entsprechenden Antrag stellt.[196] Zum Teil wird auch schlicht und einfach vertreten, im Falle der Nachbesetzung eines Vertragsarztsitzes könne die Angestelltenstelle nicht mitübertragen werden.[197] Richtig dürfte dagegen die Rechtsauffassung sein, dass der Praxisnachfolger nicht nur arbeitsrechtlich in das bestehende Anstellungsverhältnis des Praxisabgebers mit dem angestellten Arzt eintritt (§ 613a BGB), sondern der Zulassungsausschuss im Rahmen des Nachbesetzungsverfahrens verpflichtet ist, auch die Anstellung dieses Arztes zugunsten des Praxisnachfolgers erneut zu genehmigen.[198]

267 Nach richtiger Auffassung darf auch hier nicht übersehen werden, dass der anstellende Vertragsarzt für die Übernahme der Praxis und der Zulassung eines anderen Vertragsarztes durch Umwandlung in eine angestellte Arztstelle einen Kaufpreis an den ehemaligen Vertragsarzt gezahlt hat und deswegen die Angestelltenstelle dem Schutz des Eigentumsgrundrechts (Artikel 14 Abs. 1 GG) unterliegt. Dieses Grundrecht wäre verletzt, wenn die Angestelltenstelle im Rahmen des Nachbesetzungsverfahrens des abgebenden Vertragsarztes einfach „untergehen" würde.[199]

268 Auch wäre in diesem Fall unklar, wo denn die Arztstelle bedarfsplanungsrechtlich verbleibt: Würde sie einfach untergehen, hätte dies bei einer lediglich geringfügigen Überversorgung die Konsequenz, dass der Planungsbereich wieder geöffnet wäre und ein Dritter in den Genuss käme, eine Zulassung zu erhalten, und zwar unentgeltlich, ob-

---

196 *Schirmer*, Vertragsarztrechtsänderungsgesetz, Fragen und Antworten der Rechtsabteilung der Kassenärztlichen Bundesvereinigung vom 04.04.2007, Nr. 3 lit. a bis c).
197 *Schallen*, a.a.O., Rdnr. 1116.
198 *Orlowski/Halbe/Karch*, a.a.O., S. 77; *Bäune* in: *Bäune/Meschke/Rothfuß*, Kommentar zur Zulassungsverordnung für Vertragsärzte, § 32b, Rdnr. 20; in diese Richtung gehen auch die Überlegungen einiger Kassenärztliche Vereinigungen, die bei entsprechenden Konstellationen den Vertragsarztsitz als Vertragsarztsitz mit Arztstelle ausschreiben wollen.
199 *Orlowski/Halbe/Karch*, a.a.O., S. 77.

gleich der abgebende Vertragsarzt in der Regel erhebliche finanzielle Aufwendungen für den Erwerb dieser Stelle getätigt hat. Dies wäre lebensfremd und würde zu nicht akzeptablen Ergebnissen führen.[200] Im Ergebnis ist daher durch den Verzicht und die Genehmigung der Anstellung diese Arztstelle untrennbar mit der Vertragsarztzulassung des anstellenden Arztes verschmolzen und verbunden, und kann später nur noch einheitlich zusammen mit diesem betrachtet werden.[200]

8 Teilzulassung

Ebenfalls durch das VÄndG 2007 wurde zum 01.01.2007 die sog. Teilzulassung eingeführt, um eine weitere Flexibilisierung innerhalb des Vertragsarztrechts zu ermöglichen[201]. Ein Vertragsarzt kann nun durch eine schriftliche Erklärung gegenüber dem Zulassungsausschuss auf die Hälfte der Zulassung verzichten, wobei das Gesetz hier vom sog. *„halben Versorgungsauftrag„* spricht (§ 95 Abs. 3 Satz 1 SGB V i. V. m. § 19a Abs. 2 Ärzte-ZV). Der Verzicht, d. h. die „Halbierung" der Zulassung bedarf eines Beschlusses des Zulassungsausschusses. Der Vertragsarzt kann diese Reduzierung seines Versorgungsauftrags zwar später wieder rückgängig machen, d. h. auf eine volle Zulassung „aufstocken"; dies gilt allerdings nur dann, wenn zu diesem Zeitpunkt keine Bedarfsplanungssperren (mehr) bestehen[202]. 269

Die Möglichkeit der Teilzulassung führt zu der interessanten Frage, ob ein solcher halber Versorgungsauftrag ausgeschrieben und mit einem Nachfolger nachbesetzt werden kann, d. h. auch die zugrunde liegende „halbe" Vertragsarztpraxis an einen solchen Nachfolger veräußert werden kann. Zivilrechtlich ist dies ohne weiteres möglich. Vertragsarztrechtlich wird die Frage auf jeden Fall dann bejaht werden müssen, wenn der Vertragsarzt nur eine Teilzulassung besitzt und sich ganz aus der vertragsärztlichen Versorgung zurückziehen will.[203] 270

Entgegen anderer Stimmen in der Literatur[204] ist dies aber auch dann zu bejahen, wenn der Vertragsarzt seine Tätigkeit von einer Vollzu- 271

---
200 *Orlowski/Halbe/Karch,* a.a.O., S. 77.
201 *Orlowski/Halbe/Karch,* a.a.O., S. 19 ff.
202 *Schroeder-Printzen* in: *Ratzel/Luxenburger,* Handbuch Medizinrecht, § 7 Rdnr. 378.
203 *Schallen,* a.a.O., Rdnr. 541; *Bäune* in: *Bäune/Meschke/Rothfuß,* a.a.O., § 19a, Rdnr. 17.
204 *Schallen,* a.a.O., Rdnr. 534; *Bäune* in: *Bäune/Meschke/Rothfuß,* a.a.O., § 19a, Rdnr. 14.

lassung auf eine Teilzulassung „reduzieren" möchte[205]. Aus dem Sinn und Zweck der gesetzlichen Regelung (§ 103 Abs. 4 SGB V) folgt, dass der Vertragsarzt in die Lage versetzt werden soll, seine Praxis wirtschaftlich zu verwerten, was die Übertragung der Zulassung an einen Nachfolger voraussetzt. Da nun auch eine Praxis nur teilweise weiterbetrieben werden kann und folgerichtig auch ein dem Grunde nach abgrenzbarer Teil der Praxis existiert, muss dieser Teil auch ausschreibungs- und nachbesetzungsfähig sein[206]. Eine andere Sichtweise würde letztlich auch gegen das Eigentumsgrundrecht (Art. 14 Abs. 1 GG) verstoßen, das dem Vertragsarzt die verfassungsrechtliche Garantie gibt, seine Praxis nebst Zulassung an einen Nachfolger veräußern bzw. übertragen zu können.[206]

272 Die gegenteilige Auffassung argumentiert lediglich formal auf den Wortlaut der gesetzlichen Regelung (§ 103 Abs. 4 SGB V) bezogen, wo nur von der Zulassung gesprochen und die Teilzulassung nicht ausdrücklich erwähnt wird, ohne jedoch den Sinn und Zweck der Teilzulassung zu berücksichtigen[207]. Auch die weiteren Argumente dieser Auffassung überzeugen nicht wirklich, weil einfach unterstellt wird, der auf seine halbe Zulassung verzichtende Vertragsarzt habe seine Praxis freiwillig „heruntergefahren" und somit den immateriellen Wert derselben bereits durch eigenes Verhalten gemindert bzw. er könne ja – bevor dies geschieht – einen Job-Sharing-Partner (§ 101 Abs. 1 Nr. 4 SGB V) aufnehmen[208].

273 Selbst die Vertreter dieser Auffassung müssen ferner einräumen, dass eine fehlende Übertragbarkeit des freigewordenen hälftigen Versorgungsauftrags dazu führen würde, dass kaum Vertragsärzte jemals freiwillig von dieser Möglichkeit Gebrauch machen werden[209]. Es macht schlechthin keinen Sinn, dass der Gesetzgeber die Möglichkeit der Teilzulassung zur Flexibilisierung der Tätigkeitsform des Vertragsarztes gesetzlich festschreibt, dieser Regelungszweck aber durch die Zulassungsausschüsse dadurch unterlaufen wird, dass die Aus-

---

205 *Schroeder-Printzen* in: *Ratzel/Luxenburger*, a.a.O., § 7 Rdnr. 379; *Orlowski/Halbe/Karch*, a.a.O., S. 90 ff.; *Schiller/Pavlovic*, MedR 2007, 86.
206 *Schroeder-Printzen*, a.a.O., § 7 Rdnr. 379; *Orlowski/Halbe/Karch*, a.a.O., S. 90 ff.; *Schiller/Pavlovic*, MedR 2007, 86.
207 *Schallen*, a.a.O., Rdnr. 534; *Bäune* in: *Bäune/Meschke/Rothfuß*, a.a.O., § 19a Rdnr. 14 f.
208 *Bäune*, a.a.O., § 19a Rdnr. 14; *Schallen*, a.a.O., Rdnr. 534.
209 *Bäune*, a.a.O., § 19a Rdnr. 16; so zutreffend *Orlowski/Halbe/Karch*, a.a.O., S. 90 ff.

schreibungs- und Nachbesetzungsfähigkeit solcher Teilzulassungen verneint wird. Folgerichtig geht die bisher hierzu bekannt gewordene Rechtsprechung zu Recht ebenfalls von der Möglichkeit der Ausschreibung eines halben Vertragsarztsitzes zur Nachbesetzung aus[210].

9 Begriff der „Praxis" in § 103 Abs. 4, 4 a und 5 SGB V

Praxis im Sinne des Nachbesetzungsverfahrens ist lediglich die Vertragsarztpraxis. Die Vorschrift bezieht sich lediglich auf den Bereich der Gesetzlichen Krankenversicherung. Der Zulassungsausschuss ist weder befugt, die Veräußerung auch der Privatpraxis zur Bedingung der Zulassung eines Bewerbers zu erklären, noch bezüglich der Höhe des Verkehrswertes der Privatpraxis irgendwelche Vorschriften zu machen.[211]   274

Vertragsarztpraxis und Privatpraxis sind als selbstständige Teile des „Unternehmens Arztpraxis" getrennt veräußerbar. Dies gilt auch bei der Veräußerung an ein MVZ oder dem Verzicht eins Vertragsarztes auf seine Zulassung und Eintritt in ein MVZ. Entsprechendes gilt auch für andere Praxisteile, z. B. das zytologische Labor einer gynäkologischen Praxis.[212] Eine andere Frage ist natürlich, ob eine getrennte Veräußerung der Praxisteile praktisch möglich ist, ohne dass die Praxis durch die Aufteilung des Patientenstamms an Wert verliert und der gewünschte Kaufpreis nicht mehr erzielt werden kann.[213]   275

10 Zulassungsverzicht und Ausschreibung des Vertragsarztsitzes durch den Praxisinhaber oder seine Erben

Da der bedingungslose Zulassungsverzicht aus den bereits dargelegten Gründen riskant ist, hatten sich in der Praxis zwei Handhabungen durchgesetzt, und zwar zum einen der Zulassungsverzicht unter der   276

---
210 *SG München* vom 15.01.2008 – S 38 KA 17/08 ER (rechtskräftig), ZMGR 2008, 88.
211 *Preißler*, MedR 1994, 244; anders neuerdings aber für die Vertragsarztpraxis *LSG Baden-Württemberg*, GesR 2008, 154.
212 *LAG Köln*, MedR 1998, 225; *Möller* in: *Ehlers*, a.a.O., Rdnr. 394.
213 *Rieger*, a.a.O., Rdnr. 31, Fn 33.

E Nachbesetzungsverfahren und sonstige Möglichkeiten der Zulassung

Bedingung der bestandskräftigen Zulassung eines Nachfolgers (sog. bedingter Verzicht)[214]; zum anderen die bloße unverbindliche Verzichtsankündigung, d. h. die bloße Absichtserklärung des Praxisabgebers, im Fall der Zulassung eines Nachfolgers auf seinen Vertragsarztsitz zu verzichten[215], also quasi die Vorstufe zum eigentlichen Verzicht. Allerdings war umstritten, ob der bedingte Verzicht wegen der rechtlichen „Bedingungsfeindlichkeit" einer solchen Erklärung überhaupt möglich ist.[216] Richtig ist jedoch, dass eine solche Erklärung unter einer sog. Potestativbedingung möglich ist, da der Zulassungsausschuss über den Eintritt der Bedingung, nämlich die Zulassung des Nachfolgers entscheidet[217]. Die bloße Verzichtsankündigung wird von den meisten Zulassungsausschüssen als nicht ausreichend akzeptiert.

277 Diese Variante ist zwar an sich die sauberere und bessere[218], da sie dem Praxisabgeber die Möglichkeit gibt, den angekündigten Verzicht notfalls zurückzunehmen, insbesondere falls es sich abzeichnet, dass andernfalls der „falsche" Bewerber die Zulassung zugeschlagen erhalten würde. Allerdings behandeln die meisten Zulassungsausschüsse auch den bedingten Verzicht in der Verwaltungspraxis heute genauso. Auch der bedingte Verzicht kann also heute nach Zugang beim Zulassungsausschuss widerrufen werden.[219] Der lediglich angekündigte Verzicht wie auch der bedingte Verzicht können somit bis spätestens unmittelbar vor dem Schluss der mündlichen Verhandlung vor dem Zulassungsausschuss zurückgenommen werden. Aus diesem Grund sollte der Praxisabgeber auf jeden Fall an der Sitzung des Zulassungsausschusses persönlich teilnehmen, jedenfalls wenn mehrere Bewerber im Raum stehen.

278
> **Tipp:** Keinen unbedingten Verzicht auf die Zulassung erklären, sondern eine bloße Absichtserklärung oder durch bestandskräftige Zulassung des Nachfolgers bedingte Verzichtserklärung abgeben! Im Zweifel an der Sitzung des Zulassungsausschusses teilnehmen!

---

214 *Röschmann* in: *Ratzel/Luxenburger*, a.a.O., § 18 Rdnr. 92.
215 *Seer*, MedR 1995, 131.
216 *Möller*, MedR 1994, 218; *Steinhilper*, MedR 1994, 227; *Hesral* in: *Ehlers*, a.a.O., Rdnr. 27.
217 *Hesral* in: *Ehlers*, a.a.O., Rdnr. 27; *Schallen*, a.a.O., Rdnr. 221; *Karst*, MedR 1996, 557.
218 *Rieger*, a.a.O., Rdnr. 33; *Meschke* in: *Bäune/Meschke/Rothfuß*, Kommentar zur Zulassungsverordnung für Vertragsärzte, § 16b, Rdnr. 72.
219 A.A. früher *LSG Nordrhein-Westfalen* vom 08.11.1989 – L 11 KA 4/89.

Wenngleich diese Handhabung – soweit ersichtlich – der überwiegenden Praxis der Zulassungsausschüsse entspricht, empfiehlt sich dringend, sich bei der zuständigen Kassenärztlichen Vereinigung frühzeitig Gewissheit über die Verfahrensweise des zuständigen Zulassungsausschusses zu verschaffen.[220] Allerdings: Ein Zulassungsverzicht unter der Bedingung der Nachfolgezulassung eines bestimmten Bewerbers und / oder des Zustandekommens eines Praxisübergabevertrages mit einem bestimmten Bewerber ist rechtlich unzulässig.[220] 279

Tipp: Bei der zuständigen Kassenärztlichen Vereinigung rechtzeitig über dort übliche Praxis des Zulassungsausschusses im Zusammenhang mit dem Verzicht auf die Zulassung informieren!

280

Der an die Kassenärztliche Vereinigung zu richtende Antrag auf Ausschreibung des Vertragsarztsitzes kann formlos gestellt werden. Die Kassenärztlichen Vereinigungen verwenden allerdings – soweit ersichtlich – jeweils vorformulierte Formblätter. Eine Rücknahme des Antrags und seine spätere Wiederholung ist jederzeit möglich. Im Fall des Todes des Praxisinhabers geht das Ausschreibungsrecht auf die Erben über. Sonst ergeben sich in diesem Fall keine Besonderheiten. 281

Im Hinblick auf die rasche Verflüchtigung des ideellen Praxiswertes bei zeitlichen Verzögerungen, insbesondere bei Streitigkeiten unter den Erben, empfiehlt es sich für den Praxisinhaber, rechtzeitig testamentarische Verfügungen zu treffen, die einen zügigen Verkauf der Praxis gewährleisten, z. B. die Erteilung einer Vollmacht über den Tod hinaus (sog. postmortale Vollmacht) an einen Erben oder die Einsetzung eines Testamentsvollstreckers im Testament.[221] 282

Tipp: Im Testament Vollmacht über den Tod hinaus an einen geschäftserfahrenen Erben erteilen oder Testamentsvollstrecker einsetzen!

283

Und schließlich: Selbst im Insolvenzfall, d. h. sogar noch nach Eröffnung eines entsprechenden Verfahrens vor dem Insolvenzgericht, ist der Arzt berechtigt, seine vertragsärztliche Zulassung auszuschreiben und übertragen zu lassen. Diese und der Vertragsarztsitz fallen nach 284

---

220 *Rieger*, a.a.O., Rdnr. 33; *Klapp*, a.a.O., 4.1.2.
221 *Rieger*, a.a.O., Rdnr. 36.

richtiger Auffassung nicht in die Insolvenzmasse und unterliegen somit nicht dem Zugriff des Insolvenzverwalters.[222]

11 Auswahlkriterien

285 Haben sich auf eine Ausschreibung in den öffentlichen Publikationsmedien – in der Regel anonymisiert unter Chiffre – durch die Kassenärztliche Vereinigung in einem gesperrten Planungsbereich mehrere zulassungsfähige Ärzte beworben, hat der Zulassungsausschuss nach pflichtgemäßem Ermessen unter diesen eine Auswahl zu treffen (§ 103 Abs. 4 Satz 3 SGB V). Dies gilt natürlich nicht, falls nur ein Bewerber zur Verfügung steht oder verbleibt, wenn also alle anderen Mitbewerber ihren Übernahmeantrag zurückziehen. In diesem Fall hat der Zulassungsausschuss diesen auszuwählen.

286
> **Tipp:** Existieren mehrere Bewerber, sollte der Praxisabgeber den anderen Bewerbern klarmachen, dass er bereits einen Kaufvertrag mit seinem „Wunschbewerber" abgeschlossen hat, damit diese ihre Bewerbung möglichst zurückziehen!

287 Bei mehreren Bewerbern sind die (grundsätzlich gleichrangig zu behandelnden)[223] Auswahlkriterien (§ 103 Abs. 4 Satz 4 SGB V): Approbationsalter, Dauer der ärztlichen Tätigkeit, Dauer der Eintragung in die Warteliste (§ 103 Abs. 5 Satz 3 SGB V), berufliche Eignung (z. B. Schwerpunktbezeichnung, Zusatzbezeichnung, Weiterbildungsbezeichnung), Ehegatte oder Kind des bisherigen Vertragsarztes, Job-Sharing-Angestellter des bisherigen Vertragsarztes (§ 101 Abs. 1 Ziffer 5 SGB V) und Job-Sharing-Partnerschaft des bisherigen Vertragsarztes mit dem potentiellen Nachfolger (§ 101 Abs. 1 Ziffer 4 SGB V).Dieses letztgenannte Kriterium ist allerdings erst nach mindestens fünfjähriger gemeinsamer Tätigkeit berücksichtigungsfähig (§ 101 Abs. 3 Satz 4 SGB V)!. Da hierin eine (kaum nachvollziehbare) Ungleichbehandlung gegenüber dem angestellten Job-Sharing-Arzt liegt, ist § 101 Abs. 1 Ziffer 5 SGB V wegen des Grundrechts der Berufsfreiheit (Art. 12 Abs. 1 GG) verfassungskonform dahingehend

---

222 *BSG*, MedR 2001, 159; *LSG Nordrhein-Westfalen*, MedR 1998, 377; MedR 1999, 333; *van Zwoll/Mai/Eckhardt/Rehborn*, a.a.O., Rdnr. 431 ff.; *Hesral* in: *Ehlers*, a.a.O., Rdnr. 242; *Dahm*, MedR 2000, 551.
223 *Rieger*, a.a.O., Rdnr. 51.

auszulegen, dass die 5-Jahres-Grenze beim Nachfolgebesetzungsverfahren nicht gilt.[224] Dies tun allerdings leider nicht alle Zulassungsausschüsse, sondern kleben nicht selten am Buchstaben des Gesetzes.

288 Obgleich dies im Gesetz nicht ausdrücklich erwähnt wird, gehört zu den zu berücksichtigenden Auswahlkriterien nach der Rechtsprechung auch eine vorangegangene Vertretertätigkeit eines Bewerbers[225] oder die Tätigkeit eines Sicherstellungs- bzw. Entlastungsassistenten, die Tätigkeit des zugelassenen Bewerbers als Praxisverweser und der Wille des abgebenden Arztes oder seiner Erben, wenn die Praxis ausschließlich einem bestimmten Bewerber übertragen werden soll. Dies gilt insbesondere dann, wenn der Abgeber mit dem bevorzugten Bewerber bereits einen rechtsverbindlichen Praxisübernahmevertrag abgeschlossen hat.[226] Kürzlich ist (im Rahmen einer Gemeinschaftspraxis) nochmals ausdrücklich entschieden worden, dass die im Gesetz genannten Auswahlkriterien (§ 103 Abs. 4 Satz 4 SGB V) nicht abschließend sind, sondern vielmehr ergänzende Auswahlkriterien maßgeblich sein können, u. a. die Dauer der Wartelisteneintragung, die Tätigkeit des zugelassenen Bewerbers als Praxisverweser, die unklare Motivationslage der Mitbewerber, die Bereitschaft des Bewerbers die (Gemeinschafts-)Praxis fortführen zu wollen und das Interesse des verbleibenden Partners, mit den Mitbewerbern keine Gemeinschaftspraxis führen zu wollen.[227]

289 Nach wie vor ist allerdings bedauerlicherweise festzustellen, dass sich einige Zulassungsausschüsse über dieses Kriterium immer wieder mit der Begründung hinwegsetzen, die zivilrechtliche Rechtslage, d. h. der bereits abgeschlossene Kaufvertrag zwischen dem Praxisveräußerer und dem „Wunschnachfolger" sei nicht maßgeblich, dies seien lediglich die öffentlich-rechtlichen Auswahlkriterien. Diese Auffassung verkennt, dass die zivilrechtliche Vertragsbindung zwischen den sich bereits einigen Vertragsparteien über die (nachfolgend noch näher zu behandelnde) sog. Verkehrswertgarantie (§ 103 Abs. 4 Satz 5 SGB V) in die Zulassungsentscheidung einfließen muss und es in der Lebenswirklichkeit nicht Sinn und Zweck der Nachbesetzungsregelungen sein kann, den Vertragsarztsitz an einen Bewerber zu übertra-

---

224 *Hesral* in: *Ehlers*, a.a.O., Rdnr. 298; *Rieger*, a.a.O., Rdnr. 54; *Klapp*, a.a.O., 4.1.5.1.1.
225 *LSG Baden-Württemberg*, MedR 1997, 143.
226 Beschluss des Zulassungsausschusses für Ärzte bei der KV Hessen vom 25.03.1997 – NrZ 314/97; *LG Hagen*, GesR 2007, 466; *Rieger*, a.a.O., Rdnr. 51.
227 *LSG Nordrhein-Westfalen*, MedR 2006, 616.

gen, mit dem der Veräußerer keinen Kaufvertrag abgeschlossen hat und möglicherweise auch keinen mehr abschließen kann, weil sich dieser weigert, den vom Veräußerer verlangten Kaufpreis zu bezahlen.[228]

290 In der Praxis führen solche Entscheidungen des Zulassungsausschusses immer wieder zu erheblichen Problemen wie Widersprüchen, Klagen, einstweiligen Anordnungen etc. des Praxisabgebers bzw. unterlegenen Bewerbers. Dies ließe sich bei einer sachgerechten Entscheidung des Zulassungsausschusses ohne das Pochen auf den (angeblich) rein öffentlich-rechtlichen Charakter der Zulassung ohne weiteres vermeiden! Auf dieses Thema wird noch näher einzugehen sein.

291 *Tab. 7:* Nachbesetzungsverfahren gem. § 103 Abs. 4, 4a und 5 SGB V (I)

Nachbesetzungsverfahren gem. § 103 Abs. 4, 4a und 5 SGB V (I)
Voraussetzung für die Einleitung des Verfahrens bei der **KV**:   **Ende der Zulassung** durch: - Erreichen der Altersgrenze   - Tod   - Verzicht (generell)   - Verzicht (zugunsten MVZ)   - Entziehung
Suche des „**Wunschbewerbers**" – Verhandlungen – mindestens: Vorvertrag!   **Besser: Kaufvertrag!**
Zulassungsverzicht gegenüber KV nur mit Hinweis, dass **nur gültig, wenn Nachfolger gefunden** wird (aufschiebende Bedingung!)   **Besser: Verzicht nur ankündigen!** (kein endgültiges Datum angeben!)
Ausschreibung des Vertragsarztsitzes mit Bewerbungsfrist durch KV
Liste der Bewerber durch KV an Praxisabgeber und an Zulassungsausschuss
Mitteilung an Zulassungsausschuss und andere Bewerber: „**Wunschbewerber** ist gefunden und **unter Vertrag!**"
Ein Bewerber: ausschließlich Prüfung der formalen Voraussetzungen durch Zulassungsausschuss   **Mehrere Bewerber**: Auswahlverfahren im Zulassungsausschuss!

---

228 *LG Hagen*, GesR 2007, 466; *SG Detmold* vom 14.10.1996 – S 11 KA 6/94.

Tab. 8: Nachbesetzungsverfahren gem. § 103 Abs. 4, 4a und 5 SGB V (II) 292

Nachbesetzungsverfahren gem. § 103 Abs. 4, 4a und 5 SGB V (II)
Auswahlkriterien des Zulassungsausschusses: - Berufliche Eignung - Approbationsalter - Dauer der Eintragung in die Warteliste - Ehegatte oder Kind des bisherigen Vertragsarztes: sofort! - angestellter Arzt des bisherigen Vertragsarztes - Job-Sharing-Partner: nicht vor Ablauf von 5 Jahren! (seltsamer Widerspruch!?)
Auswahlkriterien nach Rechtsprechung auch: - **vorangegangene Vertretertätigkeit!** - **Wille des abgebenden Arztes** bzw. seiner Erben zugunsten eines bestimmten Bewerbers! (deswegen also: **vorheriger Abschluss des Kaufvertrages!**)

Ergänzend muss noch auf eine Besonderheit im Rahmen der Bedarfszulassung hingewiesen werden: Ab1.1.2006 sind für ausgeschriebene Hausarztsitze vorrangig Allgemeinärzte zu berücksichtigen (§ 103 Abs. 4 Satz 5 SGB V). Der Gesetzgeber will also offenkundig dafür sorgen, dass hausärztliche Internisten bei der Praxisnachfolge nur noch ausnahmsweise zum Zug kommen[229].   293

12 Verkehrswert der Praxis

Die wirtschaftlichen Interessen des ausscheidenden Vertragsarztes oder seiner Erben sind ferner nur insoweit zu berücksichtigen, als der Kaufpreis die Höhe des Verkehrswertes der Praxis nicht übersteigt (§ 103 Abs. 4 Satz 5 SGB V). Dadurch soll ausgeschlossen werden, dass sich durch die erhöhte Nachfrage nach Vertragsarztpraxen und der mit der Praxisübernahme verbundenen Zulassung der Kaufpreis für die Praxis ungerechtfertigt erhöht.[230] Insbesondere eine Art „Versteigerung" der Zulassung soll verhindert werden![231] Darüber hinaus   294

---
229 *Meschke* in: *Bäune/Meschke/Rothfuß,* a.a.O., § 16b, Rdnr. 95.
230 *Rieger,* a.a.O., Rdnr. 59; Bundestags-Drucksache 12/3608, S. 99.
231 *Schallen,* a.a.O., Rdnr. 304.

E Nachbesetzungsverfahren und sonstige Möglichkeiten der Zulassung

will der Gesetzgeber gewährleisten, dass der Veräußerer jedenfalls den Verkehrswert erhält (sog. Verkehrswertgarantie).[232] Hieraus folgt vor allem, dass zulassungsrechtlich ein Bewerber, der nicht bereit ist, den Verkehrswert als Kaufpreis zu akzeptieren, für die Auswahl nicht in Betracht kommt.[233] Die gesetzliche Regelung schließt aber nicht aus, dass sich der Veräußerer mit dem Bewerber auf einen über den Verkehrswert hinausgehenden Kaufpreis einigt.

295

> **Tipp:** Der Praxisinhaber sollte sich schon vor der Ausschreibung seines Vertragsarztsitzes mit dem potentiellen Erwerber über den Kaufpreis einigen!

296 Im Zweifel hat der Zulassungsausschuss ein Sachverständigengutachten über den Verkehrswert einzuholen.[234] Kann der Praxisabgeber ein bereits vorhandenes Wertgutachten vorlegen, ist dies natürlich von Vorteil – ein weiterer Grund, ein Gutachten einzuholen, wie schon oben im einzelnen ausgeführt. Kommt ein Kaufvertrag mangels Einigung der Parteien über den Verkehrswert nicht zustande, ist das Nachbesetzungsverfahren fehlgeschlagen. Der abgabewillige Arzt sollte den Ausschreibungs- bzw. Übertragungsantrag dann unverzüglich zurücknehmen! Er kann den Antrag später neu stellen. Dies setzt aber voraus, dass es noch nicht zu einer Beendigung seiner Zulassung, z. B. durch einen uneingeschränkten Verzicht zu einem bestimmten Datum wie bereits oben dargestellt gekommen ist!

297 Die Antragsrücknahme funktioniert allerdings darüber hinaus nur dann, wenn der Zulassungsausschuss die Zulassung noch nicht an den von ihm ausgewählten Bewerber übertragen hat. Ist der Beschluss schon erlassen worden, bleibt dem abgebenden Arzt nur die Möglichkeit, hiergegen Widerspruch einzulegen und die Nichteinigung dem Berufungsausschuss vorzutragen. Dieser müsste den Nachfolgebeschluss zugunsten des „unerwünschten" Nachfolgers dann wieder aufheben[235] – ein weiterer praktischer Grund, der die Zulassungsausschüsse davon abhalten sollte, Bewerbern Zulassungen zuzusprechen, die der Praxisveräußerer ablehnt, insbesondere mit denen er keinen Kaufvertrag abgeschlossen hat.

---

232 *LG Hagen*, GesR 2007, 466; *SG Detmold*, MedR 1995, 171; *Rieger*, a.a.O. Rdnr. 59.
233 *Hesral* in: *Ehlers*, a.a.O. Rdnr. 281.
234 *Hesral* in: *Ehlers*, a.a.O., Rdnr. 281 und 284; *Seer*, MedR 1995, 131.
235 *Klapp*, a.a.O., 4.2.1.

| Nachbesetzungsverfahren

Nach einer neueren Entscheidung soll der Berufungsausschuss befugt sein, im Widerspruchsverfahren (und damit letztlich auch der Zulassungsausschuss im Zulassungsverfahren) ein Gutachten zur Höhe des Verkehrswerts einer fortzuführenden Praxis auch dann einzuholen, wenn sich der abgebende Arzt mit allen Bewerbern auf einen Kaufpreis geeinigt hat:[236] Maßgeblich hierfür sei – so die betreffende Entscheidung – die sog. Verkehrswertgarantie (§ 103 Abs. 4 Satz 5 SGB V). Im Nachbesetzungsverfahren als Verwaltungsverfahren habe der Berufungsausschuss (also auch der Zulassungsausschuss) nach dem sog. Untersuchungsgrundsatz alle maßgeblichen Umstände zu ermitteln, die für die Bewertung der abzugebenden Praxis von Bedeutung sind. 298

Der Berufungsausschuss (und der Zulassungsausschuss) hätten daher eine Einigung des Praxisabgebers und des Praxisnachfolgers über den (angeblichen) Praxiswert nicht hinzunehmen, sondern den ggf. hiervon abweichenden Wert selbst zu ermitteln bzw. durch ein Sachverständigengutachten klären zu lassen.[236] Dies gelte insbesondere dann, wenn – wie in dem entschiedenen Fall – bereits verschiedene Sachverständigengutachten mit erheblich divergierenden Schätzungen vorliegen und der Praxisabgeber und der Praxisnachfolger sich auf einen hiervon wiederum abweichenden zwischen den beiden Gutachten liegenden Wert einigen.[236] 299

Diese Auffassung ist jedoch schon deswegen unzutreffend, weil sie im Gesetz keine Stütze findet. Die betreffende Vorschrift (§ 103 Abs. 4 Satz 5 SGB V) sieht vor, dass die wirtschaftlichen Interessen des ausscheidenden Vertragsarztes oder seiner Erben nur insoweit zu berücksichtigen sind, als der Kaufpreis die Höhe des Verkehrswerts der Praxis nicht übersteigt. Aus dem Wortlaut der Vorschrift, in der ausdrücklich vom „Kaufpreis" die Rede ist, folgt bereits, dass diese der Disposition der Parteien des Praxisübernahmevertrages unterliegt; ferner ergibt sich aus dem Sinn und Zweck der Vorschrift, dass im Zusammenhang damit lediglich eine „Deckelung" des Kaufpreises durch den Verkehrswert als Obergrenze kommen soll, wenn mehrere Bewerber im Raum stehen. Dies schließt aber nicht aus, dass sich der Veräußerer mit dem Bewerber auch auf einen über oder unter dem Verkehrswert liegenden Kaufpreis einigt[237]. Vorzuziehen ist also die 300

---
236 LSG Baden-Württemberg, GesR 2008, 154.
237 Meschke in: Bäune/Meschke/Rothfuß, a.a.O., § 16b, Rdnr. 99; Schallen, a.a.O., Rdnr. 273; Rieger, a.a.O., Rdnr. 61; Hesral in: Ehlers, a.a.O., Rdnr. 280.

gegenteilige Meinung, wonach es keinen Ermessensfehler darstellt, wenn bei gleicher Eignung zweier Bewerber derjenige den Vorzug erhält, der sich bereits mit dem Praxisabgeber geeinigt hat.[238]

13 Abhängigkeit der Zulassung vom Abschluss eines Übergabevertrages?

301 Die Zulassung sollte vom Zulassungsausschuss also erst dann erteilt werden, wenn ein Praxisübernahmevertrag nachweislich abgeschlossen wurde.[239] Es reicht allerdings aus, wenn der Bewerber um eine Praxis im Nachbesetzungsverfahren vor dem Zulassungsausschuss mündlich erklärt, einen bestimmten, auch von einem Mitbewerber gebotenen Kaufpreis bezahlen zu wollen und der Verkäufer sich damit einverstanden erklärt.[240] Steht ein solcher mündlicher, jedoch bindender Kaufvertrag unter der Bedingung der Zulassung des Käufers, ist von deren Eintritt allerdings erst mit Bestandskraft der Zulassung auszugehen.[240] Nach dem Wortlaut sowie Sinn und Zweck des Gesetzes (§ 103 Abs. 4 SGB V) ist die Nachbesetzung des Vertragsarztsitzes zwingend mit der Fortführung der Praxis durch den Nachfolger verknüpft, was den rechtsverbindlichen Abschluss eines Kaufvertrages voraussetzt.[241]

302 Bereits oben wurde auf die oftmals hiervon abweichende Spruchpraxis der Zulassungsausschüsse hingewiesen – eine Handhabung, die spätestens seit einer (allerdings eine Gemeinschaftspraxis betreffenden, aber durchaus auf Einzelpraxen übertragbaren) Entscheidung des BSG[242] nicht mehr haltbar erscheint! Nochmals: Die Zulassungsausschüsse haben sich nach richtiger Auffassung sogar vor ihrer Entscheidung den Praxisübernahmevertrag zwischen dem Veräußerer und dem Erwerber vorlegen zu lassen, so dass andere Bewerber nicht zum Zuge kommen können.[243] Die früher gelegentlich empfohlene Lösung, die Zulassung unter der aufschiebenden Bedingung des

---

238 *SG Marburg* vom 21.03.2007 – S 12 KA 75/07 ER.
239 *SG Detmold*, MedR 1995, 214; *Seer*, MedR 1995, 136 f.
240 *LG Hagen*, GesR 2007, 466.
241 *SG Detmold* vom 14.10.1996 – S 11 KA 6/94; *LG Hagen*, GesR 2007, 466; *BSG* vom 29.09.1999 – B 6 KA 1/99; *Schallen*, a.a.O., Rdnr. 322; *Rieger*, a.a.O., Rdnr. 70; ähnlich *Hess* in: Kasseler Kommentar, § 103 Rdnr. 28; a. A. *SG Münster*, MedR 1996, 144 und *Hesral* in: *Ehlers*, a.a.O., Rdnr. 328 f.
242 *BSG* vom 16.07.2003 – B 6 KA 34/03 R; so wohl auch *OLG München*, NJW-RR 1998, 441; so auch *Rieger*, a.a.O., Rdnr. 71.
243 *Rieger*, a.a.O., Rdnr. 71.

(nachträglichen) Abschlusses eines Kaufvertrages zu erteilen, dürfte seit einer entgegenstehenden Entscheidung des BSG nicht mehr praktikabel sein.[244]

Allerdings sollte der Veräußerer mit dem Erwerber ein Rücktrittsrecht für den Fall vereinbaren, dass der Erwerber wider Erwarten nach einem gewissen Zeitraum, z. B. von sechs Monaten, vom Zulassungsausschuss nicht als Nachfolger des Veräußerers zur vertragsärztlichen Versorgung zugelassen wird[245]. Die häufig empfohlene Lösung, statt dessen eine aufschiebende oder auflösende Bedingung in den Vertrag aufzunehmen, überzeugt nicht, weil diese Konstruktion zu starr und unflexibel ist[246]. Sie führt nämlich aufgrund des damit verbundenen Automatismus im Fall des Nichteintritts bzw. Eintritts der Bedingung automatisch zur Unwirksamkeit des Kaufvertrages, was nicht in allen Fällen sinnvoll ist. Demgegenüber haben die Vertragspartner beim Rücktrittsrecht die Wahl, es entweder auszuüben oder auch nicht. 303

304

> **Tipp:** Den Praxisübernahmevertrag schon vor der Entscheidung des Zulassungsausschusses abzuschließen (und dem Zulassungsausschuss vorzulegen), allerdings vorsichtshalber mit einem Rücktrittsrecht für beide Vertragspartner für den Fall der bestandskräftigen Nichtzulassung des „Wunschbewerbers" als Vertragsarzt!

Umgekehrt ist der abgabewillige Arzt jedenfalls nicht verpflichtet, mit dem vom Zulassungsausschuss favorisierten oder ausgewählten Bewerber einen Übernahmevertrag zu schließen (kein sog. Kontrahierungszwang[247]), falls noch kein Vertrag besteht. Allerdings hilft dies nicht viel, wenn die Übertragung der Zulassung auf den „falschen" Nachfolger bestandskräftig geworden sein sollte. 305

14 Verlegung des Vertragsarztsitzes

Scheitert wider Erwarten die Übernahme der Praxisräume durch den Praxisübernehmer, z. B. weil der Vermieter den Nachfolger aus persönlichen Gründen ablehnt oder unangemessene Mietzinsforderun- 306

---

244 *BSG*, ArztRecht 2000, 165; *Klapp*, a.a.O., Rdnr. 4.1.5.2.
245 *Schmitz/Binz/Oerter*, a.a.O., E 33.
246 *Klapp*, a.a.O., 9.11.2.
247 *Rieger*, a.a.O., Rdnr. 68; *Röschmann* in: *Ratzel/Luxenburger*, a.a.O., Rdnr. 101.

gen stellt, bleibt dem Erwerber nur die Möglichkeit, den Vertragsarztsitz innerhalb des gesperrten Planungsbereichs zu verlegen.[248] Die Verlegung ist – abgesehen vom Umzug innerhalb des gleichen Hauses[249] – genehmigungspflichtig (§ 24 Abs. 7 Ärzte-ZV). Hierfür zuständig ist die der Zulassungsausschuss. Eine rückwirkende Genehmigung der Verlegung des Vertragsarztsitzes ist jedoch nicht möglich mit der Folge, dass etwaige Honorare, die der Vertragsarzt an einem neuen, allerdings vom Zulassungsausschuss noch nicht genehmigten Vertragsarztsitz aus der Behandlung von gesetzlich versicherten Patienten abgerechnet hat, von der Kassenärztlichen Vereinigung einbehalten bzw. im Fall der bereits erfolgten Auszahlung zurückgefordert werden können[250].

307 Auf die Genehmigung besteht grundsätzlich ein Rechtsanspruch, wenn Gründe der vertragsärztlichen Versorgung nicht entgegenstehen.[251] Dies wird in der Regel nicht der Fall sein: Auf die Versorgung der Patienten im bisherigen Praxisbereich kommt es nämlich nicht an.[252] Eine besondere Verdichtung im Kern eines gesperrten Planungsbereichs reicht zur Versagung der Genehmigung ebenfalls nicht aus.[253] Die vorgenannte Problematik kann vermieden werden, wenn in den Praxisübernahmevertrag ein Rücktrittsrecht für den Fall aufgenommen wird, dass die Übernahme des Mietvertrages oder ein Neuabschluss scheitert und keine Praxisräume in der (genau zu definierenden Umgebung) gefunden werden können. Die Aufnahme einer aufschiebenden oder auflösenden Bedingung sollte unterbleiben, da die Lösung zu starr und unflexibel zum Nichteintritt bzw. Wegfall der Wirksamkeit des Vertrages führen würde.

308
Tipp: Rücktrittsrecht im Praxisübernahmevertrag für den Fall vereinbaren, dass die Übernahme oder der Neuabschluss des Mietvertrages nicht gelingt und keine Räume in einem festgelegten Umkreis der bisherigen Praxis gefunden werden können!

---

248 *Rieger*, a.a.O., Rdnr. 74.
249 *BSG* vom 20.12.1995 – 6 R KA 55/94.
250 *BSG* vom 31.05.2006 – B 6 KA 7/05 R.
251 *Schallen*, a.a.O., Rdnr. 554.
252 A. A. *LSG Nordrhein-Westfalen*, MedR 1999, 338.
253 *Schallen*, a.a.O., Rdnr. 447.

15 Probleme mit Mitbewerbern

In der Praxis kommt es neuerdings wieder häufiger zu zwei unangenehmen Fallkonstellationen, die insbesondere dadurch begünstigt werden, dass die Rechtsprechung dem bzw. den unterlegenen Mitbewerber(n) ein umfassendes Akteneinsichtsrecht in sämtliche Schriftstücke zubilligt, die der Zulassungsausschuss für das Zulassungsverfahren angefertigt, erhalten oder beigezogen hat. Dies gilt jedenfalls dann, wenn die Akteneinsicht zur Geltendmachung oder Verteidigung der rechtlichen Interessen des bzw. der unterlegenen Bewerber(s) notwendig ist, was in sog. Konkurrentenstreitverfahren regelmäßig zu bejahen ist:[254]

309

Entweder der Zulassungsausschuss wählt als Nachfolger den vom Praxisabgeber favorisierten Kandidaten aus. Es existiert ein weiterer Mitbewerber, gegen den dann eine negative Entscheidung des Ausschusses ergeht. Der abgelehnte Mitbewerber legt innerhalb der Widerspruchsfrist von einem Monat (§ 97 bs. 3 SGB V, § 44 Ärzte-ZV) gegen den Beschluss des Zulassungsausschusses Widerspruch ein und erhebt bei einem zurückweisenden Beschluss des Berufungsausschusses Klage zum Sozialgericht. Der zugelassene Arzt kann dann wegen der aufschiebenden Wirkung des Widerspruchs (§ 86a Abs. 1 SGG) bzw. der Klage (§ 86a Abs. 1 SGG) die Praxistätigkeit nicht aufnehmen. Hiergegen kann er sich mit Anträgen auf den sog. Sofortvollzug zur Wehr setzen[255] (§ 86a Abs. 2 Nr. 5 SGG). Der Berufungsausschuss kann diesem Antrag auch schon vor seiner Entscheidung über den Widerspruch stattgeben[256], wenn der Widerspruch erfolgsversprechend erscheint und die öffentlichen Interessen oder die des Widersprechenden oder des Praxisabgebers überwiegen. Hierfür kommen z. B. die Notwendigkeit der Patientenversorgung in Betracht oder die Werterhaltung der Praxis.[257]

310

Oder der Zulassungsausschuss weist den Praxisabgeber darauf hin, dass er nach den Auswahlkriterien einen anderen Mitbewerber auswählen wird, als den vom Praxisabgeber favorisierten. In diesem Fall hat der Praxisabgeber zwar grundsätzlich die Möglichkeit, den bloß angekündigten Verzicht auf seine Zulassung zurückzunehmen und zu einem späteren Zeitpunkt neu zu stellen. Allerdings geben diesen

311

---
254 *LSG Nordrhein-Westfalen*, MedR 2006, 616; vgl. auch *Klapp*, a.a.O., 4.1.3.7.
255 *BSG*, MedR 2004, 697.
256 So wohl *LSG Baden-Württemberg* vom 15.07.2003 – L 5 KA 1625/03 ER – B.
257 *Rieger*, a.a.O., Rdnr. 76.

E Nachbesetzungsverfahren und sonstige Möglichkeiten der Zulassung

Hinweis durchaus nicht alle Zulassungsausschüsse, sondern treffen nicht selten ohne Vorankündigung eine unerwartete Entscheidung, nämlich die Zulassung des nicht gewünschten Arztes. In diesem Fall können der Praxisabgeber und der „Wunschkandidat" Widerspruch einlegen bzw. Klage erheben. Das Szenario entspricht dann dem vorstehend dargestellten, allerdings mit umgekehrten Vorzeichen.

312 Tatsächlich ist es nicht selten, dass allein der Widerspruch bzw. die Klage des abgelehnten Bewerbers zur Aufgabe, d. h. Antragsrücknahme des ursprünglich zugelassenen Bewerbers führt, da die Blockadewirkung und die negativen Aussichten auf eine langwierige, streitige und kostspielige Auseinandersetzung ggf. über mehrere Instanzen hinweg (denkbar ist auch die Berufung zum LSG und sogar Revision zum BSG) durchaus eine abschreckende Wirkung haben. Es wird sogar empfohlen, den Bewerber im Kaufvertrag zu verpflichten, im Fall des Widerspruchs eines Konkurrenten seinen Zulassungsantrag zurückzunehmen und keinen Widerspruch einlegen[258]. Ein beiderseitiges Rücktrittsrecht vom Kaufvertrag dürfte jedoch ausreichend sein, da der Veräußerer und der Erwerber dann gemeinsam nach Abwägung der Erfolgsaussichten festlegen können, ob sie das Widerspruchsverfahren durchführen, oder dies lieber sein lassen möchten, damit der Veräußerer ggf. mit dem Konkurrenten einen Vertrag abschließen kann.

313

> **Tipp:** Im Praxiskaufvertrag beiderseitiges Rücktrittsrecht für den Fall des Widerspruchs eines Konkurrenten vereinbaren!

314 In diesem für den zunächst abgelehnten Bewerber zwar glücklichen Fall rückt dieser allerdings nicht schon gleichsam automatisch in der nächsten Sitzung des Zulassungsausschusses nach und erhält dann die begehrte Zulassung. Vielmehr muss dann ein neuerliches Ausschreibungsverfahren durchgeführt werden, da sich das noch laufende Verfahren aufgrund des „Rückziehers" des bisherigen Favoriten rechtlich erledigt hat.[259] In den übrigen Fällen haben der Berufungsausschuss bzw. die Gerichte das Wort!

---

258 *Röschmann* in: *Ratzel/Luxenberger*, a.a.O., Rdnr. 103.
259 *BSG*, MedR 2004, 697.

16 Nachbesetzungsverfahren: Besonderheiten bei Gemeinschaftspraxis und Medizinischen Versorgungszentren

Die Nachfolgeregelung für Einzelpraxen (§ 103 Abs. 4 und 5 SGB V) ist auf die Beendigung von Gemeinschaftspraxen entsprechend anwendbar (§ 103 Abs. 6 SGB V). 315

a) Ausschreibungsrecht ausscheidender oder verbleibender Partner

Nicht selten entsteht bei der Beendigung einer Gemeinschaftspraxis unter den früheren Gesellschaftern Streit über die Rechtsnachfolge des ausscheidenden Gesellschafters, wenn dieser über seine vertragsärztliche Zulassung anderweitig verfügen möchte. Dies muss wegen der Formulierung des Gesetzes (§ 103 Abs. 6 SGB V: *„Endet die Zulassung eines Vertragsarztes, der die Praxis bisher mit einem oder mehreren Vertragsärzten gemeinschaftlich ausgeübt hat, so gelten die Absätze 4 und 5 entsprechend"*) für MVZ ebenfalls gelten. Die Frage, ob eine vertragsärztliche Zulassung mit der Person des Inhabers der Zulassung verknüpft und damit personengebunden ist, oder ob der mit der Zulassung verbundene Vertragsarztsitz Gegenstand der Verfügungsbefugnis der Gemeinschaftspraxis ist, ist dogmatisch nicht eindeutig geklärt. Ein Teil der Literatur ordnet den Vertragsarztsitz der Gemeinschaftspraxis zu[260]. Nach anderer Ansicht unterliegt die Zulassung des Vertragsarztes auch bei Beendigung der Gemeinschaftspraxis der Verfügung des Zulassungsinhabers[261]. 316

Auch für den Fall des Verzichts auf die Zulassung durch den aus einer Gemeinschaftspraxis (oder einem MVZ) ausscheidenden Arzt war die Frage umstritten. Die Rechtsprechung hat den Streit erfreulicherweise dahin entschieden, dass das Ausschreibungsrecht in diesem Fall jedenfalls auch dem verbleibenden Partner bzw. den verbleibenden Partnern zusteht.[262] Diese müssen geschützt werden, um die Gemeinschaftspraxis ggf. mit einem neuen Partner fortsetzen zu können. Entsprechendes muss auch im Fall des Erreichens der Alters- 317

---

260 *Klapp,* a.a.O., S. 104; *Rieger,* MedR 2002, 648.
261 *Preißler* in: *Ehlers,* a.a.O., Rdnr. 524.
262 *BSG,* MedR 1999, 382; *LSG Baden-Württemburg,* MedR 2005, 671; *LSG Baden-Württemberg,* MedR 2005, 671.

grenze von 68 Jahren[263] oder beim Tod eines Gesellschafters gelten. Ob gleichzeitig auch der Ausscheidende seinen Vertragsarztsitz selbst ausschreiben kann, wurde bisher nicht ausdrücklich entschieden. Dies ist aber auch nicht nötig:

318 Abgesehen davon, dass der Wortlaut des Gesetzes (§ 103 Abs. 6 SGB V) für das Bestehen eines eigenen Ausschreibungsrechts des ausscheidenden Partners spricht, verlangt auch dessen Schutzzweck (§ 103 Abs. 4 bis 6 SGB V), nämlich die Möglichkeit der wirtschaftlichen Verwertung einer Arztpraxis bzw. eines Gesellschaftsanteils auch in einem für Neuzulassungen gesperrten Gebiet, die prinzipielle Anerkennung eines Verwertungsrechts des ausscheidenden Gesellschafters.[264] Könnte dieser nämlich seine Zulassung nicht selbst ausschreiben, wäre er an der selbstständigen wirtschaftlichen Verwertung seines Gesellschaftsanteils gehindert. Dieser wäre ohne die Zulassung praktisch wertlos. Im Ergebnis steht das Ausschreibungsrecht daher sowohl dem bzw. den verbleibenden Partner/n zu wie auch dem Ausscheidenden. Bei der Gestaltung von Gemeinschaftspraxis- und MVZ-Verträgen sollte also klar geregelt werden, wem das Ausschreibungsrecht für welchen Fall zustehen soll.

319
> **Tipp:** Im Gemeinschaftspraxis- bzw. MVZ-Vertrag ist klar zu regeln, wem das Ausschreibungsrecht bei Ausscheiden eines Partners unter welchen Voraussetzungen zustehen soll!

320 Verlegt hingegen der ausscheidende Gesellschafter seinen Vertragsarztsitz von der Gemeinschaftspraxis bzw. dem MVZ an einen anderen Ort im Planungsbereich, um seine Tätigkeit dort fortzusetzen, hat die Gemeinschaftspraxis kein Nachbesetzungsrecht, da der Zulassungsausschuss den Antrag eines Vertragsarztes auf Verlegung seines Vertragsarztsitzes grundsätzlich zu genehmigen hat, wenn Gründe der vertragsärztlichen Versorgung dem nicht entgegen stehen (§ 24 Abs. 7 Ärzte-ZV).

b) Interessen des/der verbleibenden Partner/s

321 Bei der Auswahl des Nachfolgers durch den Zulassungsausschuss sind neben den in üblichen oben bereits eingehend behandelten Aus-

---
263 *LG Düsseldorf*, MedR 2007, 605 für die Altersgrenze.
264 *Hesral* in: *Ehlers*, a.a.O., Rdnr. 357; *Rieger*, a.a.O., Rdnr. 217; *Plagemann/Niggehoff*, Vertragsarztrecht, Rdnr. 304.

wahlkriterien (§ 103 Abs. 4 und 5 SGB V) auch *„die Interessen des oder der in der Praxis verbleibenden Vertragsärzte angemessen zu berücksichtigen"* (§ 103 Abs. 6 Satz 2 SGB V). Der Zulassungsausschuss wird deshalb eine Nachbesetzung nur im Einvernehmen mit den verbleibenden Partnern vornehmen können.[265] Insbesondere darf der Zulassungsausschuss die Zulassung nicht auf einen Bewerber übertragen, der nicht bereit ist, die Tätigkeit in der Gemeinschaftspraxis fortzusetzen, sondern nur an dem Vertragsarztsitz interessiert ist,[266] um sich anderswo niederzulassen.

Kommt es zu keiner Einigung über die Person des Nachfolgers, scheitert die Übertragung der Zulassung. Die bisherige Gemeinschaftspraxis muss dann von den verbleibenden Partnern allein oder – im Fall einer Zwei-Personen-Gemeinschaftspraxis – aufgespalten und als Einzelpraxis weitergeführt werden.[267] Nimmt der ausscheidende Partner seine Zulassung mit, um sich innerhalb desselben Planungsbereichs an anderer Stelle alleine oder mit einem neuen Partner gemeinsam niederzulassen, kommt es ohnehin nicht zu einer Nachbesetzung.[268]

322

c) Praxisfälle

In der Praxis sind zwei Fälle zu unterscheiden:

323

Zum einen die Veräußerung des Gesellschaftsanteils durch den ausscheidenden Partner an einen Dritten: Wie bei der Übertragung einer Einzelpraxis ist der Erwerb des Gesellschaftsanteils durch Kauf- und Abtretungsvertrag mit dem Veräußerer als Voraussetzung für die Rechtswirksamkeit der Zulassungsentscheidung anzusehen. Andernfalls besteht das Risiko, dass ein Bewerber zugelassen wird, ohne dass dieser durch zivilrechtlichen Vertrag verpflichtet ist, einen Kaufpreis zu zahlen. Der Vertrag sollte allerdings auf jeden Fall ein Rücktrittsrecht für Veräußerer und Erwerber enthalten, falls die Zulassung des Erwerbers scheitert. Eine aufschiebende bzw. auflösende Bedingung ist aus den bereits mehrfach dargelegten Gründen (unflexible Lösung) nicht zu empfehlen.

---

265 *Wertenbruch,* MedR 1996, 485; *Steinhilper,* MedR 1994, 227; *Rieger,* a.a.O., Rdnr. 220; *Schallen,* a.a.O., Rdnr. 307; *Meschke* in: *Bäune/Meschke/Rothfuß,* a.a.O., § 16b, Rdnr. 96.
266 *BSG* vom 29.09.1999 – B 6 KA 1/99 R; *BSG,* MedR 2004, 697.
267 *Rieger,* a.a.O., Rdnr. 221.
268 *Rieger,* a.a.O., Rdnr. 222.

E Nachbesetzungsverfahren und sonstige Möglichkeiten der Zulassung

324 Tipp: Vor der Entscheidung des Zulassungsausschusses sollte der Anteilsveräußerer einen Kauf- und Abtretungsvertrag mit dem Wunschkandidaten mit einem beiderseitigen Rücktrittsrecht für den Fall abschließen, dass dieser die Zulassung wider Erwarten nicht erhält!

325 Zum anderen die Veräußerung des Gesellschaftsanteils des ausscheidenden Gesellschafters durch den/die verbleibenden Partner: Ist im Gemeinschaftspraxisvertrag mit dem/den verbleibenden Partner/n diesem/n das Recht eingeräumt, den Gesellschaftsanteil des Ausscheidenden gegen Zahlung einer Abfindung zu übernehmen, werden sie zur „Refinanzierung" der gezahlten Abfindung im eigenen Interesse die Ausschreibung und Übertragung des Vertragsarztsitzes des Ausgeschiedenen auf einen Nachfolger beantragen.[269]

326 Macht unabhängig davon auch der Ausscheidende von seinem Antragsrecht Gebrauch und findet er für seinen Gesellschaftsanteil einen Käufer, der ihm einen Kaufpreis mindestens in Höhe der Abfindung zahlt, werden die verbleibenden Partner von der Pflicht zur Zahlung der im Gemeinschaftspraxisvertrag vereinbarten Abfindung kraft Gesetzes frei. Eine anderweitige Regelung wäre wegen Verstoßes gegen die gesellschaftsrechtliche Treuepflicht rechtsmissbräuchlich.[270]

327 Tipp: Zur Vermeidung späterer Streitigkeiten empfiehlt es sich dringend, die Fragen des Ausschreibungs- und Antragsrechts betreffend die Zulassung, der Nachfolgersuche sowie der Abfindungs- bzw. Kaufpreiszahlung und -verwertung im Gemeinschaftspraxis- bzw. MVZ-Vertrag ausführlich zu regeln!

d) Vereinbarungen über Verzicht auf die Zulassung bei Ausscheiden

328 Die Zulassung als Vertragsarzt stellt zwar ein höchstpersönliches öffentliches Recht dar[271]. Dies darf aber den Blick nicht dafür verstellen, dass zwar die Verfügungsbefugnis des Vertragsarztes über seine Zulassung beschränkt ist, nicht jedoch die zivilrechtliche Befugnis zur

---
269 *Rieger*, a.a.O., Rdnr. 228.
270 *Palandt-Thomas*, *BGB*, § 738 Rdnr. 2; *BGH*, NJW 1960, 718.
271 *Rieger* in: *Rieger/Dahm/Steinhilper*, Heidelberger Kommentar, Nr. 2050 „Gemeinschaftspraxis", Rdnr. 83.

Disposition über seinen Gesellschaftsanteil[272]. Solche Verpflichtungen im Zusammenhang mit der Mitwirkung an der Nachbesetzung des Vertragsarztsitzes – ggf. einschließlich der Erklärung des Verzichts auf die Vertragsarztzulassung[273] sind hiervon unabhängig und können grundsätzlich wirksam begründet werden[274].

Solche Vereinbarungen sind also unproblematisch rechtswirksam, sofern der ausscheidende Gesellschafter wegen Verzichts, Berufsunfähigkeit, Tod, Erreichens der Altersgrenze oder Zulassungsentziehung aus der Gemeinschaftspraxis ausscheidet.[275] Kündigt der Ausscheidende oder wird er aus wichtigem Grund gekündigt und will er seine Tätigkeit im gesperrten Planungsbereich nicht fortsetzen, sondern diesen verlassen, entsteht ebenfalls kein Problem, da dann in der Regel kein Nachteil eintritt, wenn der Ausscheidende entsprechend abgefunden wird oder vom Nachfolger einen angemessenen Kaufpreis erhält. 329

Schwierig wird es jedoch, wenn der Ausscheidende sich mit „seinem" Vertragsarztsitz im gleichen Planungsbereich an anderer Stelle niederlassen will: Die Rechtsprechung hat für diesen Fall in mehreren Entscheidungen festgestellt, dass eine vertragliche Vereinbarung über die zwangsweise Zurücklassung seiner Zulassung rechtswirksam ist,[276] sofern der Ausscheidende aus eigenem Antrieb gekündigt hat, erst recht kurz Mitglied der Gemeinschaftspraxis war (sechs Monate bzw. ein Jahr und neun Monate) und deswegen die Gemeinschaftspraxis noch nicht entscheidend mitprägen konnte.[276] Nach diesen Urteilen ist hierbei erheblich, dass die ausscheidenden Ärzte ihre Vertragsarztzulassung jeweils nicht „mitgebracht" hatten, sondern in bestehende Gemeinschaftspraxen eintraten und dort vorhandene Zulassungen übernahmen[277]. Noch weiter geht eine Entscheidung, die dies sogar im Fall der „Hinauskündigung" des „Juniorpartners" durch die „Seniorpartner" annimmt[278]. Das Interesse des Ausscheidenden an 330

---

272 Möller in: *Ratzel/Luxenburger*, § 15 Rdnr. 190.
273 *OLG Zweibrücken*, GesR 2005, 423; die Nichtzulassungsbeschwerde hat der *BGH* am 10.07.2006 – II ZR 175/05 – zurückgewiesen.
274 *Rieger*, a.a.O., Rdnr. 89; *Halbe/Rothfuß* in: *Halbe/Schirmer*, Handbuch Kooperationen im Gesundheitswesen, A 1100, Rdnr. 159; *Möller*, MedR 2006, 621.
275 *OLG Hamm*, MedR 2000, 427; *Möller* in: *Ratzel/Luxenburger*, a.a.O., § 15, Rdnr. 194.
276 *BGH*, MedR 2002, 647; *BGH*, NJW 2002, 3536.
277 *Möller* in: *Ratzel/Luxenburger*, a.a.O., § 15, Rdnr. 192.
278 *OLG Düsseldorf*, MedR 2004, 616 mit – zu Recht – ablehnender Anmerkung von Dahm.

E Nachbesetzungsverfahren und sonstige Möglichkeiten der Zulassung

der Mitnahme seiner Zulassung müsse in diesem Fall zurücktreten, da er wie ein „Arbeitnehmer mit Probezeit" anzusehen sei.

331 Diese Entscheidungen werden in der Literatur zu Recht kritisiert,[279] da sie das Vertragsarztrecht verkennen: Der Ausscheidende wird nämlich im gesperrten Planungsbereich in der Regel keine Zulassung mehr erhalten können mit der Folge der Gefährdung seiner beruflichen und damit wirtschaftlichen Existenz! Ferner kommt nach dem Wortlaut des Gesetzes (§ 103 Abs. 6i. V. m. Abs. 4 SGB V) eine Ausschreibung nur bei Beendigung der Zulassung des Ausscheidenden in Betracht, nicht aber dann, wenn dieser weiter im Planungsbereich tätig werden möchte. Schließlich ist fraglich, wie lange der Ausscheidende eigentlich in der Gemeinschaftspraxis tätig sein muss, bis eine „Mitprägung" erreicht ist und die Verzichtsregelung dann doch als unwirksam anzusehen ist.

332 Die Urteile des BGH haben daher zu erheblicher Rechtsunsicherheit geführt,[280] auch wenn das Gericht zu erkennen gegeben hat, dass eine Wertung dann anders ausfallen könnte, wenn das Ausscheiden auf Gründen beruht, die der verbleibende Arzt zu verantworten hat und der Verbleib des ausscheidenden Arztes in der Gemeinschaftspraxis für diesen unzumutbar ist.[281] Noch weitergehender als die Rechtsprechung wird jetzt sogar vereinzelt die Auffassung vertreten, entsprechende Verzichtsklauseln seien sogar unabhängig von der Zugehörigkeitsdauer der Gesellschaft wirksam, wenn sie für alle Gesellschafter gelten.[282] Dies kann aber nicht zutreffend sein, weil hierbei zwar der verfassungsrechtliche Gleichheitsgrundsatz (Art. 3 GG) beachtet, jedoch das zivilrechtliche Sittenwidrigkeitsverbot (§ 138 BGB) übersehen wird. Richtigerweise wird man die Verpflichtung zur Durchführung des Nachbesetzungsverfahrens zum „Zurücklassen" der Zulassung daher lediglich für eine Kennenlernphase von maximal drei Jahren, also für eine Art Probezeit und nur dann für zulässig halten können, wenn der ausscheidende Gesellschafter die Vertragsarztzulassung von seinem Vorgänger aus der Praxis übernommen hat.[283]

333 Nach richtiger Auffassung wird man daher entsprechende Klauseln im Einzelfall sorgfältig auf ihre Wirksamkeit prüfen und eine sorgfäl-

---

279 *Rieger* in: *Rieger/Dahm/Steinhilper*, a.a.O., Nr. 2050 „Gemeinschaftspraxis", Rdnr. 67 ff.; *Rieger*, a.a.O., Rdnr. 224.
280 *Rieger*, a.a.O., Rdnr. 74 bzw. *Rieger*, a.a.O., Rdnr. 224.
281 BGH, MedR 2002, 647.
282 *Wertenbruch*, NJW 2003, 1904; OLG *Zweibrücken*, GesR 2005, 423.
283 So wohl auch *Möller* in: *Ratzel/Luxenburger*, a.a.O., § 15 Rdnr. 193.

tige Interessenabwägung vornehmen müssen.[284] Hierbei kann es nicht allein auf die Dauer der Zugehörigkeit zu einer Gemeinschaftspraxis ankommen, sondern allenfalls auf eine Gesamtschau der konkreten Situation unter besonderer Berücksichtigung der Interessen des Ausscheidenden. Im Zweifel muss die Abwägung schon wegen der Berufsausübungsfreiheit (Art. 12 GG) zu dessen Gunsten ausgehen.

17 Nachbesetzung ohne Nachbesetzungsverfahren beim Medizinischen Versorgungszentrum und bei Arztpraxen mit angestellten Ärzten

334 Diese Möglichkeit ist vom GMG 2004 seit 01.01.2004 ausdrücklich vorgesehen worden (§ 103 Abs. 4a Satz 5 SGB V): bei einem späteren Verzicht bzw. Ausscheiden eines angestellten Arztes aus dem MVZ kann dieses die freiwerdende Arztstelle mit einem Nachfolger nachbesetzen. Entsprechendes gilt bei Erreichen der Altersgrenze von 68 Jahren, Tod oder einem Fehlverhalten eines Arztes, das beim Vertragsarzt zur Zulassungsentziehung führen würde. Hierdurch soll nach der Gesetzesbegründung ein *„Ausbluten"* des MVZ verhindert werden. Die Durchführung eines förmlichen Nachbesetzungsverfahrens ist in diesem Fall nicht erforderlich; ein bloßer Antrag an den Zulassungsausschuss mit der Benennung eines geeigneten Nachfolgers genügt.[285] Der Zulassungsausschuss hat die Anstellung des Nachfolgers zu genehmigen.[286] Diese Regelungen gelten entsprechend, wenn ein Arzt nach Verzicht auf seine Vertragsarztzulassung bei einem anderen Arzt oder in einer Gemeinschaftspraxis angestellt worden ist (§ 103 Abs. 4b Satz 1 SGB V). Scheidet dieser angestellte Arzt aus dem Anstellungsverhältnis aus, z. B. aufgrund einer Kündigung oder Aufhebungsvereinbarung, kann der „Arbeitgeberarzt" diese Arztstelle ohne förmliches Nachbesetzungsverfahren mit einem Nachfolger nachbesetzen (§ 103 Abs. 4b Satz 2 SGB V).

335 Eine Besonderheit besteht allerdings darin, dass der im MVZ angestellte Arzt bei einem Ausscheiden – sei es aufgrund von eigener Kündigung oder Kündigung von Seiten des MVZ oder aufgrund einer

---

284 So wohl auch *Möller* in: *Ratzel/Luxenburger*, a.a.O., § 15 Rdnr. 195.
285 *Dahm* in: *Dahm/Möller/Ratzel*, a.a.O., Kapitel VI. Rdnr. 112; *Behnsen*, Das Krankenhaus 2004, 700.
286 *Dahm* in: Rechtshandbuch Medizinisches Versorgungszentrum, Kapitel VI., Rdnr. 112; *Behnsen*, Das Krankenhaus, 700.

E Nachbesetzungsverfahren und sonstige Möglichkeiten der Zulassung

Aufhebungsvereinbarung – die ehemalige Zulassung bzw. Angestelltenstelle grundsätzlich im MVZ zurücklassen muss, da diese nicht ihm persönlich, sondern dem MVZ als solchen zusteht. Der Ausscheidende verfügt über keine Vertragsarztzulassung mehr und ist konkret existenzgefährdet, wenn er keine anderweitige Anstellung findet oder keine anderweitige Praxis mit Vertragsarztzulassung akquirieren kann. Entsprechendes gilt auch für den angestellten Arzt, der aus einer Arztpraxis ausscheidet.

336 Der aus dem MVZ ausscheidende Vertragsarzt kann dagegen „seine" Zulassung mitnehmen und sich anderweitig niederlassen, wenn er sie nicht zur Nachbesetzung ausschreibt, auf die sich auch ein Arzt bewerben kann, der dann im MVZ tätig werden will und somit die Kontinuität erhalten bleibt. In diesem Fall werden entsprechende Gesellschaftsanteilsübernahmeverträge abzuschließen sein.

337 All dies gilt jedoch nicht, wenn sich – wie bereits oben dargestellt – ein MVZ seinerseits als Nachfolger auf einen Vertragsarztsitz bewirbt. In diesem Fall gelten die Nachbesetzungsregelungen (§ 103 Abs. 4 und 5 SGB V) entsprechend (§ 103 Abs. 4a Satz 3 und 4 SGB V). Allerdings taucht bei einem gleichzeitigen weiteren Bewerber die (zu bejahende) Frage auf,[287] ob dieser gegenüber dem MVZ den Vorrang erhalten soll, wenn das MVZ nicht im Einzugsbereich der bisherigen Praxis liegt, dort also eine Versorgungslücke entstünde, was bei der Übernahme durch den Konkurrenten und Weiterführung der Praxis am gleichen Vertragsarztsitz nicht der Fall wäre.

18 Nachbesetzungsverfahren: Besonderheiten bei Praxisgemeinschaft

338 Die Regeln über die Nachbesetzung bei Gemeinschaftspraxen gelten hier nicht. Insbesondere gibt es kein Ausschreibungsrecht des verbleibenden Partners, sondern nur des Ausscheidenden; auch sind die Interessen des Verbleibenden bei der Bewerberauswahl (§ 103 Abs. 6 Satz 2 SGB V) nicht zu berücksichtigen.

339 In der Praxis führt dies immer wieder zu – soweit ersichtlich weder in der Literatur noch in der Rechtsprechung bisher thematisierten – unangenehmen Konflikten: Wird der Nachfolger des Ausscheidenden – aus welchen Gründen auch immer – vom ehemaligen Praxisgemein-

---

287 *Rieger*, a.a.O., Rdnr. 58a.

schaftspartner nicht akzeptiert, obgleich er den Vertragsarztsitz übertragen erhalten hat – und dies kann der Verbleibende in der Regel nicht verhindern – hängt es oft von dem bestehenden Mietvertrag und dem Vermieter, also einem außenstehenden Dritten (!) ab, ob der Nachfolger die Praxisgemeinschaft mit dem Verbleibenden fortsetzen kann oder nicht.

Auch kann sich der verbleibende Praxisgemeinschaftspartner weigern, mit dem Nachfolger eine Praxisgemeinschaft einzugehen, wenn der Praxisgemeinschaftsvertrag – wie meistens der Fall – keine entsprechende Fortsetzungsregelung enthält. Ein gesetzlicher Anspruch des Vorgängers oder des Nachfolgers auf Abschluss eines neuen Praxisgemeinschaftsvertrages oder Fortsetzung des alten mit dem Nachfolger besteht jedenfalls nicht. Dies kann im Einzelfall dazu führen, dass die Praxisübernahme – wird das Problem rechtzeitig vorher erkannt – bereits im Vorfeld scheitert oder – falls nicht – der Nachfolger den Vertragsarztsitz verlegen muss – mit möglicherweise unerwünschten negativen Folgen für die Kontinuität des Patientenstamms! 340

Tipp: Bei Praxisgemeinschaft rechtzeitig vor der Veräußerung der Praxis Akzeptanz des Nachfolgers durch den Praxisgemeinschaftspartner klären bzw. herstellen! 341

II Sonstige Fragen der vertragsärztlichen Zulassung

1 Altersgrenze 68 Jahre

Die Zulassung des Vertragsarztes endet aufgrund der Altersgrenze seit dem 1.1.1999 am Ende des Kalendervierteljahres, in dem er sein 68. Lebensjahr vollendet hat. Eine Ausnahme gilt nur dann, wenn der Vertragsarzt zum Zeitpunkt der Vollendung seines 68. Lebensjahres weniger als 20 Jahre als Vertragsarzt tätig und vor dem 01.01.1993 bereits zugelassen war (§ 95 Abs. 7 SGB V). In diesem Fall gilt eine Fristverlängerung bis zum Ablauf von 20 Jahren. Diese Regelung diente insbesondere den Interessen der Ärzte in den neuen Bundesländern. 342

Ein beispielsweise am 15.11.1941 geborener Arzt erhält am 01.01.1992, also im Alter von 50 Jahren, seine Zulassung. Er vollendet sein 68. Le- 343 bensjahr 2009. Seine Zulassung würde also an sich am 31.12.2009, also nach 18 Jahren enden. Deshalb endet seine Zulassung in diesem Fall erst am 31.12.2011.

344 Die Altersgrenze hat nach ihrer Einführung verständlicherweise für erhebliche Aufregung gesorgt und ist vielfach angegriffen worden. Das BVerfG hat zwischenzeitlich entschieden, dass die Altersgrenze mit dem Grundgesetz (Art. 12 GG) vereinbar ist.[288] Das BVerfG hat im Rahmen der Begründung u. a. ausgeführt, *„dass die Regelung des § 95 Abs. 7 SGV V dem Gesundheitsschutz der Patienten diene, da die Tätigkeit als Vertragsarzt hohe Anforderungen an die Leistungsfähigkeit stelle. Mit zunehmendem Alter werde die Gefahr einer Beeinträchtigung dieser Leistungsfähigkeit regelmäßig größer"*. Auch würden mehr Ärzte mehr Leistungen verursachen, was angesichts der beschränkten Mittel der Gesamtvergütung nicht hinnehmbar sei. Auch jüngeren Ärzten müsse daher der Zugang zur vertragsärztlichen Versorgung gewährt werden, was nur beim „kontinuierlichen Abgang" älterer Ärzte möglich sei. Auch die sonstige Rechtsprechung hat sich dieser Auffassung angeschlossen,[289] was sie aber immerhin nicht hindert, die Vertretertätigkeit von mehr als 68-jährigen Ärzten bzw. Zahnärzten für zulässig zu halten.[290]

345
> **Tipp:** Wegen der Altersgrenze von 68 Jahren muss die Praxisabgabe vom betroffenen Inhaber rechtzeitig geplant werden!

346 Die zuständigen Kassenärztlichen Vereinigungen handhaben das Verfahren nämlich unterschiedlich: In manchen Bezirken muss der Ausschreibungsantrag zwingend vor dem Erreichen der Altersgrenze gestellt werden. In anderen Bezirken wird eine Antragstellung auch nach Überschreiten des Stichtags bis zu einem Zeitraum von mehreren Monaten noch toleriert.

347
> **Tipp:** Rechtzeitig bei der zuständigen Kassenärztlichen Vereinigung informieren, wie der Ausschreibungsantrag bei nahem Erreichen der Altersgrenze von 68 Jahren gehandhabt wird!

---

288 *BVerfG* MedR 1998, 323; Anmerkung: Konrad Adenauer war bei der Wahl zum Bundeskanzler der BRD im Jahr 1949 bereits 73 Jahre, Ronald Reagan bei seiner Wahl zum Präsidenten der USA im Jahr 1980 immerhin 69 Jahre alt!
289 BSGE 72, 223; *BSG* vom 25.11.1998 – B 6 KA 4/98R.
290 *BSG*, GesR 2004, 488.

II Sonstige Fragen der vertragsärztlichen Zulassung

Mit dem Inkrafttreten des VÄndG 2007 mit Wirkung zum 01.01.2007 ist die Altersgrenze jedoch insofern „aufgeweicht" worden, als nunmehr in den Fällen, in denen der Landesausschuss der Ärzte und Krankenkassen feststellt, dass in einem bestimmten Gebiet eines Zulassungsbezirks eine ärztliche Unterversorgung eingetreten ist oder unmittelbar droht, die Altersgrenze nicht zur Anwendung gelangt (§ 95 Abs. 7 Satz 8 SGB V). Wird diese Feststellung später wieder aufgehoben, so endet die Zulassung spätestens ein Jahr nach der Aufhebung der Entscheidung des Landesausschusses (§ 95 Abs. 7 Satz 9 SGB V). Aufgrund dieser Neuregelung ist die Altersgrenze als solche generell wieder in die Diskussion geraten; allgemein wurde mit Urteilen gerechnet, die die Altersgrenze nun doch für verfassungswidrig erklären würden. Dem ist die Instanzrechtsprechung allerdings dann doch nicht gefolgt.[291] Auch das BVerfG hat in zwei neueren Entscheidungen solche Altersgrenzen nach wie vor für verfassungsgemäß erklärt, und zwar im Wesentlichen mit den gleichen Argumenten wie früher.[292]

348

Auch der von den Gegnern der Altersgrenze immer wieder geltend gemachte Verweis auf das europäische Recht ändert hieran nichts: der EuGH hat in Fortführung einer früheren Entscheidung[293] in einer weiteren Entscheidung klargestellt, dass die Bundesrepublik Deutschland die Richtlinie 2000/78/EG zur Bekämpfung von Diskriminierungen u. a. wegen des Alters durch das allgemeine Gleichbehandlungsgesetz (AGG) vom 14.08.2006 umgesetzt habe und danach Ausnahmen von dem grundsätzlichen Verbot der Diskriminierung wegen Alters zulässig seien, wenn sie sich auf Ziele der Beschäftigungspolitik, des Arbeitsmarktes und / oder der beruflichen Bildung gründen (§ 10 AGG und Art. 6 Abs. 1 der Richtlinie 2000/78/EG).[294] Hierzu gehören nach dem Urteil des EuGH auch wirtschaftliche, soziale und demokratische Erwägungen, die bei der vertragsarztrechtlichen Altersgrenze zur Wahrung des Schutzes der Gesundheit der Versicherten und zur Chancenwahrung für jüngere, an einer Zulassung interessierten Ärzte vorliegen würden. Auch das BSG hat die Alters-

349

---

291 *Bayerisches LSG* vom 19.07.2006 – L 12 KA 9/06; *SG Marburg* vom 13.07.2006 – S 12 KA 829/06 ER; *LSG Schleswig-Holstein*, GesR 2007, 413.
292 *BVerfG* vom 26.01.2007 – 2 BvR 2408/06 für die Altersgrenze von 65 Jahren bei gewerbsmäßig fliegenden Verkehrspiloten; *BVerfG* vom 07.08.2007 – 1 BVerfG 1941/07.
293 *EuGH*, NJW 2005, 3695, („Mangold").
294 *EuGH* vom 16.10.2007, C-411/05 („Palacios de la Villa").

E Nachbesetzungsverfahren und sonstige Möglichkeiten der Zulassung

grenze neuerlich bestätigt und die Argumentation ergänzt: Es liege im öffentlichen Interesse, dass durch jüngere Ärzte auch neuere medizinische Erkenntnisse in das System der vertragsärztlichen Versorgung eingebracht würden.[295]

350

Tipp: Auch nach dem Inkrafttreten des VÄndG 2007 muss die Altersgrenze von 68 Jahren als verfassungsmäßig akzeptiert werden!

351 Ferner ist noch zu erwähnen, dass nach bisheriger Auffassung feststellende Beschlüsse des Zulassungsausschusses über das Ende der Vertragsarztzulassung am Ende des Quartals, in dem das 68. Lebensjahr vollendet wird, nur rein deklaratorischen Charakter haben. Da das Ende der Zulassung wegen Erreichens der Altersgrenze kraft Gesetzes eintritt (§ 95 Abs. 7 Satz 3 SGB V), hatten Rechtsmittel, insbesondere Anträge auf Erlass einer einstweiligen Anordnung bei dem zuständigen Sozialgericht mit dem Ziel, auch über die Altersgrenze hinaus noch vertragsärztlich (und nicht nur privatärztlich) tätig werden zu wollen, keine Erfolgsaussichten.[296]

352 Nach einer neueren Entscheidung haben Rechtsmittel gegen feststellende Beschlüsse, dass die Zulassung mit der Altersgrenze von 68 Jahren endet, jedoch sehr wohl aufschiebende Wirkung[297], so dass ein entsprechender Antrag zumindest nicht aussichtslos erscheint und der Vertragsarzt damit möglicherweise jedenfalls dann die Beendigung seiner Vertragsarztzulassung auch über das 68. Lebensjahr hinaus bis auf weiteres zumindest vorläufig verhindern kann, wenn das von ihm angerufene Gericht dieser Auffassung folgt.[298] Dies gilt jedenfalls dann, wenn das Ende der Zulassung noch nicht eingetreten ist.t[299] Auch wenn die Erfolgsaussichten in dem sich dem vorläufigen Anordnungsverfahren anschließenden Hauptsacheverfahren vor den zuständigen Gerichten aufgrund der neueren Rechtsprechung des BVerfG und des BSG zur Verfassungsmäßigkeit der Altersgrenze mehr als zweifelhaft sein dürften, erscheint nicht ausgeschlossen,

---

295 *BSG*, GesR 2008, 300; *BSG* vom 09.04.2008 – B 6 KA 44/07 R.
296 BSGE 78, 175 = SozR 3 – 5407 Art. 33 § 3a Nr. 1; *BSG*; GesR 2003, 173; *Hessisches LSG* vom 15.12.2004 – L 7 KA 412/03 ER, 43 f.; *Schallen*, a.a.O., Rdnr. 837; *Steinhilper*, MedR 2003, 435.
297 *LSG Bayern*, GesR 2007, 410.
298 Anmerkung von *Arnold* und *Greve* zum Urteil des *LSG Bayern*, MedR GesR 2007, 412.
299 *Hessisches LSG* vom 10.06.2005 – L 6/7 KA 58/04 ER.

dass der den Rechtsweg ausschöpfende Vertragsarzt auf diese Weise eine Verlängerung seiner vertragsärztlichen Tätigkeit im Wege des vorläufigen Rechtsschutzes weit über das 68. Lebensjahr hinaus erreichen kann, wenn man die oft mehrjährige Verfahrensdauer von Klageverfahren vor den Sozialgerichten berücksichtigt.

Tipp: Chance: Rechtzeitig vor Erreichen der Altersgrenze von 68 Jahren ggf. einstweilige Anordnung beim Sozialgericht beantragen, falls Wunsch zur vertragsärztlichen Weiterarbeit besteht!

353

Schließlich ist noch darauf hinzuweisen, dass eine vertragliche Verpflichtung in einem Gemeinschaftspraxisvertrag zur Ausschreibung des Vertragsarztsitzes beim Erreichen der Altersgrenze grundsätzlich nicht nichtig ist (§ 138 BGB i. V. m. Art. 12 GG), wenn der ausscheidende Gesellschafter die entsprechende vertragliche Vereinbarung wenige Jahre vor Erreichen der Altersgrenze in Kenntnis seines Alters freiwillig unterzeichnet und damit akzeptiert hat.[300] Dies soll selbst dann gelten, wenn die Vertragsarztzulassung des ausscheidenden Arztes nach dem Abschluss des Gemeinschaftspraxisvertrages, aber vor seinem Ausscheiden vom Zulassungsausschuss wegen der gesetzlichen Ausnahmeregelung (§ 95 Abs. 7 Satz 3 SGB V) bis zum 72. Lebensjahr verlängert worden ist.[300]

354

Die neueste Nachricht ist allerdings: Dem Vernehmen nach soll es jetzt (wegen des sich abzeichnenden Ärztemangels) Bestrebungen des BMG geben, die Altersgrenze abzuschaffen; der genaue Zeitpunkt ist allerdings noch unklar[301]!

355

2 Altersgrenze 55 Jahre

Ferner war bis zum 31.12.2006 die Zulassung eines Arztes, der das 55. Lebensjahr vollendet hatte, grundsätzlich ausgeschlossen (§§ 98 Abs. 2 Ziffer 12 SGB V). Ausnahmen waren nur zur Vermeidung von unbilligen Härten möglich. Schon vor einigen Jahren war höchstrichterlich entschieden worden[302], dass die Einführung auch dieser Altersgrenze zulässig ist. Dem hatte sich seinerzeit auch das BVerfG an-

356

---

300 LG *Düsseldorf,* MedR 2007, 605.
301 *Ärzte-Zeitung* vom 30.06.2008.
302 BSGE 73, 223 = ArztR 1994, 263.

geschlossen und ausgeführt:[303] „*Die Sicherung der finanziellen Stabilität der Krankenversicherung ist ein Gemeinwohlbelang von überragendem Gewicht ... Die Altersgrenze dient der Kostendämpfung ... Es besteht eine plausible Annahme, dass Personen, die nur noch für einen kurzen Zeitraum vertragsärztlich tätig sind (vom 55. bis zum 68. Lebensjahr) erhöhte Umsätze anstreben.*" Diese Altersgrenze war für die Job-Sharing-Anstellung von Ärzten in Vertragsarztpraxen bereits durch das GMG 2004 mit Wirkung zum 01.01.2004 aufgehoben worden, da gleichzeitig die Anstellung von Ärzten über 55 Jahren im MVZ gestattet wurde und infolgedessen eine Gleichstellung erfolgen musste. Durch das VÄndG 2007 wurde die Altersgrenze von 55 Jahren (§ 98 Abs. 2 Ziffer 12. SGB V a. F.) nun mit Wirkung zum 01.01.2007 ersatzlos aufgehoben. Nunmehr können also auch Ärzte über 55 Jahre noch bis zum 68. Lebensjahr vertragsärztlich tätig sein – eine erfreuliche Möglichkeit für nicht mehr junge Ärzte, z. B. ehemalige Chef- oder Oberärzte, ihre späteren Berufsjahre doch noch in der ambulanten Versorgung zu verbringen.

357

Tipp: Die Altersgrenze von 55 Jahren gilt aufgrund der Aufhebung durch das VÄndG 2007 seit dem 01.01.2007 nicht mehr!

3 Zulassung im Rahmen des sog. Job-Sharing

358 Durch das 2. GKV-NOG kann seit dem 01.07.1997 im Rahmen des sog. Job-Sharing (§ 101 Abs. 1 Ziffer 4 SGB V) eine sog. vinkulierte, d. h. beschränkte Zulassung an einen Arzt erteilt werden, der mit einem in einem gesperrten Gebiet bereits tätigen Vertragsarzt eine gemeinsame vertragsärztliche Tätigkeit aufnimmt (Job-Sharing-Gemeinschaftspraxis).

a) Voraussetzungen

359 Die Voraussetzungen sind, dass der Vertragsarzt und der Job-Sharing-Partner demselben Fachgebiet angehören oder, sofern die Weiterbildungsverordnungen Facharztbezeichnungen vorsehen, dieselbe Facharztbezeichnung führen, und sich beide zur Leistungsbeschrän-

---

303 *BVerfG* vom 20.03.2001 – 1 BvR 491/96. Anmerkung: Diese Hypothese dürfte wohl kaum empirisch belegt bzw. belegbar sein!

kung verpflichten, d. h. der bisherige Praxisumfang darf nicht wesentlich überschritten werden. Die Wesentlichkeitsgrenze wird durch das quartalsbezogene Gesamtpunktzahlvolumen festgelegt, und zwar aufgrund der Abrechnungsbescheide der vier vorangegangenen Quartale. Hilfsweise ist das Gesamtpunktzahlvolumen der Fachgruppe bzw. des Fachgruppendurchschnitts maßgebend. Die Obergrenze ermittelt sich dann aus dem Gesamtpunktzahlvolumen zuzüglich 3 % des Fachgruppendurchschnitts des Vorjahres.

Unabhängig von den Bestimmungen des Honorarverteilungsmaßstabs bzw. der künftigen Honorarverteilungsverträge sind Honorarausweitungen über die 3 %-Grenze hinaus also nicht möglich. Qualifikationen des neuen Partners oder des alten Partners, die dieser zusätzlich innehat bzw. erwirbt, dürfen nicht zur zusätzlichen Abrechnung von Leistungen führen. Insgesamt handelt es sich also um eine quantitative und eine qualitative Leistungsbeschränkung. 360

b) Vorteile

Nach zehn Jahren erstarkt die beschränkte Zulassung des Job-Sharing-Partners zur Vollzulassung, soweit nicht vorher das gesperrte Gebiet „entsperrt" worden ist (§ 101 Abs. 3 Satz 2 SGB V). Somit ist die Job-Sharing-Partnerschaft eine willkommene Möglichkeit für Ärztinnen und (künftige) Mütter, den Kinderwunsch mit einer Teilzeittätigkeit zu verbinden und anschließend „voll" in den Beruf einzusteigen. 361

Auch Ärzte und Ärztinnen mit sonstigen Nebeninteressen können diese Möglichkeiten nutzen. Der „Seniorpartner" kann sich sukzessive mehr den Privatpatienten zuwenden und nach und nach zurückziehen, während der Juniorpartner in die Praxis „hineinwächst". Nach außen treten beide als Gemeinschaftspraxis auf – eine ideale Form der Übergangskooperation, gäbe es nicht das Verbot der Leistungsausweitung! 362

c) Nachteile

Aus der Sicht des niederlassungswilligen Arztes hat die Job-Sharing-Partnerschaft die Nachteile, dass die beschränkte Zulassung vom Bestand der Gemeinschaftspraxis abhängig ist. Kommt es zu deren Beendigung bei einer Kündigung des Gemeinschaftspraxisvertrages oder beim Tod des Seniorpartners, ist es keine sehr angenehme Situation, plötzlich ohne Vertragsarztsitz „auf der Straße zu stehen". Dies 363 gilt jedenfalls im erstgenannten Fall; im zweitgenannten Fall kann in der Regel der freiwerdende Sitz des verstorbenen Partners übernommen werden.

364 Ferner ist im Rahmen des Nachbesetzungsverfahrens kein Vorrang des Job-Sharing-Partners vor Ablauf von fünf Jahren vorgesehen (§ 101 Abs. 3 Satz 4 SGB V) Allerdings ist – wie schon oben ausgeführt – fraglich, ob diese Regelung nicht verfassungskonform dahingehend auszulegen ist, dass die Zulassungsausschüsse nicht doch eine Berücksichtigung der bereits „zurückgelegten" Job-Sharing-Zeit vornehmen sollten. Es ist nicht nachvollziehbar, dass ein Job-Sharing-Angestellter beispielsweise bereits nach wenigen Wochen seiner Tätigkeit den Vorzug im Auswahlverfahren erhält, ein Job-Sharing-Partner nach viereinhalb Jahren Tätigkeit aber nicht. Einige Zulassungsausschüsse nehmen daher vernünftigerweise in der Praxis eine Gleichbehandlung vor. Andere dagegen tun dies nicht.

4 Anstellung von Ärzten (früher: „Dauerassistent")

365 Mit dem 2. NOG-GKV ist zum 01.07.1997 zusätzlich auch die Möglichkeit der Anstellung eines ganztagsbeschäftigten Arztes oder höchstens zweier halbtagsbeschäftigter Ärzte eingeführt worden (§ 101 Abs. 1 Satz 1 Ziffer 5 SGB V). Hierbei handelt es sich um den früheren sog. „Dauerassistenten". Da durch das VÄndG 2007 mit Wirkung zum 01.01.2007 für Vertragsärzte die Möglichkeit neu geschaffen worden ist, in nicht gesperrten Planungsbereichen Ärzte anzustellen (§ 95 Abs. 9 Satz 1 SGB V), und zwar ohne Leistungsbeschränkung, bezieht sich die Regelung über die Job-Sharing-Anstellung nun nur noch auf nicht gesperrte Planungsbereiche. Ferner ist die frühere Begrenzung auf lediglich einen ganztags beschäftigen Job-Sharing-Angestellten oder zwei halbtags beschäftigte Job-Sharing-Angestellte nunmehr weggefallen, so dass der Vertragsarzt jetzt beliebig viele Job-Sharing-Angestellte beschäftigen kann.

366 Schließlich kann auf Antrag des Vertragsarztes die Leistungsbeschränkung im Rahmen der Job-Sharing-Anstellung sogar wegfallen, soweit und solange dies zur Deckung eines zusätzlichen lokalen Versorgungsbedarfs erforderlich ist (§ 34a BedarfsplRL). Neu ist im übrigen auch, dass die Leistungsbegrenzung der Praxis mit einem Job-Sharing-Angestellten dann endet, wenn die Zulassungsbeschränkungen in dem betreffenden Planungsbereich aufgehoben werden (§ 101

Abs. 3a SGB V). Diese Anstellungsmöglichkeit bezieht sich sowohl auf den gesperrten, wie auch auf den nicht gesperrten Planungsbereich. Die Voraussetzungen sind die gleichen, wie bei der Job-Sharing-Partnerschaft. Wie bereits oben ausgeführt, wird der (nach § 101 Abs. 1 Ziffer 5 SGV V) angestellte Arzt im Rahmen des Nachfolgebesetzungsverfahrens (nach § 103 Abs. 4 Satz 4 SGB V) vorrangig berücksichtigt. Im Übrigen sind die Voraussetzungen der Job-Sharing-Anstellung die gleichen, wie bei der Job-Sharing-Partnerschaft.

5   Qualifizierter Sonderbedarf

Gelegentlich wird über den Weg des qualitätsbezogenen Sonderbedarfs (§ 101 Abs. 1 Ziffer 3 SGB V) eine zusätzliche Zulassung beantragt, um für eine bestimmte Zeit als Vorstufe für die Abgabe der Praxis eine Übergangskooperation zu bilden.   367

Grundsätzlich ist zwar bei Vorliegen der in den BPlanRL-Ä genannten Voraussetzungen, also z. B. bei nachweislichem lokalen Versorgungsbedarf (§ 24a BedarfsplRL-Ä), nachweislichem fachlichen Versorgungsbedarf (§ 24b BedarfsplRL-Ä) und / oder der Bildung von ärztlichen Gemeinschaftspraxen mit spezialistischen Versorgungsaufgaben, z. B. kardiologischen, onkologischen oder nephrologischen Schwerpunktpraxen (§ 24c BedarfsplRL-Ä) die Möglichkeit der Erteilung einer Sonderbedarfszulassung gegeben.   368

Ob über den Weg der Sonderbedarfszulassung eine Übergangskooperation gegründet werden kann, hängt jedoch von der Entscheidung des zuständigen Zulassungsausschusses ab. Angesichts der bekannten Knappheit der ärztlichen Gesamtvergütung werden die Sonderbedarfszulassungen jedenfalls derzeit – soweit ersichtlich – sehr restriktiv gehandhabt. Die Chancen solcher Anträge sind daher in der Praxis eher als gering einzustufen.   369

6   Außerordentliche Belegarztzulassung

Bei vergeblicher Ausschreibung von Belegarztverträgen im gesperrten Planungsbereich durch den Krankenhausträger kann dieser mit einem dort nicht niedergelassenen geeigneten Arzt einen Belegarztvertrag schließen (§ 103 Abs. 7 SGB V)[304]. Dieser erhält eine auf die   370

---
304   *Wagener,* MedR 1998, 410.

E Nachbesetzungsverfahren und sonstige Möglichkeiten der Zulassung

Dauer der Belegarzttätigkeit zeitlich beschränkte Zulassung. Diese Beschränkung entfällt bei einer „Entsperrung" des Zulassungsbezirks, unabhängig davon spätestens jedoch nach Ablauf von zehn Jahren. Diese Möglichkeit ist in den letzten Jahren häufiger missbraucht worden, um ohne Vorliegen der tatsächlichen Voraussetzungen weitere Zulassungen in gesperrten Planungsbereichen zu generieren. Die Zulassungsausschüsse sind daher mit der Vergabe solcher Vertragsarztsitze recht zurückhaltend geworden[305].

371 Der Zulassungsausschuss hat deswegen nicht nur zu prüfen, ob die formellen Voraussetzungen (§ 103 Abs. 7 SGB V) erfüllt sind, sondern vielmehr zu klären, ob der Krankenhausträger die Belegarztstelle korrekt ausgeschrieben hat, ob die im Planungsbereich niedergelassenen Bewerber grundsätzlich für die Ausübung der belegärztlichen Tätigkeit in Übereinstimmung mit den für den Krankenhausträger verbindlichen Festsetzungen des Krankenhausplans geeignet sind, ob sie die vom Krankenhausträger in Übereinstimmung mit den maßgeblichen gesetzlichen Vorschriften gesetzten Bedingungen für die belegärztliche Tätigkeit akzeptieren und ob sie hinsichtlich ihres Leistungsangebots, der räumlichen Lage ihrer Praxis und ihrer Wohnung für die belegärztliche Tätigkeit prinzipiell in Frage kommen.[306]

372 Darüber hinaus muss der Krankenhausträger mit den im Planungsbereich niedergelassenen Vertragsärzten in einer Form verhandeln, die erkennen lässt, dass die Möglichkeiten einer Eignung ernsthaft ausgelotet und nicht nur Scheinverhandlungen geführt wurden, um den Weg für eine solche Sonderzulassung frei zu machen.[307] Die Zulassung als Vertragsarzt aufgrund eines von diesem mit einem Krankenhausträger abgeschlossenen Belegarztvertrages ist dagegen nicht davon abhängig, dass das Krankenhaus dem Arzt eine bestimmte Mindestbettenzahl zur Verfügung stellt.[308]

373 Bei tatsächlich bestehendem Versorgungsbedarf am Krankenhaus ist der Weg über die Belegarztzulassung also eine greifbare Chance, eine Praxis ohne die Abrechnungsbeschränkungen zu gründen, die beim Job-Sharing bestehen. Sind die zehn Jahre verstrichen, kann der Arzt sogar seinen Vertragsarztsitz verlegen und im Planungsbereich eine

---

305 *Peikert* in: *Rieger/Dahm/Steinhilper*, Heidelberger Kommentar, Nr. 805 „Belegarzt", Rdnr. 14 ff.
306 BSG vom 14.03.2001 – B 6 KA 34/00, SozR 3 – 2500 § 103 Nr. V; BSGE 88, 6 = SozR 3 – 2500 § 103 Nr. 6.
307 *Schallen*, a.a.O., Rdnr. 361.
308 LSG *Schleswig-Holstein*, NZS 2001, 558; LSG *Hessen*, GesR 2007, 178.

II Sonstige Fragen der vertragsärztlichen Zulassung

Praxis ohne Bindung an die Belegarzttätigkeit betreiben.[309] Allerdings kann die Belegarztzulassung innerhalb der zehn Jahre nach Erteilung im Wege des Nachbesetzungsverfahrens (§ 103 Abs. 1 SGB V) nur dann auf einen Nachfolger übertragen werden, wenn das Krankenhaus damit einverstanden ist und der Belegarztvertrag mit dem Nachfolger fortgeführt oder ein neuer Vertrag abgeschlossen wird[310]. Streitig ist, ob die 10-Jahres-Frist dann von Neuem beginnt.[310]

---

309 *Hesral* in: *Ehlers*, a.a.O., Rdnr. 180.
310 *Peikert* in: *Rieger/Dahm/Steinhilper*, a.a.O., Rdnr. 16; a. A. *Meschke* in: *Bäune/Meschke/Rotfuß*, § 16b, Rdnr. 137; nicht eindeutig *Schallen*, a.a.O., Rdnr. 364.

F Steuerliche Fragen

I Seit 01.01.2001 neue Rechtslage

Mit Wirkung zum 01.01.1999 wurde die bis dahin geltende Vorzugsregelung („halber" durchschnittlicher Steuersatz und Freibetrag bei Betriebsveräußerung) abgeschafft und die sog. Fünftel-Regelung (die Steuer auf den Veräußerungsgewinn beträgt das Fünffache der Steuer auf ein Fünftel des Veräußerungsgewinns) eingeführt. Seit dem 01.01.2001 ist der Gesetzgeber aufgrund berechtigter und heftiger Proteste des Mittelstandes im Wesentlichen wieder zu der ursprünglichen Regelung zurückgekehrt, allerdings mit gewissen Modifikationen. Ab 01.01.2004 sind der Freibetrag nochmals abgesenkt und der ermäßigte tarifbegünstigte Steuersatz (von der Öffentlichkeit fast unbemerkt) leicht angehoben worden. Im Einzelnen gilt daher heute Folgendes:

374

II Veräußerungsgewinn

1 Freibetrag

a) Freibetrag EUR 45.000,–

Bei der Veräußerung seiner Praxis oder eines Praxisanteils erhält der Arzt einen Freibetrag in Höhe von EUR 45.000,– (bis 31.12.2003: EUR 51.200,–; §§ 16 Abs. 4 i. V. m. 52 Abs. 34 EStG) auf den Veräußerungsgewinn, jedoch nur auf Antrag, wenn er das 55. Lebensjahr vollendet hat oder (sozialversicherungsrechtlich) dauernd berufsunfähig ist und soweit der Veräußerungsgewinn EUR 136.000,– (bis 31.12.2003: EUR 154.000,–) nicht übersteigt, d. h. mit einer sog. Gleitskala bis EUR 181.000,– (bis 31.12.2003: bis EUR 205.200,–).

375

376 Dies bedeutet, dass der Freibetrag nun um den Betrag abschmilzt, um den der Veräußerungsgewinn höher ist als EUR 136.000,–. Beträgt der Veräußerungsgewinn beispielsweise EUR 160.000,–, beläuft sich der Freibetrag nur noch auf (EUR 160.000,– ./. EUR 136.000,– = EUR 24.000,– ./. EUR 45.000,– =) EUR 21.000,–. Der Freibetrag wird also ab einem Veräußerungsgewinn von (EUR 136.000,– + EUR 45.000,– =) EUR 181.000,– komplett aufgezehrt.

b) Besonderheiten des Freibetrages

377 Besonderheiten des Freibetrages (§ 16 Abs. 4 i. V. m. § 52 Abs. 34 EStG) sind, dass er nur einmal im Leben in Anspruch genommen werden kann, wobei frühere Veräußerungen bis 31.12.1998 nicht mitzählen und der volle Freibetrag von EUR 45.000,– auch bei der Veräußerung oder Aufgabe eines Mitunternehmeranteils oder eines Teilbetriebes anfällt, d. h. in diesem Fall keine Quotelung stattfindet.

378 Er wird also auch bei der Veräußerung eines Gesellschaftsanteils an einer Gemeinschaftspraxis in voller Höhe gewährt, sofern nicht eine Abschmelzung stattfindet, wie bereits oben dargestellt. Und schließlich: der nicht verbrauchte Teil des Freibetrags verfällt ersatzlos.

2 Ermäßigter (tarifbegünstigter) Steuersatz

379 Dieser beläuft sich nunmehr auf 56 % (bis 31.12.2003: 50 %) des Durchschnittssteuersatzes (§§ 34 Abs. 3, 52 Abs. 47 EStG). Er wird auf Antrag gewährt, wenn der Unternehmer das 55. Lebensjahr vollendet hat oder (sozialversicherungsrechtlich) dauernd berufsunfähig ist und der durch die Veräußerung erzielte Gewinn EUR 5.000.000,– nicht übersteigt (dieses Problem dürfte bei der Veräußerung von Arztpraxen oder Anteilen an Arztpraxen wohl kaum auftreten). Er wird ebenfalls nur einmal im Leben gewährt, wobei Altveräußerungen bis 31.12.1998 nicht zählen.

380 Der Spitzensteuersatz (bis 31.12.2003: 48,5 %) ist zwar im Jahr 2004 auf 45 % und im Jahr 2005 und in den Folgejahren (bis zur nächsten Gesetzesänderung?) auf 42 % gefallen, dies wird jedoch durch die Anhebung des tarifbegünstigten Steuersatzes von 50 % auf 56 % im Ergebnis (fast) wieder relativiert.

3 Mindeststeuersatz

Unterschreiten die 56 % des ermäßigten Steuersatzes den Eingangssteuersatz, ist der Veräußerungsgewinn allerdings mindestens mit dem Eingangssteuersatz zu besteuern (§§ 34 Abs. 3 Satz 2, 52 Abs. 47 EStG), der von 16 % im Jahr 2004 (bis 31.12.2003: 19,9 %) auf nunmehr 15 % im Jahr 2005 und die Folgejahre (bis zur nächsten Gesetzesänderung) gesenkt wurde. 381

4 Wahlrecht

Der Unternehmer kann zwischen dem tarifbegünstigten Steuersatz und der sog. Fünftel-Regelung (nach der ursprünglich nur zwischen dem 01.01.1999 bis zum 31.12.2000 geltenden Rechtslage) wählen. In der Regel wird der tarifbegünstigte Steuersatz für den Praxisveräußerer günstiger sein. In Ausnahmefällen kann aber auch die Fünftel-Regelung zu besseren Ergebnissen führen. Diese Beurteilung ist recht kompliziert, so dass die beste Lösung im Einzelfall durch den jeweiligen Steuerberater berechnet werden muss. 382

5 Ermittlung des Veräußerungs- bzw. Aufgabegewinns

Veräußerungsgewinn ist der Betrag, um den der Veräußerungspreis nach Abzug der Veräußerungskosten den Wert des Betriebsvermögens übersteigt. Der Wert des Betriebsvermögens ist für den Zeitpunkt der Veräußerung nach Bilanzierungsgesichtspunkten zu ermitteln (§ 16 Abs. 7 EStR i. V. m. § 4 EStG). In der Regel ist dies der steuerliche Buchwert. Dies gilt hier ausnahmsweise auch bei Freiberuflern, d. h. Ärzten, die sonst eine sog. Einnahmen-Überschuss-Rechnung (nach § 4 Abs. 3 EStG) erstellen, also keinen Jahresabschluss mit Bilanz und Gewinn- und Verlustrechnung. 383

Die Veräußerungskosten sind die durch die Veräußerung, als solche veranlassten Kosten, z. B. Gutachterkosten, Beraterkosten, z. B. für den Rechtsanwalt, Steuer- und Finanzberater, Notar- und Gerichtskosten wie auch Inserats-, Reise- und Bewirtungskosten, etc. 384

F Steuerliche Fragen

385 **Beispiel:**
Ermittlung des steuerpflichtigen Veräußerungsgewinns bei tarifbegünstigtem Steuersatz[*]

Veräußerungspreis		EUR 225.000
./. Veräußerungskosten		
Gutachterkosten	EUR 2.500	
Beratungskosten	EUR 7.500	
		EUR 10.000
./. Wert des Betriebsvermögens (nur Anlagevermögen zum Buchwert!)		EUR 50.000
= Veräußerungsgewinn (vorläufig)		EUR 165.000
./. Freibetrag (nach Gleitskala!) EUR 165.000 ./. EUR 136.000		
./.	EUR 29.000 EUR 45.000	
		EUR 16.000
Veräußerungsgewinn		**EUR 149.000**
Praxisgewinn (im Jahr der Veräußerung)		**EUR 150.000**
zu versteuerndes Einkommen (insgesamt)		**EUR 299.000** [°]
nicht tarifbegünstigte Einkommensteuer (Splittingtabelle)		EUR 126.000
nicht tarifbegünstigter Durchschnittssteuersatz	EUR 126.000 EUR 299.000 = 42,0 %	
tarifbegünstigter Steuersatz	56 % von 42,0 % = 23,5 %[**]	
nicht tarifbegünstigte Einkommensteuer auf Praxisgewinn (Splittingtabelle)	EUR 150.000 = 35,0 %	EUR 50.000
tarifbegünstigte Einkommensteuer auf Veräußerungsgewinn	EUR 149.000 = 23,5 %	EUR 35.000

Einkommensteuer insgesamt		EUR 85.000
Steuerbelastung bezogen auf Liquiditätszufluss	EUR 365.000 = 23,2 %	

* Beispiel vereinfacht!
° Hier: Veräußerung bis zum 31.12. des laufenden Jahres unterstellt! Statt dessen empfehlenswert: Veräußerung zum 02.01., spätestens zum 31.03. des Folgejahres!
** ab 2005 mindestens 15 %!

6 Problem: Weiterbetreuung von Privatpatienten

Probleme können allerdings auftreten, wenn der Veräußerer nach der Veräußerung seiner Vertragsarztpraxis weiterhin privatärztlich tätig bleibt.[311] Nach dem BFH[312] ist der tarifbegünstigte Steuersatz auf den Veräußerungsgewinn zu versagen, wenn der Veräußerer seine Tätigkeit im bisherigen Wirkungskreis „in nennenswerter Weise" fortgeführt hat. „Nicht nennenswert" sei die Tätigkeit nur dann, wenn Patienten zurückbehalten werden, auf die weniger als 10 % der Durchschnittseinnahmen der Praxis der letzten drei Jahre entfallen. 386

Ergänzend gilt seit einer weiteren Entscheidung des BFH[313] nunmehr: Die spätere Steigerung der Einnahmen über 10 % dieser früheren Einnahmen mit den zurückbehaltenen Privatpatienten nach der Veräußerung ist unerheblich. Entscheidend ist also die 10 %-Grenze zum Zeitpunkt der Veräußerung der Praxis. Die Behandlung neuer Patienten nach der Veräußerung ist jedoch wiederum steuerschädlich, und zwar auch ohne Überschreitung der 10 %-Grenze! Der BFH geht hierbei davon aus, dass die Akquisition neuer Patienten zeige, dass der Veräußerer seine Praxis in Wahrheit gar nicht habe aufgeben wollen, also eine echte Betriebsaufgabe nicht vorliege. 387

> **Tipp:** Vorsicht mit der weiteren (privat-) ärztlichen Tätigkeit nach Praxisveräußerung! Auf 10 %-Grenze zum Zeitpunkt der Praxisveräußerung achten! Keine Behandlung von neuen Patienten!

388

---

311 Auf die steuerliche Problematik von sog. Teilbetriebsveräußerungen wird hier nicht näher eingegangen; vgl. hierzu zuletzt *BFH*, GesR 2005, 217; *BFH*, GesR 2005, 215.
312 *BFH* vom 07.11.1991 – IV R 40/90; *BFH* vom 08.06.2000 – IV R 63/99 NV.
313 *BFH* vom 06.08.2001 – XI B 5/00.

F Steuerliche Fragen

389 Führt der Veräußerer seine Privatarztpraxis außerhalb des bisherigen Einzugsbereichs seiner Praxis fort, gilt diese Rechtsprechung des BFH jedoch nicht. In diesem Fall liegt eine echte Betriebsaufgabe vor.[314] Hier schadet also nicht einmal der weitere Ausbau der Privatpraxis mit neuen Patienten.

390 Tipp: Weiterführung der Privatpraxis in deutlicher räumlicher Entfernung, d. h. außerhalb des bisherigen Einzugsbereichs der Praxis ist steuerunschädlich!

7 Sonderfall: Veräußerungsgewinn bei Ratenzahlung bzw. Verrentung des Kaufpreises

391 Die steuerliche Behandlung des Veräußerungsgewinns ist in diesem Fall ähnlich wie bei der sofortigen Zahlung des Kaufpreises:

a) Kaufpreisraten

392 Der abgezinste Wert (sog. Barwert) der gesamten Raten wird sofort bei der Veräußerung dem ermäßigten Einkommensteuersatz unterworfen. Die in den Kaufpreisraten enthaltenen Zinsanteile sind herauszurechnen und gelten als nachträgliche laufende Einkünfte aus Kapitalvermögen. Diese sind jeweils im Jahr des Zuflusses der Ratenzahlungen der nicht tarifbegünstigten Einkommensteuer zu unterwerfen, also mit dem „normalen" Steuersatz zu versteuern.

b) Verrentung: Wahlrecht des Veräußerers

393 Dieser Fall ist wie in Ziffer a) dargestellt zu behandeln, d. h. es erfolgt die sofortige Besteuerung des Kapitalwerts der Rente zum ermäßigten Steuersatz sowie der laufenden Rentenbezüge nur mit dem Ertragsanteil zum nicht tarifbegünstigten Steuersatz, oder nach Wahl des Veräußerers die Besteuerung der gesamten laufenden Rentenbezüge im Jahr des Zuflusses als nachträgliche laufende Einkünfte aus selbstständiger Arbeit zum nicht tarifbegünstigten Steuersatz.

---

314 *FG Düsseldorf,* EFG 1985, 449; *Küntzel* in: *Ehlers* a.a.O., Rdnr. 566 ff.

c) Vor- und Nachteile

Welche der beiden Möglichkeiten für den Veräußerer im Einzelfall günstiger ist, muss individuell unter Einbeziehung der übrigen zu erwartenden Einkünfte nach der Veräußerung der Praxis berechnet werden. Auch hier ist der Steuerberater gefragt, für seinen Mandanten die optimale Lösung zu entwickeln.

394

8 Sonderfall: „Praxis im eigenen Haus" bzw. „eigene Praxisimmobilie"

Befinden sich die Praxisräume im Betriebsvermögen des Arztes, ist er also deren Eigentümer und nicht Mieter, werden sie entweder mitveräußert oder – falls dies nicht geschieht – steuerlich wegen Betriebsaufgabe ins Privatvermögen überführt. Die Finanzbehörden gehen in diesem Fall nämlich davon aus, dass der Praxisabgeber nach der Veräußerung der Praxis, auch bei Vermietung der (nicht an den Praxiserwerber veräußerten) Praxisimmobilie, nur noch „Privatier" ist, die Praxisimmobilie also ebenfalls nicht mehr zum (weggefallenen) Betriebsvermögen gehört. Der Vorteil: In beiden Fällen kommt es daher zur Anwendung des tarifbegünstigten Steuersatzes.

395

Dies birgt aber auch einen Nachteil: Beim Verkauf bzw. beim fiktiven Übergang der Immobilie ins Privatvermögen werden oft erhebliche stille Reserven aufgedeckt, die dann versteuert werden müssen. Da der Buchwert der Praxisimmobilie wegen der Abschreibungen meist erheblich unter dem tatsächlichen Verkehrswert liegt, kann dies trotz der Tarifbegünstigung zu einer erheblichen Steuerbelastung führen. Dies gilt insbesondere dann, wenn die Immobilie vor langer Zeit, z. B. 20 bis 25 Jahren und (aus heutiger Sicht) sehr preisgünstig erworben wurde und bis heute eine erhebliche Wertsteigerung erfahren hat.

396

Kann oder soll die Immobilie dann nicht mitverkauft werden – dies ist wegen des hohen Finanzierungsvolumens nicht selten der Fall – und fließt dem Erwerber deswegen hierfür keine Liquidität in Form eines Kaufpreises zu, kann der vereinnahmte Kaufpreis für die Praxis durch die anfallende Steuer schlimmstenfalls überwiegend oder sogar ganz aufgezehrt werden!

397

F Steuerliche Fragen

398
> **Tipp:** Vorsicht mit der „Praxis im eigenen Haus" bzw. beim Erwerb einer Praxisimmobilie durch den Arzt!
> Besser: Erwerb des Hauses bzw. der Praxisimmobilie durch den Arzt-Ehegatten und Vermietung an den Arzt!

399 Nachträglich lässt sich dieser (meist in frühen Jahren des Berufslebens begangene) Gestaltungsfehler praktisch nur noch mit einer nicht unkomplizierten Umgestaltung lösen, nämlich durch die Einbringung der Praxisimmobilie in eine GmbH & Co. KG. Dies muss aber vorsichtshalber rechtzeitig, d. h. mindestens ein halbes Jahr bis ein Jahr vor der Veräußerung geschehen, andernfalls die Finanzbehörden von einem Gestaltungsmissbrauch (§ 42 AO) ausgehen könnten.

400 Die (notarielle) Übertragung der Immobilie auf eine solche Gesellschaft, deren Inhaber der Arzt und / oder seine Ehefrau sein kann, ist steuerneutral möglich. Es fallen zwar u. a. notarielle Gründungs- und später wegen der erforderlichen Buchhaltung und Bilanzierung laufende Steuerberatungskosten an; diese stehen jedoch in keinem Verhältnis zu der weit höheren Steuerersparnis, die hierdurch erreicht werden kann! Die nicht unkomplizierten Einzelheiten sollten rechtzeitig durch einen spezialisierten Rechtsanwalt und ggf. Steuerberater geklärt werden. Die aufgezeigte Lösung ist ein (noch) existierendes legales „Steuerschlupfloch" und wurde in den letzten Jahren nicht wenigen Ärzten zur Anwendung empfohlen – und mit großem Erfolg umgesetzt!

401
> **Tipp:** Falls „Gestaltungsfehler" vorliegt: Einbringung in die GmbH & Co. KG rechtzeitig vor dem Praxisverkauf!

III Laufender Gewinn im Abgabejahr

402 Nicht zu vergessen ist, dass der laufende Gewinn im Jahr der Abgabe ebenfalls, und zwar nicht tarifbegünstigt, d. h. mit dem vollen Steuersatz, versteuert werden muss.

| **Tipp:** Deswegen grundsätzlich Praxisveräußerung nicht zum 31.12. des laufenden Jahres vornehmen, in dem noch laufende Einkünfte aus der Praxis erzielt worden sind, sondern zum 01.01. bzw. 02.01., ggf. auch noch zum 31.03. des Folgejahres! Grundsatz: Je später im Jahr die Veräußerung, desto höher die Steuerlast! | 403 |

IV Unentgeltliche Abgabe

Erfolgt die Abgabe unentgeltlich, z. B. durch Schenkung der Praxis an die Tochter oder den Sohn, kann dies zu Buchwerten erfolgen, d. h. die stillen Reserven müssen nicht aufgedeckt werden. Diese gehen „in den Büchern" auf den Erwerber über. Deswegen fällt dann kein Veräußerungsgewinn an und keine Einkommensteuer für den Veräußerer aus dem Veräußerungsvorgang. Es fällt allerdings Schenkungssteuer an, wobei sich die Steuerlast wegen der relativen hohen Freibeträge bei Verwandtschaft ersten Grades in Höhe von EUR 205.000,– (§ 16 Abs. 1 Nr. 2 ErbStG) und einem Steuersatz von 7 % bis zu einem steuerpflichtigen Erwerb bis EUR 52.000,–, von 11 % bis EUR 256.000,–, von 15 % bis EUR 512.000,– und von 19 % bis EUR 5.113.000,– (§ 19 Abs. 1 ErbStG) in der Regel in Grenzen hält. 404

V Veräußerungsgewinn bei Gesellschaftsanteil an Gemeinschaftspraxis

1 Entsprechende Anwendung

Die vorstehenden steuerlichen Ausführungen geltend entsprechend bei der Veräußerung oder Aufgabe eines vollständigen Gesellschaftsanteils, also beim vollständigen Ausscheiden des Veräußerers (§ 16 Abs. 1 Nr. 2 EStG) findet auf Antrag der tarifbegünstigte Steuersatz Anwendung. 405

2 Ende des sog. Zwei-Stufen-Modells ab 01.01.2002?

406 Seit Inkrafttreten des UntStFG zum 01.01.2002 ist die Veräußerung oder Aufgabe eines Anteils an einem Gesellschaftsanteil allerdings nicht mehr steuerbegünstigt, d. h. der Veräußerungsgewinn hieraus unterliegt dem vollen laufenden Steuersatz. Diese Gesetzesänderung bedeutete das Ende des früheren sog. Zwei-Stufen-Modells, das bei Übergangsgemeinschaftspraxen gerne angewandt wurde, beispielsweise in Form der Veräußerung eines Gemeinschaftspraxisanteils von zunächst 5 % durch den Seniorpartner an den Juniorpartner bei dessen Einstieg, ein Jahr später von 45 % und schließlich beim Ausstieg des Seniors von weiteren 50 %.[315]

407 Möglich ist es allerdings nach wie vor, bei einer Übergangsgemeinschaftspraxis zunächst 5 % und erst beim Ausscheiden des Seniorpartners die restlichen 95 % auf den Junior zu übertragen und sich so den tarifbegünstigten Steuersatz auf den „Löwenanteil" zu sichern. Insofern gibt es also nach wie vor noch ein „Zwei-Stufen-Modell" – wenn auch in modifizierter Form. Die Gewinnverteilung kann abweichend hiervon bereits beim Einstieg des Juniorpartners höher als 5 % vereinbart werden. Auch kann (und sollte) der Junior sogleich die vollen Gesellschafterrechte erhalten, so dass er von Anfang an wie ein gleichberechtigter Partner auftritt, auch wenn er übergangsweise nur zu 5 % am Vermögen der Gemeinschaftspraxis beteiligt ist.[316]

---

315 *BFH*, MedR 2005, 114.
316 *Engelmann*, ZMGR 2001, 3.

G Ausblick

Die Bevölkerung ist zu mehr als 90 % in der Gesetzlichen Kranken- **408**
versicherung (GKV) krankenversichert. Änderungen der GKV führen
zu sozialen Verschiebungen, die Unruhe und Ängste in der Gesellschaft, insbesondere auch in der Ärzteschaft auslösen. Das alte Bismarcksche Solidarsystem ist vor allem aufgrund der demographischen, wirtschaftlichen und technischen Entwicklung einer erheblichen Zerreißprobe unterworfen (niedrige Geburtenrate, längere Lebensdauer und erhebliche Leistungsausweitung aufgrund des medizinischen Fortschritts). Mit dem rasanten Ausgabenanstieg können die Einnahmen nicht mehr Schritt halten. Diese Finanzierungslücke kann mittelfristig nicht mehr durch eine weitere Steigerung der Beitragssätze finanziert werden. Auch wenn die Arbeitslosenzahlen in den letzten drei Jahren erfreulicherweise gesunken sind, gilt: Steigende Sozialbeiträge führen zwangsläufig zu höheren Lohnneben- und damit Arbeitskosten und infolge dessen zu steigender Arbeitslosigkeit, diese dann wieder zu geringeren Einnahmen – ein Teufelskreis!

Die früheren Gesetzesreformen haben das heute brisant gewordene **409**
Problem entweder nicht erkannt, es nicht lösen können oder nicht lösen wollen. Dies gilt insbesondere für das Gesundheitsreformgesetz (GRG 1989), Gesundheitsstrukturgesetz (GSG 1993), 2. GKV-Neuordnungsgesetz (2. GKV-NOG 1997), GKV-Solidaritätsstärkungsgesetz (GKV-SolG 1999) und das GKV-Gesundheitsreformgesetz (GKV-GRG 2000). Auch das GKV-Modernisierungsgesetz (GMG 2004), seinerzeit als „große Gesundheitsreform" bezeichnet, hat die geplante Beitragssatzsenkung von durchschnittlich 14,31 % im Jahr 2003 auf 12,15 % im Jahr 2006 nicht erreichen können. Vielmehr betrug der durchschnittliche Beitragssatz im Jahr 2006 13,32 % und im Jahr 2007 bereits wieder 13,92 %. Nichtsdestotrotz ist das GMG ohne Zweifel die erste tiefgreifende Strukturreform seit dem GSG 1993 gewesen. Einige der berüchtigten „verkrusteten" Strukturen wurden massiv umgekrempelt, ins-

G Ausblick

besondere durch die Einführung der Medizinischen Versorgungszentren, die Stärkung der Integrierten Versorgung und die Einführung der Hausarztzentrierten Versorgung.

410 Ein weiteres Aufbrechen dieser Strukturen wurde zweifelsohne durch das am 01.01.2007 in Kraft getretene Vertragsarztrechtsänderungsgesetz (VÄndG 2007) und das am 01.04.2007 in Kraft getretene GKV-Wettbewerbsstärkungsgesetz (GKV-WSG 2007) erreicht, insbesondere mit der Einführung der sog. Teilzulassung, der nun möglichen Doppeltätigkeit von Vertragsärzten am Krankenhaus und von Krankenhausärzten als Vertragsärzten, der Erleichterung der Anstellung von Ärzten bei anderen Vertragsärzten und der erleichterten Gründung von Filialen (früher: Zweigpraxen), der Einführung der Teilberufsausübungs- und der überörtlichen Berufsausübungsgemeinschaft und der Aufhebung der 55-Jahre-Altersgrenze. Ferner wurde die Integrierte Versorgung weiterentwickelt und die Anschubfinanzierung nochmals um zwei Jahre, d. h. bis zum 31.12.2008 verlängert. Das GKV-WSG 2007 hat darüber hinaus nicht nur die Hausarztzentrierte Versorgung gestärkt, sondern auch die besondere ambulante ärztliche Versorgung, d. h. das sog. dezentrale Selektivvertragssystem eingeführt, das zwar noch in den Kinderschuhen steckt, aber im Rahmen der künftig zu erwartenden deutlichen Zunahme der Einzelverträge auch im fachärztlichen Bereich besondere Brisanz beinhaltet.

411 Als die „große Gesundheitsreform" ist allerdings auch das GKV-WSG 2007 nicht zu bezeichnen, da die politische Konstellation in Berlin eine echte Systementscheidung nicht gebracht, sondern eher zu einer „Reform um der Reform willen" geführt hat. Ob die Einführung des Gesundheitsfonds die aktuellen Probleme lösen wird, darf bezweifelt werden: Zu der (in früheren Reformen immerhin angestrebten) Beitragssatzsenkung wird es mit an Sicherheit grenzender Wahrscheinlichkeit nicht kommen; vielmehr wird der künftige Einheitsbeitragssatz nach derzeitigen Schätzungen bei mindestens ca. 15,5 % liegen, also ansteigen. Hiervon soll allerdings nicht zuletzt auch die im GKV-WSG 2007 erfreulicherweise ebenfalls enthaltene Reform des vertragsärztlichen Vergütungssystems finanziert werden, die zu einer höheren Gesamtvergütung für die Vertragsärzte ab dem Jahr 2009 in Höhe von ca. 2,7 Mrd. Euro führen soll. Auch eine Entscheidung für mehr Wettbewerb oder mehr Staatsdirigismus hat das GKV-WSG 2007 offenkundig nicht gebracht, da es etwas von beiden Elementen enthält: Aufbrechen des Kollektivvertragssystems zugunsten von

G Ausblick

Einzelverträgen und Verzahnung von ambulanter und stationärer Versorgung einerseits, Gesundheitsfonds mit einheitlichem Beitragssatz und „gedeckeltem" Zusatzbeitrag andererseits. Folgerichtig gilt weiterhin der alte Grundsatz *„Nach der Reform ist vor der Reform!"*, wobei dem GKV-WSG 2007 allerdings zuzugestehen ist, dass es sich je nach Neuausrichtung der politischen Strukturen in Berlin nach der Bundestagswahl im Herbst 2009 entweder in Richtung der *„Gesundheitsprämie"* oder der *„Bürgerversicherung"* weiterentwickeln lassen dürfte.

Nichtsdestotrotz dürfte die Veräußerung von Vertragsarztpraxen mit der Übertragung der daran gebundenen Vertragsarztzulassung bis auf weiteres möglich bleiben. Dies ist allerdings mit der Einschränkung verbunden, dass es im Jahr 2013 oder 2014 möglicherweise ganz oder zumindest teilweise zu einem Wegfall der Bedarfsplanung kommen könnte. Ob dies tatsächlich geschieht, steht zwar noch in den Sternen, ist jedoch nicht mehr auszuschließen. Auch in diesem Fall bleibt die Veräußerung von Vertragsarztpraxen, d. h. des materiellen und des immateriellen Vermögens inklusive des Goodwill wegen der Schutzwirkung der verfassungsrechtlichen Eigentumsgarantie (Art. 14 Abs. 1 GG) zwar möglich, dürfte jedoch wegen des dann unbeschränkten Zugangs zu Vertragsarztzulassungen zu einer gewissen Minderung der Nachfrage von potentiellen Praxisnachfolgern nach abzugebenden Praxen führen und ferner zu Einbußen der potentiellen Veräußerer bei dem erzielbaren Kaufpreis. Wer als Praxisveräußerer ganz sicher gehen will und die Praxisveräußerung ohnehin in den nächsten Jahren plant, sollte die Veräußerung daher vorsichtshalber bis spätestens Ende des Jahres 2011 durchführen – aus heutiger Sicht verbleibt also eine Zeitschiene von noch ca. drei Jahren!

412

H Statistiken

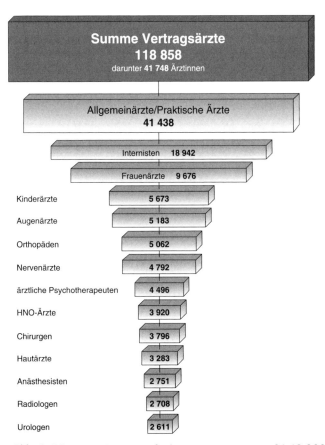

Abb. 6: Vertragsärzte nach Arztgruppen zum 31.12.2007
Quelle: Bundesarztregister der KBV

H Statistiken

Tab. 9: Anzahl der Vertragsärzte von 1998 bis 2002
Quelle: Bundesarztregister der KBV

Arztgruppe	1998		1999		2000		2001		2002	
	Anzahl	Veränderung z. Vorjahr in Prozent	Anzahl	Veränderung z. Vorjahr in Prozent	Anzahl	Veränderung z. Vorjahr in Prozent	Anzahl	Veränderung z. Vorjahr in Prozent	Anzahl	Veränderung z. Vorjahr in Prozent
0	1	2	3	4	5	6	7	8	9	10
Allgemeinärzte	29 660	3,4	30 072	1,4	30 552	1,6	31 307	2,5	31 758	1,4
Praktische Ärzte / Ärzte	13 999	-4,3	12 693	-9,3	12 279	-3,3	11 837	-3,6	11 303	-4,5
Anästhesisten	1 848	13,0	2 214	19,8	2 326	5,1	2 425	4,3	2 491	2,7
Augenärzte	5 191	0,7	5 166	-0,5	5 207	0,8	5 220	0,2	5 201	-0,4
Chirurgen	3 435	1,2	3 462	0,8	3 521	1,7	3 573	1,5	3 601	0,8
Frauenärzte	9 580	1,1	9 574	-0,1	9 648	0,8	9 709	0,6	9 702	-0,1
Hals-Nasen-Ohrenärzte	3 900	1,1	3 876	-0,6	3 890	0,4	3 887	-0,1	3 926	1,0
Hautärzte	3 299	1,0	3 288	-0,3	3 312	0,7	3 308	-0,1	3 308	0,0
Internisten	16 249	2,2	16 305	0,3	16 453	0,9	17 083	3,8	17 451	2,2
Kinderärzte	5 824	1,8	5 785	-0,7	5 798	0,2	5 793	-0,1	5 769	-0,4
Kinder- und Jugendpsychiater	344	21,1	385	11,9	411	6,8	432	5,1	460	6,5
Laborärzte	577	-0,5	574	-0,5	594	3,5	598	0,7	615	2,8
Mund-Kiefer-Gesichtschirurgen	667	7,8	713	6,9	756	6,0	791	4,6	829	4,8
Nervenärzt./Neurolog./Psychiat.	4 847	3,6	4 767	-1,7	4 887	2,5	4 951	1,3	5 049	2,0

H Statistiken

Tab. 9: Anzahl der Vertragsärzte von 1998 bis 2002 *(Fortsetzung)*

Arztgruppe	1998		1999		2000		2001		2002	
	Anzahl	Veränderung z. Vorjahr in Prozent	Anzahl	Veränderung z. Vorjahr in Prozent	Anzahl	Veränderung z. Vorjahr in Prozent	Anzahl	Veränderung z. Vorjahr in Prozent	Anzahl	Veränderung z. Vorjahr in Prozent
0	1	2	3	4	5	6	7	8	9	10
Neurochirurgen	135	15,4	155	14,8	171	10,3	193	12,9	221	14,5
Nuklearmediziner	273	12,3	314	15,0	340	8,3	375	10,3	392	4,5
Orthopäden	4 815	2,2	4 840	0,5	4 902	1,3	4 952	1,0	4 963	0,2
Pathologen	436	6,6	452	3,7	477	5,5	490	2,7	498	1,6
ärztliche Psychotherapeuten	2 653	15,3	3 195	20,4	3 300	3,3	3 278	-0,7	3 223	-1,7
Radiologen / Strahlentherapeuten	2 282	5,6	2 342	2,6	2 377	1,5	2 407	1,3	2 424	0,7
Urologen	2 490	1,8	2 508	0,7	2 529	0,8	2 544	0,6	2 552	0,3
sonstige Ärzte[1]	179	58,4	254	41,9	289	13,8	292	1,0	329	12,7
Summe Ärzte	112 683	2,1	112 934	0,2	114 019	1,0	115 445	1,3	116 065	0,5
dar.: Hausärzte	59 120	-1,9	59 188	0,1	59 601	0,7	59 555	-0,1	58 844	-1,2
fachärztlich tätige Internisten	5 618	25,8	5 375	-4,3	5 262	-2,1	5 983	13,7	7 115	18,9

[1] Arbeitsmediziner, Ärzte für Mikrobiologie, Virologie und Infektionsepidemiologie, Ärzte für Öffentliches Gesundheitswesen, Ärzte für Physikalische und Rehabilitative Medizin, Biochemiker, Humangenetiker, Hygieniker, Immunologen, Pharmakologen, Physiologen, Rechtsmediziner, Sportmediziner und Transfusionsmediziner.

H Statistiken

Tab. 10: Anzahl der Vertragsärzte von 2003 bis 2007
Quelle: Bundesarztregister der KBV

Arztgruppe	2003		2004		2005		2006		2007	
	Anzahl	Veränderung z. Vorjahr in Prozent	Anzahl	Veränderung z. Vorjahr in Prozent	Anzahl	Veränderung z. Vorjahr in Prozent	Anzahl	Veränderung z. Vorjahr in Prozent	Anzahl	Veränderung z. Vorjahr in Prozent
0	1	2	3	4	5	6	7	8	9	10
Allgemeinärzte	32 081	1,0	32 416	1,0	33 191	2,4	33 715	1,6	33 792	0,2
Praktische Ärzte / Ärzte	10 785	-4,6	10 171	-5,7	9 111	-10,4	8 223	-9,7	7 646	-7,0
Anästhesisten	2 569	3,1	2 633	2,5	2 695	2,4	2 727	1,2	2 751	0,9
Augenärzte	5 198	-0,1	5 198	0,0	5 202	0,1	5 210	0,2	5 183	-0,5
Chirurgen	3 650	1,4	3 693	1,2	3 751	1,6	3 758	0,2	3 796	1,0
Frauenärzte	9 721	0,2	9 694	-0,3	9 675	-0,2	9 710	0,4	9 676	-0,4
Hals-Nasen-Ohrenärzte	3 930	0,1	3 923	-0,2	3 915	-0,2	3 931	0,4	3 920	-0,3
Hautärzte	3 308	0,0	3 288	-0,6	3 271	-0,5	3 272	0,0	3 283	0,3
Internisten	17 732	1,6	17 952	1,2	18 205	1,4	18 558	1,9	18 942	2,1
Kinderärzte	5 741	-0,5	5 718	-0,4	5 687	-0,5	5 692	0,1	5 673	-0,3
Kinder- und Jugendpsychiater	491	6,7	529	7,7	598	13,0	629	5,2	654	4,0
Laborärzte	619	0,7	637	2,9	641	0,6	692	8,0	740	6,9
Mund-Kiefer-Gesichtschirurgen	862	4,0	892	3,5	927	3,9	953	2,8	982	3,0
Nervenärzt./Neurolog./Psychiat.	5 006	-0,9	4 991	-0,3	4 964	-0,5	4 799	-3,3	4 792	-0,1

H Statistiken

Tab. 10: Anzahl der Vertragsärzte von 2003 bis 2007 *(Fortsetzung)*

Arztgruppe	2003		2004		2005		2006		2007	
	Anzahl	Veränderung z. Vorjahr in Prozent	Anzahl	Veränderung z. Vorjahr in Prozent	Anzahl	Veränderung z. Vorjahr in Prozent	Anzahl	Veränderung z. Vorjahr in Prozent	Anzahl	Veränderung z. Vorjahr in Prozent
0	1	2	3	4	5	6	7	8	9	10
Neurochirurgen	247	11,8	267	8,1	301	12,7	340	13,0	419	23,2
Nuklearmediziner	428	9,2	451	5,4	470	4,2	520	10,6	577	11,0
Orthopäden	4 991	0,6	4 997	0,1	5 000	0,1	5 017	0,3	5 062	0,9
Pathologen	520	4,4	538	3,5	565	5,0	587	3,9	615	4,8
ärztliche Psychotherapeuten	3 445	6,9	3 578	3,9	3 858	7,8	4 270	10,7	4 496	5,3
Radiologen / Strahlentherapeuten	2 472	2,0	2 478	0,2	2 541	2,5	2 613	2,8	2 708	3,6
Urologen	2 560	0,3	2 576	0,6	2 582	0,2	2 597	0,6	2 611	0,5
sonstige Ärzte[1]	339	3,0	370	9,1	397	7,3	464	16,9	540	16,4
Summe Ärzte	116 695	0,5	116 990	0,3	117 547	0,5	118 277	0,6	118 858	0,5
dar.: Hausärzte	58 718	-0,2	58 837	0,2	58 698	-0,2	58 602	-0,2	58 304	-0,5
fachärztlich tätige Internisten	7 300	2,6	7 257	-0,6	7 336	1,1	7 427	1,2	7 564	1,8

[1] Arbeitsmediziner, Ärzte für Mikrobiologie, Virologie und Infektionsepidemiologie, Ärzte für Öffentliches Gesundheitswesen, Ärzte für Physikalische und Rehabilitative Medizin, Biochemiker, Humangenetiker, Hygieniker, Immunologen, Pharmakologen, Physiologen, Rechtsmediziner, Sportmediziner und Transfusionsmediziner.

H Statistiken

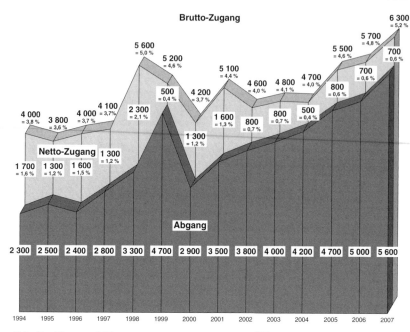

Abb. 7: Ab- und Zugang an Vertragsärzten[317] seit 1994
Quelle: Bundesarztregister der KBV

---

317 Ab 1999 einschließlich Partner-Ärzten.

H Statistiken

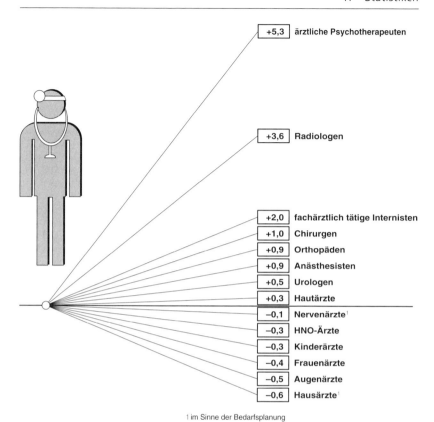

1 im Sinne der Bedarfsplanung

Abb. 8: Entwicklung der Vertragsärzte in einzelnen Arztgruppen im Jahr 2007 gegenüber 2006 in Prozent
Quelle: Bundesarztregister der KBV

H Statistiken

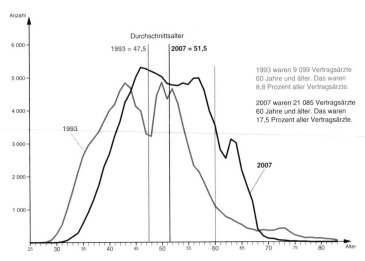

Abb. 9: Altersstruktur der Vertragsärzte[318] zum 31.12.1993 und 2007
Quelle: Bundesarztregister der KBV

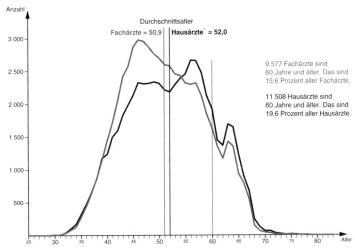

Abb. 10: Altersstruktur der Vertragsärzte[319] zum 31.12.2007
Quelle: Bundesarztregister der KBV

318 2007 einschließlich Partner-Ärzten.
319 Einschließlich Partner-Ärzten.

H Statistiken

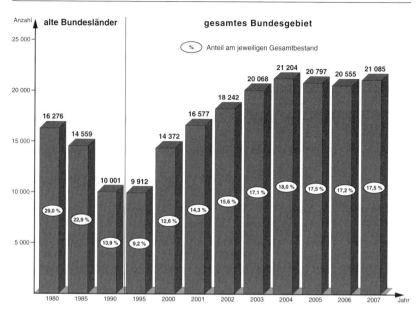

Abb. 11: Bestand an Vertragsärzten[320], die zum jeweiligen Jahresende 60 Jahre oder älter waren
Quelle: Bundesarztregister der KBV

---

320 Ab 2000 einschließlich Partner-Ärzten.

H Statistiken

Tab. 11: Anzahl offener Planungsbereiche in den Kassenärztlichen Vereinigungen Anfang 2008
Quelle: Meldungen der Kassenärztlichen Vereinigungen

Kassenärztliche Vereinigung	Planungs-bereiche insg. Anzahl	offene Planungsbereiche													
		Anäs-thesisten Anzahl	Augen-ärzte Anzahl	Chirurgen Anzahl	fachärztl. tätige Internisten Anzahl	Frauen-ärzte Anzahl	HNO-Ärzte Anzahl	Haut-ärzte Anzahl	Kinderärzte Anzahl	Nerven-ärzte Anzahl	Ortho-päden Anzahl	Psycho-therapeuten Anzahl	Radio-logen Anzahl	Urologen Anzahl	Haus-ärzte Anzahl
0	1	2	3	4	5	6	7	8	9	10	11	12	13	14	15
Baden-Württemberg	43	0	5	0	0	1	5	1	1	2	0	0	0	0	24
Bayerns	79	0	15	1	0	8	7	5	3	1	0	0	0	2	30
Berlin	1	0	0	0	0	0	0	0	0	0	0	0	0	0	0
Brandenburg	16	2	1	0	0	0	0	1	0	0	0	0	1	1	14
Bremen	2	0	1	0	0	1	1	0	0	1	1	0	0	0	1
Hamburg	1	0	1	1	0	1	1	0	0	0	0	0	0	0	1
Hessen	26	0	4	0	0	2	1	0	0	3	0	0	0	1	9
Mecklenburg-Vorp.	13	0	2	0	1	0	0	0	0	1	0	0	0	0	11
Niedersachsen	44	1	14	3	0	4	1	5	4	5	2	0	0	0	31
Nordrhein	27	1	2	0	0	2	0	0	0	0	0	0	0	0	7
Rheinland-Pfalz	28	2	8	0	0	4	5	4	3	2	2	0	0	0	12
Saarland	6	0	1	0	0	0	0	0	1	1	0	0	0	0	1
Sachsen	26	8	5	0	0	1	3	2	1	7	0	11	3	1	14
Sachsen-Anhalt	23	3	5	0	0	2	3	5	5	0	1	0	0	0	22
Schleswig-Holstein	13	0	0	0	0	0	0	0	0	0	0	0	0	0	4
Thüringen	20	4	4	0	0	1	2	5	0	3	1	0	0	0	14
Westfalen-Lippe	27	0	2	0	0	0	1	0	1	1	0	0	0	0	15
Bundesgebiet insgesamt	395	21	70	5	1	27	28	28	21	27	7	11	4	5	210
in Prozent	100	5	18	1	0	7	7	7	5	7	2	3	1	1	53

H Statistiken

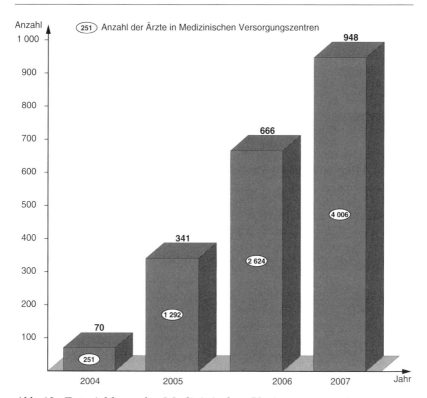

Abb. 12: Entwicklung der Medizinischen Versorgungszentren
Quelle: Meldungen der Kassenärztlichen Vereinigungen

H Statistiken

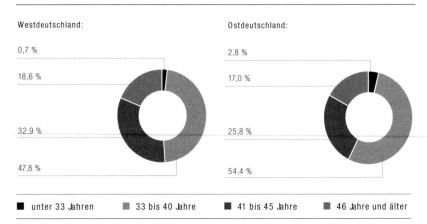

Abb. 13: Verteilung der Praxisfinanzierungen nach Alter des Existenzgründers in West- und Ostdeutschland in den Jahren 2005/2006
Quelle: Deutsche Apotheker- und Ärztebank, Zentralinstitut für die kassenärztliche Versorgung 2007

H Statistiken

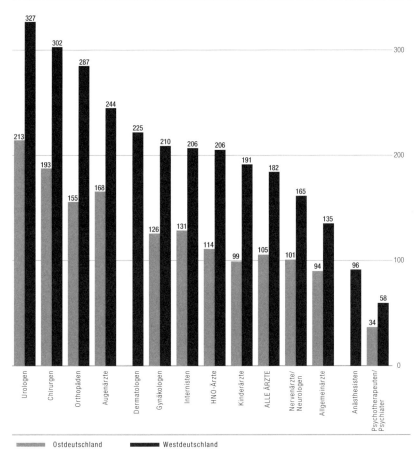

Ostdeutschland   Westdeutschland

Nachrichtlich: Durchschnittlicher Finanzierungsbedarf für Radiologen in Westdeutschland = 552 Tsd. €; aus statistischen Gründen ist dieser Betrag nicht im Gesamtdurchschnitt enthalten.

Abb. 14: Durchschnittsbetrag der Praxisfinanzierung (Tsd. €) für Einzelpraxen (Neugründung und Übernahme) nach Fachgebieten in den Jahren 2005/2006
Quelle: Deutsche Apotheker- und Ärztebank, Zentralinstitut für die kassenärztliche Versorgung 2007

H Statistiken

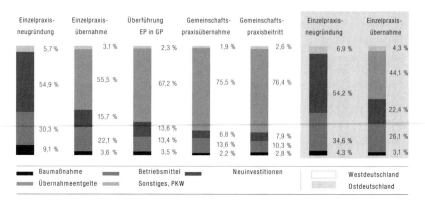

Abb. 15: Finanzierungsstruktur bei Praxisgründung in West- und Ostdeutschland in den Jahren 2005/2006
Quelle: Deutsche Apotheker- und Ärztebank, Zentralinstitut für die kassenärztliche Versorgung 2007

H Statistiken

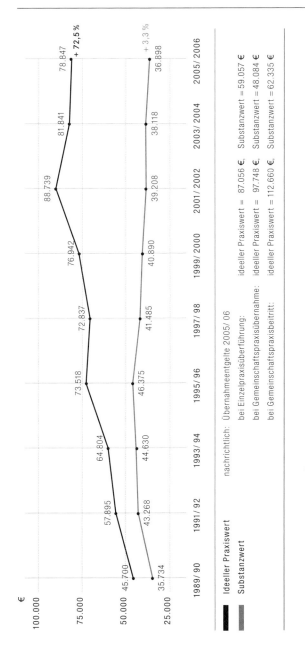

Abb. 16: Entwicklung der Übernahmeentgelte (€) bei Einzelpraxisübernahmen in Westdeutschland in den Jahren 1989/90 bis 2005/06
Quelle: Deutsche Apotheker- und Ärztebank, Zentralinstitut für die kassenärztliche Versorgung 2007

H Statistiken

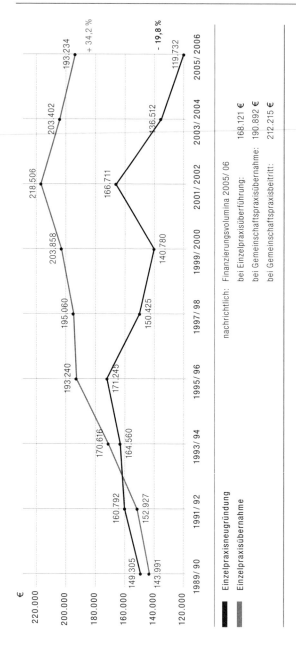

Abb. 17: Entwicklung des Finanzierungsvolumens (€) bei Einzelpraxen in Westdeutschland in den Jahren 1989/90 bis 2005/06
Quelle: Deutsche Apotheker- und Ärztebank, Zentralinstitut für die kassenärztliche Versorgung 2007

H Statistiken

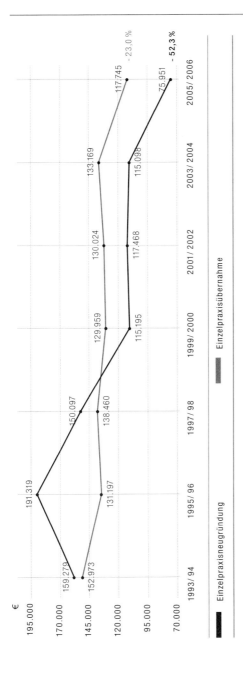

Abb. 18: Entwicklung des Finanzierungsvolumens (€) bei Einzelpraxen in Ostdeutschland in den Jahren 1993/94 bis 2005/06
Quelle: Deutsche Apotheker- und Ärztebank, Zentralinstitut für die kassenärztliche Versorgung 2007

H Statistiken

Tab. 12: Durchschnittliches Gesamtfinanzierungsvolumen (€) in West- und Ostdeutschland nach Arztgruppen 2005/2006

Quelle: Deutsche Apotheker- und Ärztebank, Zentralinstitut für die kassenärztliche Versorgung 2007

Arztgruppe	Westdeutschland					Ostdeutschland	
	Einzelpraxis-neugründung	Einzelpraxis-übernahme	Überführung EP in GP	Gemeinschaftspraxis-übernahme	Gemeinschaftspraxis-beitritt	Einzelpraxis-neugründung	Einzelpraxis-übernahme
Allgemein-ärzte	111.442	139.244	97.410	123.765	111.594	104.511	91.882
Anästhesisten	63.789	115.727	-	134.750	306.280	-	-
Augenärzte	210.900	250.036	230.075	289.857	247.700	-	167.800
Chirurgen	202.517	323.559	276.471	279.407	246.073	-	192.920
Dermatologen	184.900	231.452	-	241.462	125.600	-	-
Gynäkologen	156.909	214.078	167.936	215.975	270.370	-	126.206
HNO-Ärzte	183.350	209.877	170.767	170.644	-	-	113.875
Internisten	196.977	207.262	225.653	210.805	198.161	134.456	130.150
Kinderärzte	109.117	196.712	114.390	125.459	118.620	-	98.860
Nervenärzte / Neurologen	135.720	167.986	149.214	154.945	305.450	-	101.100
Orthopäden	163.717	307.701	249.419	294.357	347.495	155.540	154.220
Psychotherapeuten / Psychiater	51.077	62.794	85.250	65.320	-	31.647	53.660
Urologen	-	326.889	245.483	247.720	275.371	-	212.538
Alle Ärzte	**119.732**	**193.234**	**168.121**	**190.892**	**212.215**	**75.951**	**117.745**

H Statistiken

Tab. 13: Durchschnittlicher Betriebsmittelkredit (€) in West- und Ostdeutschland nach Arztgruppen 2005/2006
Quelle: Deutsche Apotheker- und Ärztebank, Zentralinstitut für die kassenärztliche Versorgung 2007

Arztgruppe	Westdeutschland					Ostdeutschland	
	Einzelpraxis-neugründung	Einzelpraxis-übernahme	Überführung EP in GP	Gemeinschaftspraxis-übernahme	Gemeinschaftspraxis-beitritt	Einzelpraxis-neugründung	Einzelpraxis-übernahme
Allgemeinärzte	38.513	37.973	20.412	23.421	20.591	35.479	27.581
Anästhesisten	25.667	26.571	-	11.100	18.250	-	-
Augenärzte	46.389	50.902	21.891	37.062	29.063	-	27.963
Chirurgen	58.150	60.067	29.880	42.300	27.361	-	40.900
Dermatologen	45.386	49.413	-	23.742	11.000	-	-
Gynäkologen	45.536	47.301	39.436	40.107	35.788	-	33.250
HNO-Ärzte	53.263	48.784	26.838	25.043	-	-	34.375
Internisten	54.241	47.067	28.861	30.163	25.262	39.167	33.536
Kinderärzte	31.117	46.135	21.125	24.909	32.820	-	27.060
Nervenärzte / Neurologen	39.320	37.226	25.143	31.790	45.114	-	31.000
Orthopäden	43.600	61.779	34.313	36.503	25.731	46.260	44.700
Psychotherapeuten / Psychiater	20.298	15.760	17.500	17.150	-	15.368	20.600
Urologen	–	61.056	54.780	27.356	45.767	-	33.875
Alle Ärzte	**36.811**	**44.109**	**26.919**	**29.336**	**26.835**	**26.588**	**31.062**

H Statistiken

Tab. 14: Durchschnittliche Bau- und Umbaukosten (€) in West- und Ostdeutschland nach Arztgruppen 2005/2006
Quelle: Deutsche Apotheker- und Ärztebank, Zentralinstitut für die kassenärztliche Versorgung 2007

Arztgruppe	Westdeutschland					Ostdeutschland	
	Einzelpraxis-neugründung	Einzelpraxis-übernahme	Überführung EP in GP	Gemeinschaftspraxis-übernahme	Gemeinschaftspraxis-beitritt	Einzelpraxis-neugründung	Einzelpraxis-übernahme
Allgemein-ärzte	17.447	15.211	11.250	17.609	31.167	14.029	9.663
Anästhesisten	–	10.000	-	-	-	-	-
Augenärzte	21.000	33.925	55.000	10.000	34.450	-	54.250
Chirurgen	42.857	30.136	51.100	16.000	-	-	10.000
Dermatologen	48.629	22.779	-	-	24.000	-	-
Gynäkologen	4.000	18.939	19.375	21.875	47.625	-	29.417
HNO-Ärzte	44.325	23.667	41.400	-	-	-	-
Internisten	24.729	19.143	40.415	22.773	86.333	10.000	9.117
Kinderärzte	28.250	18.597	63.100	17.167	5.000	-	20.067
Nervenärzte / Neurologen	–	15.081	10.000	5.000	70.000	-	-
Orthopäden	52.960	24.340	41.600	23.986	22.667	14.533	23.750
Psychotherapeuten / Psychiater	10.282	8.018	10.000	-	-	4.571	-
Urologen	–	18.067	30.000	48.750	-	-	10.500
Alle Ärzte	**23.763**	**19.000**	**29.478**	**21.615**	**44.604**	**10.136**	**16.500**

H Statistiken

Tab. 15: Ideeller Praxiswert und Substanzwert (€) bei Einzelpraxisübernahme und -überführung sowie bei Gemeinschaftspraxisübernahme und -beitritt in Westdeutschland nach Arztgruppen 2005/2006
Quelle: Deutsche Apotheker- und Ärztebank, Zentralinstitut für die kassenärztliche Versorgung 2007

Arztgruppe	Ideeller Praxiswert				Substanzwert			
	Einzelpraxisübernahme	Überführung EP in GP	Gemeinschaftspraxisübernahme	Gemeinschaftspraxisbeitritt	Einzelpraxisübernahme	Überführung EP in GP	Gemeinschaftspraxisübernahme	Gemeinschaftspraxisbeitritt
Allgemeinärzte	53.627	55.676	65.093	71.353	22.284	30.187	26.231	31.962
Anästhesisten	46.667	-	-	165.421*	46.000	-	-	112.590*
Augenärzte	94.286	152.251*	90.833	134.833	48.861	81.838*	72.500	87.500
Chirurgen	136.706	103.350	128.000	132.750	68.439	103.350	125.222	107.500
Dermatologen	81.839	-	172.471	-	45.652	-	51.543	-
Gynäkologen	74.074	67.667	110.965	119.182	40.732	47.429	39.153	73.000
HNO-Ärzte	86.443	82.645*	107.300	-	37.603	44.933*	42.333	-
Internisten	84.245	115.249	109.591	97.515	39.135	94.138	62.604	48.809
Kinderärzte	86.517	34.833	74.890	68.183*	33.366	26.750	28.178	13.317*
Nervenärzte / Neurologen	53.950	57.789*	69.000	65.866*	28.148	60.461*	25.300	100.000

163

H Statistiken

Tab. 15: Ideeller Praxiswert und Substanzwert (€) bei Einzelpraxisübernahme und -überführung sowie bei Gemeinschaftspraxisübernahme und -beitritt in Westdeutschland nach Arztgruppen 2005/2006 *(Fortsetzung)*

Arzt-gruppe	Ideeller Praxiswert				Substanzwert			
	Einzelpraxis-übernahme	Überführung EP in GP	Gemeinschaftspraxis-übernahme	Gemeinschaftspraxis-beitritt	Einzelpraxis-übernahme	Überführung EP in GP	Gemeinschaftspraxis-übernahme	Gemeinschaftspraxis-beitritt
Orthopäden	128.567	107.878	169.525	261.889	59.482	37.400	72.400	145.160
Psychotherapeuten / Psychiater	35.955	48.600	34.465*	–	12.800	20.000	10.735*	–
Urologen	160.119	88.935*	140.000	153.250	54.100	76.049*	20.000	41.500
Alle Ärzte	**78.847**	**87.056**	**97.748**	**112.660**	**36.898**	**59.057**	**48.084**	**62.335**

* Aus der Gesamtsumme der materiellen und ideellen Übernahmeentgelte wird der Prozentsatz des ideellen Praxiswertes errechnet. Der absolute Betrag des ideellen Praxiswertes errechnet sich dann mit diesem Prozentsatz unter Berücksichtigung aller Übernahmeentgelte einer Arztgruppe.

Tab. 16: Ideeller Praxiswert und Substanzwert (€) bei
Einzelpraxisübernahme in Ostdeutschland nach
Arztgruppen 2005/2006

Quelle: Deutsche Apotheker- und Ärztebank, Zentralinstitut für die kassenärztliche Versorgung 2007

Arztgruppe	Ideeller Praxiswert	Substanzwert
Allgemeinärzte	32.102	16.536
Anästhesisten	-	-
Augenärzte	33.583	35.417
Chirurgen	91.833	37.200
Dermatologen	-	-
Gynäkologen	34.973	12.030
HNO-Ärzte	37.917	14.917
Internisten	47.888	17.155
Kinderärzte	36.071	7.357
Nervenärzte / Neurologen	30.750	11.250
Orthopäden	47.750	14.500
Psychotherapeuten / Psychiater	11.728*	2.932*
Urologen	75.000	47.200
Alle Ärzte	39.649	18.164
* Aus der Gesamtsumme der materiellen und ideellen Übernahmeentgelte wird der Prozentsatz des ideellen Praxiswertes errechnet. Der absolute Betrag des ideellen Praxiswertes errechnet sich dann mit diesem Prozentsatz unter Berücksichtigung aller Übernahmeentgelte einer Arztgruppe.		

H Statistiken

Tab. 17: Gesamtfinanzierungsvolumen (€) bei
Einzelpraxisneugründung in Westdeutschland in den Jahren
1985/86 bis 2005/2006

Quelle: Deutsche Apotheker- und Ärztebank, Zentralinstitut für die kassenärztliche Versorgung 2007

Zeitraum	Gesamtfinanzierung	Veränderung zur Vorperiode
1985/86	137.781	–
1987/88	144.087	+ 4,6 %
1989/90	149.305	+ 3,6 %
1991/92	160.792	+ 7,7 %
1993/94	164.560	+ 2,3 %
1995/96	171.245	+ 4,1 %
1997/98	150.425	– 12,2 %
1999/2000	140.780	– 6,4 %
2001/2002	166.711	+ 18,4 %
2003/2004	136.512	– 18,1 %
2005/2006	119.732	– 12,3 %

Tab. 18: Durchschnittliche Übernahmeentgelte und Jahresumsatz der übernommenen Praxis sowie Anteil von Übernahmeentgelt für den ideellen und den Substanzwert (€) am Jahresumsatz in den Jahren 2005/2006 in Westdeutschland

	Durchschnittliche Beträge in €			Anteil am Umsatz	
Jahresumsatz	Ideeller Wert	Substanzwert	Jahresumsatz	Ideeller Wert	Substanzswert
bis 150.000	36.682	20.834	116.193	31,6 %	17,9 %
150.001 bis 200.000	51.345	25.902	176.255	29,1 %	14,7 %
200.001 bis 250.000	71.478	35.106	227.891	31,4 %	15,4 %
250.001 bis 300.000	93.006	41.899	275.172	33,8 %	15,2 %
300.001 bis 400.000	113.393	47.061	339.042	33,4 %	13,9 %
über 400.000	184.585	86.810	527.707	35,0 %	16,5 %
Insgesamt	**79.525**	**37.690**	**244.503**	**32,5 %**	**15,4 %**

I Einschlägige Gesetzestexte

Allgemeines Gleichbehandlungsgesetz (AGG)[321]

vom 14.8.2006 (BGBl. I S. 1897),
zuletzt geändert durch Art. 19 Abs. 10 G vom 12.12.2007 (BGBl. I S. 2840)

– *Auszug* –

...

§ 10
Zulässige unterschiedliche Behandlung wegen des Alters

¹Ungeachtet des § 8 ist eine unterschiedliche Behandlung wegen des Alters auch zulässig, wenn sie objektiv und angemessen und durch ein legitimes Ziel gerechtfertigt ist. ²Die Mittel zur Erreichung dieses Ziels müssen angemessen und erforderlich sein. ³Derartige unterschiedliche Behandlungen können insbesondere Folgendes einschließen:
1. die Festlegung besonderer Bedingungen für den Zugang zur Beschäftigung und zur beruflichen Bildung sowie besonderer Beschäftigungs- und Arbeitsbedingungen, einschließlich der Bedingungen für Entlohnung und Beendigung des Beschäftigungsverhältnisses, um die berufliche Eingliederung von Jugendlichen, älte-

---

321 Anm. d. Verlages:
Dieses Gesetz wurde verkündet als Artikel 1 des Gesetzes zur Umsetzung europäischer Richtlinien zur Verwirklichung des Grundsatzes der Gleichbehandlung vom 14.8.2006 (BGBl. I S. 1897) und ist am 18.8.2006 in Kraft getreten.

ren Beschäftigten und Personen mit Fürsorgepflichten zu fördern oder ihren Schutz sicherzustellen,

2. die Festlegung von Mindestanforderungen an das Alter, die Berufserfahrung oder das Dienstalter für den Zugang zur Beschäftigung oder für bestimmte mit der Beschäftigung verbundene Vorteile,

3. die Festsetzung eines Höchstalters für die Einstellung auf Grund der spezifischen Ausbildungsanforderungen eines bestimmten Arbeitsplatzes oder auf Grund der Notwendigkeit einer angemessenen Beschäftigungszeit vor dem Eintritt in den Ruhestand,

4. die Festsetzung von Altersgrenzen bei den betrieblichen Systemen der sozialen Sicherheit als Voraussetzung für die Mitgliedschaft oder den Bezug von Altersrente oder von Leistungen bei Invalidität einschließlich der Festsetzung unterschiedlicher Altersgrenzen im Rahmen dieser Systeme für bestimmte Beschäftigte oder Gruppen von Beschäftigten und die Verwendung von Alterskriterien im Rahmen dieser Systeme für versicherungsmathematische Berechnungen,

5. eine Vereinbarung, die die Beendigung des Beschäftigungsverhältnisses ohne Kündigung zu einem Zeitpunkt vorsieht, zu dem der oder die Beschäftigte eine Rente wegen Alters beantragen kann; § 41 des Sechsten Buches Sozialgesetzbuch bleibt unberührt,

6. Differenzierungen von Leistungen in Sozialplänen im Sinne des Betriebsverfassungsgesetzes, wenn die Parteien eine nach Alter oder Betriebszugehörigkeit gestaffelte Abfindungsregelung geschaffen haben, in der die wesentlich vom Alter abhängenden Chancen auf dem Arbeitsmarkt durch eine verhältnismäßig starke Betonung des Lebensalters erkennbar berücksichtigt worden sind, oder Beschäftigte von den Leistungen des Sozialplans ausgeschlossen haben, die wirtschaftlich abgesichert sind, weil sie, gegebenenfalls nach Bezug von Arbeitslosengeld, rentenberechtigt sind.

...

Zulassungsverordnung für Vertragsärzte (Ärzte-ZV)

vom 28.5.1957 (BGBl. I S. 572, ber. S. 608),
zuletzt geändert durch Art. 13 G vom 28.5.2008 (BGBl. I S. 874)

– *Auszug* –

...

§ 16b

(1) [1]Der Landesausschuss hat von Amts wegen zu prüfen, ob in einem Planungsbereich eine ärztliche Überversorgung vorliegt. [2]Überversorgung ist anzunehmen, wenn der allgemeine bedarfsgerechte Versorgungsgrad um 10 vom Hundert überschritten ist. [3]Hierbei sind die in den Richtlinien des Bundesausschusses der Ärzte und Krankenkassen vorgesehenen Maßstäbe, Grundlagen und Verfahren zu berücksichtigen.

(2) Stellt der Landesausschuss fest, dass eine Überversorgung vorliegt, so hat er mit verbindlicher Wirkung für einen oder mehrere Zulassungsausschüsse nach Maßgabe des § 103 Abs. 2 des Fünften Buches Sozialgesetzbuch Zulassungsbeschränkungen anzuordnen.

(3) [1]Der Landesausschuss hat spätestens nach jeweils sechs Monaten zu prüfen, ob die Voraussetzungen für die Anordnung von Zulassungsbeschränkungen fortbestehen. [2]Entfallen die Voraussetzungen, so hat der Landesausschuss mit verbindlicher Wirkung für die Zulassungsausschüsse die Zulassungsbeschränkungen unverzüglich aufzuheben. [3]Absatz 2 Satz 2 gilt entsprechend.

(4) Die Anordnung und Aufhebung von Zulassungsbeschränkungen ist in den für amtliche Bekanntmachungen der Kassenärztlichen Vereinigungen vorgesehenen Blättern zu veröffentlichen.

...

§ 19a

(1) Die Zulassung verpflichtet den Arzt, die vertragsärztliche Tätigkeit vollzeitig auszuüben.

(2) [1]Der Arzt ist berechtigt, durch schriftliche Erklärung gegenüber dem Zulassungsausschuss seinen Versorgungsauftrag auf die Hälfte des Versorgungsauftrages nach Absatz 1 zu beschränken. [2]Die Be-

I Einschlägige Gesetzestexte

schränkung des Versorgungsauftrages wird entweder im Rahmen eines Beschlusses nach § 19 Abs. 1 oder durch gesonderten Beschluss festgestellt.

(3) ¹Auf Antrag des Arztes kann eine Beschränkung des Versorgungsauftrages nach Absatz 2 Satz 2 durch Beschluss aufgehoben werden. ²Der Antrag muss schriftlich gestellt werden. ³Es gelten die Vorschriften dieses Abschnitts.

...

§ 24

...

(7) Der Zulassungsausschuss hat den Antrag eines Vertragsarztes auf Verlegung seines Vertragsarztsitzes zu genehmigen, wenn Gründe der vertragsärztlichen Versorgung dem nicht entgegenstehen.

...

§ 28

(1) ¹Der Verzicht auf die Zulassung wird mit dem Ende des auf den Zugang der Verzichtserklärung des Vertragsarztes beim Zulassungsausschuss folgenden Kalendervierteljahres wirksam. ²Diese Frist kann verkürzt werden, wenn der Vertragsarzt nachweist, dass für ihn die weitere Ausübung der vertragsärztlichen Tätigkeit für die gesamte Dauer oder einen Teil der Frist unzumutbar ist. ³Endet die Zulassung aus anderen Gründen (§ 95d Abs. 3 und 5 und § 95 Abs. 7 des Fünften Buches Sozialgesetzbuch), so ist der Zeitpunkt ihres Endes durch Beschluss des Zulassungsausschusses festzustellen.

...

§ 33

...

(2) ¹Die gemeinsame Ausübung vertragsärztlicher Tätigkeit ist zulässig unter allen zur vertragsärztlichen Versorgung zugelassenen Leistungserbringern an einem gemeinsamen Vertragsarztsitz (örtliche Berufsausübungsgemeinschaft). ²Sie ist auch zulässig bei unterschiedlichen Vertragsarztsitzen der Mitglieder der Berufsausübungsgemeinschaft (überörtliche Berufsausübungsgemeinschaft), wenn die Erfüllung der Versorgungspflicht des jeweiligen Mitglieds an seinem

Vertragsarztsitz unter Berücksichtigung der Mitwirkung angestellter Ärzte und Psychotherapeuten in dem erforderlichen Umfang gewährleistet ist sowie das Mitglied und die bei ihm angestellten Ärzte und Psychotherapeuten an den Vertragsarztsitzen der anderen Mitglieder nur in zeitlich begrenztem Umfang tätig werden. ³Die gemeinsame Berufsausübung, bezogen auf einzelne Leistung, ist zulässig, sofern diese Berufsausübungsgemeinschaft nicht zur Erbringung überweisungsgebundener medizinisch-technischer Leistungen mit überweisungsberechtigten Leistungserbringern gebildet wird.

...

§ 39

(1) Der Zulassungsausschuss erhebt die ihm erforderlich erscheinenden Beweise.

...

§ 44

¹Der Widerspruch ist schriftlich oder zur Niederschrift der Geschäftsstelle des Berufungsausschusses beim Berufungsausschuss einzulegen. ²Er muss den Beschluss bezeichnen, gegen den er sich richtet.

Abgabenordnung (AO)

i.d.F. der Bek. vom 1.10.2002 (BGBl. I S. 3866, ber. 2003 S. 61), zuletzt geändert durch Art. 4 G vom 8.4.2008 (BGBl. I S. 666)

– *Auszug* –

...

§ 42
Missbrauch von rechtlichen Gestaltungsmöglichkeiten

(1) [1]Durch Missbrauch von Gestaltungsmöglichkeiten des Rechts kann das Steuergesetz nicht umgangen werden. [2]Ist der Tatbestand einer Regelung in einem Einzelsteuergesetz erfüllt, die der Verhinderung von Steuerumgehungen dient, so bestimmen sich die Rechtsfolgen nach jener Vorschrift. [3]Anderenfalls entsteht der Steueranspruch beim Vorliegen eines Missbrauchs im Sinne des Absatzes 2 so, wie er bei einer den wirtschaftlichen Vorgängen angemessenen rechtlichen Gestaltung entsteht.

(2) [1]Ein Missbrauch liegt vor, wenn eine unangemessene rechtliche Gestaltung gewählt wird, die beim Steuerpflichtigen oder einem Dritten im Vergleich zu einer angemessenen Gestaltung zu einem gesetzlich nicht vorgesehenen Steuervorteil führt. [2]Dies gilt nicht, wenn der Steuerpflichtige für die gewählte Gestaltung außersteuerliche Gründe nachweist, die nach dem Gesamtbild der Verhältnisse beachtlich sind.

...

Richtlinie des Gemeinsamen Bundesausschusses über die Bedarfsplanung sowie die Maßstäbe zur Feststellung von Überversorgung und Unterversorgung in der vertragsärztlichen Versorgung (Bedarfsplanungs-Richtlinie)

i.d.F. der Bek. vom 15.2.2007 (BAnz. Nr. 64 vom 31.3.2007, S. 3491), zuletzt geändert durch Beschl. vom 10.4.2008 (BAnz. Nr. 94 vom 26.6.2008, S. 2232)

– *Auszug* –

...

§ 23
Zulassungsverfahren nach Aufhebung von Zulassungsbeschränkungen

(1) Kommt der Landesausschuss nach einer erstmaligen Feststellung von Überversorgung aufgrund der weiteren Entwicklung und seiner Prüfung zu der Folgerung, dass Überversorgung nicht mehr besteht, so ist der Aufhebungsbeschluss hinsichtlich der Zulassungsbeschränkungen mit der Auflage zu versehen, dass Zulassungen nur in einem solchen Umfang erfolgen dürfen, bis für die Arztgruppe Überversorgung eingetreten ist.

(2) [1]Für Ärzte oder Psychotherapeuten, die gemäß § 101 Abs. 1 Satz 1 Nr. 4 SGB V in beschränkter Zulassung zur gemeinsamen Berufsausübung zugelassen sind, und die nach den §§ 23g oder 23h in gesperrten Planungsbereichen nicht auf den Versorgungsgrad angerechnet werden, bewirkt die Aufhebung der Zulassungsbeschränkungen nach Absatz 1 im Fachgebiet, dass für solche Ärzte oder Psychotherapeuten die Beschränkung der Zulassung und die Leistungsbegrenzung für die Gemeinschaftspraxis nur nach Maßgabe der Bestimmung zum Umfang des Aufhebungsbeschlusses enden, und zwar in der Reihenfolge der jeweils längsten Dauer der gemeinsamen Berufsausübung. [2]Die Beendigung der Beschränkung der Zulassung auf die gemeinsame Berufsausübung und der Leistungsbegrenzung nach zehnjähriger gemeinsamer Berufsausübung bleibt unberührt (§ 101 Abs. 3 Satz 2 SGB V).

I Einschlägige Gesetzestexte

(2a) Unter Berücksichtigung der Vorrangigkeit der in Absatz 2 Satz 1 geregelten Reihenfolge von Ärzten und Psychotherapeuten, deren Zulassungsbeschränkung und Leistungsbegrenzung aufgehoben wird, endet die Beschränkung der Leistungsbegrenzung bei angestellten Ärzten gemäß § 101 Abs. 1 Satz 1 Nr. 5 SGB V nach Maßgabe der Bestimmung des Umfanges des Aufhebungsbeschlusses, und zwar in der Reihenfolge der jeweils längsten Dauer der Jahre der Anstellung.

(3) ¹Über Anträge auf (Neu-)Zulassung entscheidet der Zulassungsausschuss nach Maßgabe der folgenden Regelungen:

1. Der Beschluss des Landesausschusses nach Absatz 1 ist zum nächstmöglichen Zeitpunkt in den für amtliche Bekanntmachungen der Kassenärztlichen Vereinigung vorgesehenen Blättern zu veröffentlichen.

2. ²In der Veröffentlichung sind die Entscheidungskriterien nach Nummer 3 und die Frist (in der Regel sechs bis acht Wochen) bekannt zu machen, innerhalb der die potenziellen Bewerber ihre Zulassungsanträge abzugeben und die hierfür erforderlichen Unterlagen gemäß § 18 Ärzte-ZV beizubringen haben. ³Der Zulassungsausschuss berücksichtigt bei dem Auswahlverfahren nur die nach der Bekanntmachung fristgerecht und vollständig abgegebenen Zulassungsanträge.

3. Unter mehreren Bewerbern entscheidet der Zulassungsausschuss nach pflichtgemäßem Ermessen unter Berücksichtigung folgender Kriterien:
   - berufliche Eignung,
   - Dauer der bisherigen ärztlichen Tätigkeit,
   - Approbationsalter,
   - Dauer der Eintragung in die Warteliste gemäß § 103 Abs. 5 Satz 1 SGB V.

²Bei der Auswahl unter mehreren geeigneten Bewerbern soll die räumliche Wahl des Vertragsarztsitzes und ihre Beurteilung in Hinblick auf die bestmögliche Versorgung der Versicherten berücksichtigt werden.

(4) Über die Beendigung von Zulassungs- und Leistungsbegrenzungen gemäß § 101 Abs. 1 Satz 1 Nr. 4 und 5 SGB V ist vorrangig vor Anträgen auf (Neu-)Zulassung, und zwar in der Reihenfolge der jeweils längsten Dauer der gemeinsamen Berufsausübung oder der Anstellung, zu entscheiden.

…

§ 34a
Feststellung eines zusätzlichen lokalen Versorgungsbedarfs in nicht unterversorgten Planungsbereichen

(1) Der Landesausschuss kann einen zusätzlichen lokalen Versorgungsbedarf innerhalb eines Planungsbereichs in der vertragsärztlichen Versorgung feststellen, auch wenn in diesem Planungsbereich keine Unterversorgung im Sinne der §§ 27 bis 33 vorliegt.

(2) ¹Der Landesausschuss der Ärzte und Krankenkassen legt fest, für welche Bezugsregionen innerhalb eines Planungsbereiches er die Feststellung von zusätzlichem lokalen Versorgungsbedarf trifft. ²Als Bezugsregionen können Altkreise, einzelne Verwaltungsgemeinschaften, Städte, Gemeinden oder andere Bezugsregionen gewählt werden. ³Die Bezugsregion ist von der Größe her so zu wählen, dass gemessen an ihrer flächenmäßigen Ausdehnung eine versorgungsrelevante Bevölkerungszahl vorhanden ist.

(3) Das Vorliegen eines lokalen Versorgungsbedarfs ist zu prüfen, soweit in der durch den Landesausschuss nach Absatz 2 festgelegten Bezugsregion die Kriterien der Unterversorgung nach § 29 erfüllt sind.

(4) ¹Auf Veranlassung der Kassenärztlichen Vereinigung oder eines Landesverbandes der Krankenkassen oder eines Verbandes der Ersatzkassen ist eine gemeinsame Prüfung der Struktur und des Standes der ärztlichen Versorgung auch dann vorzunehmen, wenn die Voraussetzungen des Absatzes 3 nicht erfüllt sind. ²Die Prüfung ist innerhalb angemessener Frist – die drei Monate nicht überschreiten darf – durchzuführen.

(5) §§ 32 und 33 gelten entsprechend.

(6) Bei der Prüfung des zusätzlichen lokalen Versorgungsbedarfes sind insbesondere folgende Kriterien zu berücksichtigen:
1. Das Vorliegen der Kriterien für eine zu vermutende oder drohende Unterversorgung nach § 29;
2. bei allen Ärzten deren Tätigkeitsgebiet, Altersstruktur (inklusive des Abgabealters und der zu erwartenden Neuzugänge), ergänzendes Angebot ambulanter Leistungen durch Krankenhäuser in der Bezugsregion, Berücksichtigung ambulanter Leistungen von Ärzten und Krankenhäusern, deren Einzugsgebiet sich auf die Bezugsregion erstreckt;

3. bei der Wohnbevölkerung ihre Zahl, ihre Altersstruktur, ihre Nachfrage nach ärztlichen Leistungen sowie der Ort der tatsächlichen Inanspruchnahme der ärztlichen Leistungen. ²Die Feststellung der tatsächlichen Inanspruchnahme kann auf der Grundlage einer geeigneten Stichprobe erfolgen. ³Bei der Interpretation dieses Kriteriums kann berücksichtigt werden, dass die empirisch ermittelte Inanspruchnahme auch durch das tatsächlich vorhandene Angebot mitbestimmt wird;
4. Qualität der infrastrukturellen Anbindung.

...

§ 38
Bestimmung der Anrechnungsfaktoren

(1) ¹Für die Feststellung des Versorgungsgrades sind genehmigte angestellte Ärzte in medizinischen Versorgungszentren mit dem Faktor 1 zu berücksichtigen, soweit sie vollbeschäftigt sind. ²Die Berücksichtigung erfolgt nur für die Arztgruppen nach § 4. ³Teilzeitbeschäftigte Ärzte sind bei der Feststellung des örtlichen Versorgungsgrades der ambulanten Versorgung nach Maßgabe des konkreten Beschäftigungsumfangs in der ambulanten Versorgung zu berücksichtigen. ⁴Dabei gelten folgende Anrechnungsfaktoren:

Vertraglich vereinbarte Arbeitszeit	Anrechnungsfaktor
bis 10 Stunden pro Woche	0,25
über 10 bis 20 Stunden pro Woche	0,5
über 20 bis 30 Stunden pro Woche	0,75
über 30 Stunden pro Woche	1,0

(2) Werden Arbeitsstunden pro Monat vereinbart, ist der Umrechnungsfaktor 0,23 zur Errechnung der Wochenarbeitszeit anzuwenden.

...

Bürgerliches Gesetzbuch (BGB)[322]

i.d.F. der Bek. vom 2.1.2002 (BGBl. I S. 42, ber. S. 2909, ber. 2003 S. 738), zuletzt geändert durch Art. 1 G vom 4.7.2008 (BGBl. I S. 1188)

– Auszug –

...

---

[322] Amtlicher Hinweis:
Dieses Gesetz dient der Umsetzung folgender Richtlinien:
1. Richtlinie 76/207/EWG des Rates vom 9. Februar 1976 zur Verwirklichung des Grundsatzes der Gleichbehandlung von Männern und Frauen hinsichtlich des Zugangs zur Beschäftigung, zur Berufsbildung und zum beruflichen Aufstieg sowie in Bezug auf die Arbeitsbedingungen (ABl. EG Nr. L 39 S. 40),
2. Richtlinie 77/187/EWG des Rates vom 14. Februar 1977 zur Angleichung der Rechtsvorschriften der Mitgliedstaaten über die Wahrung von Ansprüchen der Arbeitnehmer beim Übergang von Unternehmen, Betrieben oder Betriebsteilen (ABl. EG Nr. L 61 S. 26),
3. Richtlinie 85/577/EWG des Rates vom 20. Dezember 1985 betreffend den Verbraucherschutz im Falle von außerhalb von Geschäftsräumen geschlossenen Verträgen (ABl. EG Nr. L 372 S. 31),
4. Richtlinie 87/102/EWG des Rates zur Angleichung der Rechts- und Verwaltungsvorschriften der Mitgliedstaaten über den Verbraucherkredit (ABl. EG Nr. L 42 S. 48), zuletzt geändert durch die Richtlinie 98/7/EG des Europäischen Parlaments und des Rates vom 16. Februar 1998 zur Änderung der Richtlinie 87/102/EWG zur Angleichung der Rechts- und Verwaltungsvorschriften der Mitgliedstaaten über den Verbraucherkredit (ABl. EG Nr. L 101 S. 17),
5. Richtlinie 90/314/EWG des Europäischen Parlaments und des Rates vom 13. Juni 1990 über Pauschalreisen (ABl. EG Nr. L 158 S. 59),
6. Richtlinie 93/13/EWG des Rates vom 5. April 1993 über missbräuchliche Klauseln in Verbraucherverträgen (ABl. EG Nr. L 95 S. 29),
7. Richtlinie 94/47/EG des Europäischen Parlaments und des Rates vom 26. Oktober 1994 zum Schutz der Erwerber im Hinblick auf bestimmte Aspekte von Verträgen über den Erwerb von Teilzeitnutzungsrechten an Immobilien (ABl. EG Nr. L 280 S. 82),
8. der Richtlinie 97/5/EG des Europäischen Parlaments und des Rates vom 27. Januar 1997 über grenzüberschreitende Überweisungen (ABl. EG Nr. L 43 S. 25),

I Einschlägige Gesetzestexte

§ 123
Anfechtbarkeit wegen Täuschung oder Drohung

(1) Wer zur Abgabe einer Willenserklärung durch arglistige Täuschung oder widerrechtlich durch Drohung bestimmt worden ist, kann die Erklärung anfechten.

(2) ¹Hat ein Dritter die Täuschung verübt, so ist eine Erklärung, die einem anderen gegenüber abzugeben war, nur dann anfechtbar, wenn dieser die Täuschung kannte oder kennen musste. ²Soweit ein anderer als derjenige, welchem gegenüber die Erklärung abzugeben war, aus der Erklärung unmittelbar ein Recht erworben hat, ist die Erklärung ihm gegenüber anfechtbar, wenn er die Täuschung kannte oder kennen musste.

...

§ 134
Gesetzliches Verbot

Ein Rechtsgeschäft, das gegen ein gesetzliches Verbot verstößt, ist nichtig, wenn sich nicht aus dem Gesetz ein anderes ergibt.

...

Fortsetzung Fußnote:

9. Richtlinie 97/7/EG des Europäischen Parlaments und des Rates vom 20. Mai 1997 über den Verbraucherschutz bei Vertragsabschlüssen im Fernabsatz (ABl. EG Nr. L 144 S. 19),

10. Artikel 3 bis 5 der Richtlinie 98/26/EG des Europäischen Parlaments und des Rates über die Wirksamkeit von Abrechnungen in Zahlungs- und Wertpapierliefer- und -abrechnungssystemen vom 19. Mai 1998 (ABl. EG Nr. L 166 S. 45),

11. Richtlinie 1999/44/EG des Europäischen Parlaments und des Rates vom 25. Mai 1999 zu bestimmten Aspekten des Verbrauchsgüterkaufs und der Garantien für Verbrauchsgüter (ABl. EG Nr. L 171 S. 12),

12. Artikel 10, 11 und 18 der Richtlinie 2000/31/EG des Europäischen Parlaments und des Rates vom 8. Juni 2000 über bestimmte rechtliche Aspekte der Dienste der Informationsgesellschaft, insbesondere des elektronischen Geschäftsverkehrs, im Binnenmarkt („Richtlinie über den elektronischen Geschäftsverkehr", ABl. EG Nr. L 178 S. 1),

13. Richtlinie 2000/35/EG des Europäischen Parlaments und des Rates vom 29. Juni 2000 zur Bekämpfung von Zahlungsverzug im Geschäftsverkehr (ABl. EG Nr. L 200 S. 35).

§ 138
Sittenwidriges Rechtsgeschäft; Wucher

(1) Ein Rechtsgeschäft, das gegen die guten Sitten verstößt, ist nichtig.

(2) Nichtig ist insbesondere ein Rechtsgeschäft, durch das jemand unter Ausbeutung der Zwangslage, der Unerfahrenheit, des Mangels an Urteilsvermögen oder der erheblichen Willensschwäche eines anderen sich oder einem Dritten für eine Leistung Vermögensvorteile versprechen oder gewähren lässt, die in einem auffälligen Missverhältnis zu der Leistung stehen.

...

§ 288[323]
Verzugszinsen

(1) ¹Eine Geldschuld ist während des Verzugs zu verzinsen. ²Der Verzugszinssatz beträgt für das Jahr fünf Prozentpunkte über dem Basiszinssatz.

(2) Bei Rechtsgeschäften, an denen ein Verbraucher nicht beteiligt ist, beträgt der Zinssatz für Entgeltforderungen acht Prozentpunkte über dem Basiszinssatz.

(3) Der Gläubiger kann aus einem anderen Rechtsgrund höhere Zinsen verlangen.

(4) Die Geltendmachung eines weiteren Schadens ist nicht ausgeschlossen.

...

§ 311b
Verträge über Grundstücke, das Vermögen und den Nachlass

(1) ¹Ein Vertrag, durch den sich der eine Teil verpflichtet, das Eigentum an einem Grundstück zu übertragen oder zu erwerben, bedarf der notariellen Beurkundung. ²Ein ohne Beachtung dieser Form geschlossener Vertrag wird seinem ganzen Inhalt nach gültig, wenn die Auflassung und die Eintragung in das Grundbuch erfolgen.

---

323 Amtlicher Hinweis:
Diese Vorschrift dient zum Teil auch der Umsetzung der Richtlinie 2000/35/EG des Europäischen Parlaments und des Rates vom 29. Juni 2000 zur Bekämpfung von Zahlungsverzug im Geschäftsverkehr (ABl. EG Nr. L 200 S. 35).

(2) Ein Vertrag, durch den sich der eine Teil verpflichtet, sein künftiges Vermögen oder einen Bruchteil seines künftigen Vermögens zu übertragen oder mit einem Nießbrauch zu belasten, ist nichtig.

(3) Ein Vertrag, durch den sich der eine Teil verpflichtet, sein gegenwärtiges Vermögen oder einen Bruchteil seines gegenwärtigen Vermögens zu übertragen oder mit einem Nießbrauch zu belasten, bedarf der notariellen Beurkundung.

(4) ¹Ein Vertrag über den Nachlass eines noch lebenden Dritten ist nichtig. ²Das Gleiche gilt von einem Vertrag über den Pflichtteil oder ein Vermächtnis aus dem Nachlass eines noch lebenden Dritten.

(5) ¹Absatz 4 gilt nicht für einen Vertrag, der unter künftigen gesetzlichen Erben über den gesetzlichen Erbteil oder den Pflichtteil eines von ihnen geschlossen wird. ²Ein solcher Vertrag bedarf der notariellen Beurkundung.

...

§ 340
Strafversprechen für Nichterfüllung

(1) ¹Hat der Schuldner die Strafe für den Fall versprochen, dass er seine Verbindlichkeit nicht erfüllt, so kann der Gläubiger die verwirkte Strafe statt der Erfüllung verlangen. ²Erklärt der Gläubiger dem Schuldner, dass er die Strafe verlange, so ist der Anspruch auf Erfüllung ausgeschlossen.

(2) ¹Steht dem Gläubiger ein Anspruch auf Schadensersatz wegen Nichterfüllung zu, so kann er die verwirkte Strafe als Mindestbetrag des Schadens verlangen. ²Die Geltendmachung eines weiteren Schadens ist nicht ausgeschlossen.

...

§ 343
Herabsetzung der Strafe

(1) ¹Ist eine verwirkte Strafe unverhältnismäßig hoch, so kann sie auf Antrag des Schuldners durch Urteil auf den angemessenen Betrag herabgesetzt werden. ²Bei der Beurteilung der Angemessenheit ist jedes berechtigte Interesse des Gläubigers, nicht bloß das Vermögensinteresse, in Betracht zu ziehen. ³Nach der Entrichtung der Strafe ist die Herabsetzung ausgeschlossen.

(2) Das Gleiche gilt auch außer in den Fällen der §§ 339, 342, wenn jemand eine Strafe für den Fall verspricht, dass er eine Handlung vornimmt oder unterlässt.
...

§ 398
Abtretung

¹Eine Forderung kann von dem Gläubiger durch Vertrag mit einem anderen auf diesen übertragen werden (Abtretung). ²Mit dem Abschluss des Vertrags tritt der neue Gläubiger an die Stelle des bisherigen Gläubigers.
...

§ 413
Übertragung anderer Rechte

Die Vorschriften über die Übertragung von Forderungen finden auf die Übertragung anderer Rechte entsprechende Anwendung, soweit nicht das Gesetz ein anderes vorschreibt.
...

§ 433
Vertragstypische Pflichten beim Kaufvertrag

(1) ¹Durch den Kaufvertrag wird der Verkäufer einer Sache verpflichtet, dem Käufer die Sache zu übergeben und das Eigentum an der Sache zu verschaffen. ²Der Verkäufer hat dem Käufer die Sache frei von Sach- und Rechtsmängeln zu verschaffen.

(2) Der Käufer ist verpflichtet, dem Verkäufer den vereinbarten Kaufpreis zu zahlen und die gekaufte Sache abzunehmen.

§ 434
Sachmangel

(1) ¹Die Sache ist frei von Sachmängeln, wenn sie bei Gefahrübergang die vereinbarte Beschaffenheit hat. ²Soweit die Beschaffenheit nicht vereinbart ist, ist die Sache frei von Sachmängeln,
1. wenn sie sich für die nach dem Vertrag vorausgesetzte Verwendung eignet,
   sonst

2. wenn sie sich für die gewöhnliche Verwendung eignet und eine Beschaffenheit aufweist, die bei Sachen der gleichen Art üblich ist und die der Käufer nach der Art der Sache erwarten kann.

³Zu der Beschaffenheit nach Satz 2 Nr. 2 gehören auch Eigenschaften, die der Käufer nach den öffentlichen Äußerungen des Verkäufers, des Herstellers (§ 4 Abs. 1 und 2 des Produkthaftungsgesetzes) oder seines Gehilfen insbesondere in der Werbung oder bei der Kennzeichnung über bestimmte Eigenschaften der Sache erwarten kann, es sei denn, dass der Verkäufer die Äußerung nicht kannte und auch nicht kennen musste, dass sie im Zeitpunkt des Vertragsschlusses in gleichwertiger Weise berichtigt war oder dass sie die Kaufentscheidung nicht beeinflussen konnte.

(2) ¹Ein Sachmangel ist auch dann gegeben, wenn die vereinbarte Montage durch den Verkäufer oder dessen Erfüllungsgehilfen unsachgemäß durchgeführt worden ist. ²Ein Sachmangel liegt bei einer zur Montage bestimmten Sache ferner vor, wenn die Montageanleitung mangelhaft ist, es sei denn, die Sache ist fehlerfrei montiert worden.

(3) Einem Sachmangel steht es gleich, wenn der Verkäufer eine andere Sache oder eine zu geringe Menge liefert.

§ 435
Rechtsmangel

¹Die Sache ist frei von Rechtsmängeln, wenn Dritte in Bezug auf die Sache keine oder nur die im Kaufvertrag übernommenen Rechte gegen den Käufer geltend machen können. ²Einem Rechtsmangel steht es gleich, wenn im Grundbuch ein Recht eingetragen ist, das nicht besteht.

...

§ 437
Rechte des Käufers bei Mängeln

Ist die Sache mangelhaft, kann der Käufer, wenn die Voraussetzungen der folgenden Vorschriften vorliegen und soweit nicht ein anderes bestimmt ist,

1. nach § 439 Nacherfüllung verlangen,
2. nach den §§ 440, 323 und 326 Abs. 5 von dem Vertrag zurücktreten oder § 441 den Kaufpreis mindern und

3. nach den §§ 440, 280, 281, 283 und 311a Schadensersatz oder nach § 284 Ersatz vergeblicher Aufwendungen verlangen.

§ 438
Verjährung der Mängelansprüche

(1) Die in § 437 Nr. 1 und 3 bezeichneten Ansprüche verjähren
1. in 30 Jahren, wenn der Mangel
    a) in einem dinglichen Recht eines Dritten, auf Grund dessen Herausgabe der Kaufsache verlangt werden kann, oder
    b) in einem sonstigen Recht, das im Grundbuch eingetragen ist, besteht,
2. in fünf Jahren
    a) bei einem Bauwerk und
    b) bei einer Sache, die entsprechend ihrer üblichen Verwendungsweise für ein Bauwerk verwendet worden ist und dessen Mangelhaftigkeit verursacht hat, und
3. im Übrigen in zwei Jahren.

(2) Die Verjährung beginnt bei Grundstücken mit der Übergabe, im Übrigen mit der Ablieferung der Sache.

(3) ¹Abweichend von Absatz 1 Nr. 2 und 3 und Absatz 2 verjähren die Ansprüche in der regelmäßigen Verjährungsfrist, wenn der Verkäufer den Mangel arglistig verschwiegen hat. ²Im Falle des Absatzes 1 Nr. 2 tritt die Verjährung jedoch nicht vor Ablauf der dort bestimmten Frist ein.

(4) ¹Für das in § 437 bezeichnete Rücktrittsrecht gilt § 218. ²Der Käufer kann trotz einer Unwirksamkeit des Rücktritts nach § 218 Abs. 1 die Zahlung des Kaufpreises insoweit verweigern, als er auf Grund des Rücktritts dazu berechtigt sein würde. ³Macht er von diesem Recht Gebrauch, kann der Verkäufer vom Vertrag zurücktreten.

(5) Auf das in § 437 bezeichnete Minderungsrecht finden § 218 und Absatz 4 Satz 2 entsprechende Anwendung.

§ 439
Nacherfüllung

(1) Der Käufer kann als Nacherfüllung nach seiner Wahl die Beseitigung des Mangels oder die Lieferung einer mangelfreien Sache verlangen.

(2) Der Verkäufer hat die zum Zwecke der Nacherfüllung erforderlichen Aufwendungen, insbesondere Transport-, Wege-, Arbeits- und Materialkosten zu tragen.

(3) ¹Der Verkäufer kann die vom Käufer gewählte Art der Nacherfüllung unbeschadet des § 275 Abs. 2 und 3 verweigern, wenn sie nur mit unverhältnismäßigen Kosten möglich ist. ²Dabei sind insbesondere der Wert der Sache in mangelfreiem Zustand, die Bedeutung des Mangels und die Frage zu berücksichtigen, ob auf die andere Art der Nachfüllung ohne erhebliche Nachteile für den Käufer zurückgegriffen werden könnte. ³Der Anspruch des Käufers beschränkt sich in diesem Fall auf die andere Art der Nacherfüllung; das Recht des Verkäufers, auch diese unter den Voraussetzungen des Satzes 1 zu verweigern, bleibt unberührt.

(4) Liefert der Verkäufer zum Zwecke der Nacherfüllung eine mangelfreie Sache, so kann er vom Käufer Rückgewähr der mangelhaften Sache nach Maßgabe der §§ 346 bis 348 verlangen.

§ 440
Besondere Bestimmungen für Rücktritt und Schadensersatz

¹Außer in den Fällen des § 281 Abs. 2 und des § 323 Abs. 2 bedarf es der Fristsetzung auch dann nicht, wenn der Verkäufer beide Arten der Nacherfüllung gemäß § 439 Abs. 3 verweigert oder wenn die dem Käufer zustehende Art der Nacherfüllung fehlgeschlagen oder ihm unzumutbar ist. ²Eine Nachbesserung gilt nach dem erfolglosen zweiten Versuch als fehlgeschlagen, wenn sich nicht insbesondere aus der Art der Sache oder des Mangels oder den sonstigen Umständen etwas anderes ergibt.

§ 441
Minderung

(1) ¹Statt zurückzutreten, kann der Käufer den Kaufpreis durch Erklärung gegenüber dem Verkäufer mindern. ²Der Ausschlussgrund des § 323 Abs. 5 Satz 2 findet keine Anwendung.

(2) Sind auf der Seite des Käufers oder auf der Seite des Verkäufers mehrere beteiligt, so kann die Minderung nur von allen oder gegen alle erklärt werden.

(3) ¹Bei der Minderung ist der Kaufpreis in dem Verhältnis herabzusetzen, in welchem zur Zeit des Vertragsschlusses der Wert der Sa-

che in mangelfreiem Zustand zu dem wirklichen Wert gestanden haben würde. ²Die Minderung ist, soweit erforderlich, durch Schätzung zu ermitteln.

(4) ¹Hat der Käufer mehr als den geminderten Kaufpreis gezahlt, so ist der Mehrbetrag vom Verkäufer zu erstatten. ²§ 346 Abs. 1 und § 347 Abs. 1 finden entsprechende Anwendung.

§ 442
Kenntnis des Käufers

(1) ¹Die Rechte des Käufers wegen eines Mangels sind ausgeschlossen, wenn er bei Vertragsschluss den Mangel kennt. ²Ist dem Käufer ein Mangel infolge grober Fahrlässigkeit unbekannt geblieben, kann der Käufer Rechte wegen dieses Mangels nur geltend machen, wenn der Verkäufer den Mangel arglistig verschwiegen oder eine Garantie für die Beschaffenheit der Sache übernommen hat.

(2) Ein im Grundbuch eingetragenes Recht hat der Verkäufer zu beseitigen, auch wenn es der Käufer kennt.

...

§ 444
Haftungsausschluss

Auf eine Vereinbarung, durch welche die Rechte des Käufers wegen eines Mangels ausgeschlossen oder beschränkt werden, kann sich der Verkäufer nicht berufen, soweit er den Mangel arglistig verschwiegen oder eine Garantie für die Beschaffenheit der Sache übernommen hat.

...

§ 449
Eigentumsvorbehalt

(1) Hat sich der Verkäufer einer beweglichen Sache das Eigentum bis zur Zahlung des Kaufpreises vorbehalten, so ist im Zweifel anzunehmen, dass das Eigentum unter der aufschiebenden Bedingung vollständiger Zahlung des Kaufpreises übertragen wird (Eigentumsvorbehalt).

(2) Auf Grund des Eigentumsvorbehalts kann der Verkäufer die Sache nur herausverlangen, wenn er vom Vertrag zurückgetreten ist.

(3) Die Vereinbarung eines Eigentumsvorbehalts ist nichtig, soweit der Eigentumsübergang davon abhängig gemacht wird, dass der

I Einschlägige Gesetzestexte

Käufer Forderungen eines Dritten, insbesondere eines mit dem Verkäufer verbundenen Unternehmens, erfüllt.
...

§ 453
Rechtskauf

(1) Die Vorschriften über den Kauf von Sachen finden auf den Kauf von Rechten und sonstigen Gegenständen entsprechende Anwendung.

(2) Der Verkäufer trägt die Kosten der Begründung und Übertragung des Rechts.

(3) Ist ein Recht verkauft, das zum Besitz einer Sache berechtigt, so ist der Verkäufer verpflichtet, dem Käufer die Sache frei von Sach- und Rechtsmängeln zu übergeben.
...

§ 613a
Rechte und Pflichten bei Betriebsübergang

(1) ¹Geht ein Betrieb oder Betriebsteil durch Rechtsgeschäft auf einen anderen Inhaber über, so tritt dieser in die Rechte und Pflichten aus den im Zeitpunkt des Übergangs bestehenden Arbeitsverhältnissen ein. ²Sind diese Rechte und Pflichten durch Rechtsnormen eines Tarifvertrags oder durch eine Betriebsvereinbarung geregelt, so werden sie Inhalt des Arbeitsverhältnisses zwischen dem neuen Inhaber und dem Arbeitnehmer und dürfen nicht vor Ablauf eines Jahres nach dem Zeitpunkt des Übergangs zum Nachteil des Arbeitnehmers geändert werden. Satz 2 gilt nicht, wenn die Rechte und Pflichten bei dem neuen Inhaber durch Rechtsnormen eines anderen Tarifvertrags oder durch eine andere Betriebsvereinbarung geregelt werden. ³Vor Ablauf der Frist nach Satz 2 können die Rechte und Pflichten geändert werden, wenn der Tarifvertrag oder die Betriebsvereinbarung nicht mehr gilt oder bei fehlender beiderseitiger Tarifgebundenheit im Geltungsbereich eines anderen Tarifvertrags dessen Anwendung zwischen dem neuen Inhaber und dem Arbeitnehmer vereinbart wird.

(2) ¹Der bisherige Arbeitgeber haftet neben dem neuen Inhaber für Verpflichtungen nach Absatz 1, soweit sie vor dem Zeitpunkt des Übergangs entstanden sind und vor Ablauf von einem Jahr nach die-

sem Zeitpunkt fällig werden, als Gesamtschuldner. ²Werden solche Verpflichtungen nach dem Zeitpunkt des Übergangs fällig, so haftet der bisherige Arbeitgeber für sie jedoch nur in dem Umfang, der dem im Zeitpunkt des Übergangs abgelaufenen Teil ihres Bemessungszeitraums entspricht.

(3) Absatz 2 gilt nicht, wenn eine juristische Person oder eine Personenhandelsgesellschaft durch Umwandlung erlischt.

(4) ¹Die Kündigung des Arbeitsverhältnisses eines Arbeitnehmers durch den bisherigen Arbeitgeber oder durch den neuen Inhaber wegen des Übergangs eines Betriebs oder eines Betriebsteils ist unwirksam. ²Das Recht zur Kündigung des Arbeitsverhältnisses aus anderen Gründen bleibt unberührt.

(5) Der bisherige Arbeitgeber oder der neue Inhaber hat die von einem Übergang betroffenen Arbeitnehmer vor dem Übergang in Textform zu unterrichten über:
1. den Zeitpunkt oder den geplanten Zeitpunkt des Übergangs,
2. den Grund für den Übergang,
3. die rechtlichen, wirtschaftlichen und sozialen Folgen des Übergangs für die Arbeitnehmer und
4. die hinsichtlich der Arbeitnehmer in Aussicht genommenen Maßnahmen.

(6) ¹Der Arbeitnehmer kann dem Übergang des Arbeitsverhältnisses innerhalb eines Monats nach Zugang der Unterrichtung nach Absatz 5 schriftlich widersprechen. ²Der Widerspruch kann gegenüber dem bisherigen Arbeitgeber oder dem neuen Inhaber erklärt werden.
…

§ 736
Ausscheiden eines Gesellschafters, Nachhaftung

(1) Ist im Gesellschaftsvertrag bestimmt, dass, wenn ein Gesellschafter kündigt oder stirbt oder wenn das Insolvenzverfahren über sein Vermögen eröffnet wird, die Gesellschaft unter den übrigen Gesellschaftern fortbestehen soll, so scheidet bei dem Eintritt eines solchen Ereignisses der Gesellschafter, in dessen Person es eintritt, aus der Gesellschaft aus.

(2) Die für Personenhandelsgesellschaften geltenden Regelungen über die Begrenzung der Nachhaftung gelten sinngemäß.

...

§ 1365
Verfügung über Vermögen im Ganzen

(1) [1]Ein Ehegatte kann sich nur mit Einwilligung des anderen Ehegatten verpflichten, über sein Vermögen im Ganzen zu verfügen. [2]Hat er sich ohne Zustimmung des anderen Ehegatten verpflichtet, so kann er die Verpflichtung nur erfüllen, wenn der andere Ehegatte einwilligt.

(2) Entspricht das Rechtsgeschäft den Grundsätzen einer ordnungsmäßigen Verwaltung, so kann das Vormundschaftsgericht auf Antrag des Ehegatten die Zustimmung des anderen Ehegatten ersetzen, wenn dieser sie ohne ausreichenden Grund verweigert oder durch Krankheit oder Abwesenheit an der Abgabe einer Erklärung verhindert und mit dem Aufschub Gefahr verbunden ist.

...

Bundesmantelvertrag – Ärzte (BMV-Ä)

vom 19.12.1994 (DÄ Heft 9 vom 3.3.1995, S. A625),
zuletzt geändert durch Vereinbarung vom 30.6.2008 (DÄ Heft 33 vom 15.8.2008, S. A1752)

– Auszug –

...

§ 4
Zulassung und Ermächtigung

(1) An der vertragsärztlichen Versorgung nehmen zugelassene Ärzte (Vertragsärzte), zugelassene Medizinische Versorgungszentren, nach § 311 Abs. 2 Satz 1 und 2 SGB V zugelassene Einrichtungen in dem Umfang, in dem sie am 31.12.2003 zur vertragsärztlichen Versorgung zugelassen waren (neue Bundesländer), sowie ermächtigte Ärzte und ermächtigte ärztlich geleitete Einrichtungen teil. Angestellte Ärzte in Vertragsarztpraxen und in Medizinischen Versorgungszentren nehmen an der vertragsärztlichen Versorgung im Rahmen ihres Status teil; sie haben die sich aus der Teilnahme an der vertragsärztlichen Versorgung ergebenden Pflichten zu beachten, auch wenn sie nicht Mitglied der Kassenärztlichen Vereinigung sind.

(2) An der vertragsärztlichen Versorgung nehmen auch zugelassene und ermächtigte Psychologische Psychotherapeuten und Kinder- und Jugendlichenpsychotherapeuten sowie ermächtigte Einrichtungen nach § 117 Abs. 2 SGB V teil. Absatz 1 Satz 2 gilt entsprechend für angestellte Psychotherapeuten.

(3) Die Kassenärztliche Vereinigung kann die Weiterführung der Praxis eines verstorbenen Vertragsarztes durch einen anderen Arzt bis zur Dauer von zwei Quartalen genehmigen. Sie informiert darüber die Landesverbände der Krankenkassen.

...

§ 14a
Persönliche Leitung der Vertragsarztpraxis bei angestellten Ärzten

(1) In Fällen, in denen nach § 95 Abs. 9 SGB V i. V. m. § 32b Abs. 1 Ärzte-ZV[324] der Vertragsarzt einen angestellten Arzt oder angestellte

---

324 § 95 Abs. 9 – neu – SGB V i.V.m. § 32b Abs. 1 Ärzte-ZV i.d.F. des VÄndG vom 22.12.2006 (BGBl. I S. 3439 ff.)

Ärzte beschäftigen darf, ist sicherzustellen, dass der Vertragsarzt die Arztpraxis persönlich leitet. Die persönliche Leitung ist anzunehmen, wenn je Vertragsarzt nicht mehr als drei vollzeitbeschäftigte oder teilzeitbeschäftigte Ärzte in einer Anzahl, welche im zeitlichen Umfang ihrer Arbeitszeit drei vollzeitbeschäftigten Ärzten entspricht, angestellt werden. Bei Vertragsärzten, welche überwiegend medizinisch-technische Leistungen erbringen, wird die persönliche Leitung auch bei der Beschäftigung von bis zu vier vollzeitbeschäftigten Ärzten vermutet; Satz 2 2. Halbsatz gilt entsprechend. Bei Vertragsärzten, welche eine Zulassung nach § 19a Ärzte-ZV für einen hälftigen Versorgungsauftrag haben, vermindert sich die Beschäftigungsmöglichkeit auf einen vollzeitbeschäftigten oder zwei teilzeitbeschäftigte Ärzte je Vertragsarzt. Die Beschäftigung eines Weiterbildungsassistenten wird insoweit nicht angerechnet. Will der Vertragsarzt über den Umfang nach Sätzen 2 bis 4 hinaus weitere Ärzte beschäftigen, hat er dem Zulassungsausschuss vor der Erteilung der Genehmigung nachzuweisen, durch welche Vorkehrungen die persönliche Leitung der Praxis gewährleistet ist.

...

§ 40
Verfahren zur Anerkennung als Belegarzt

(1) Die Anerkennung als Belegarzt setzt voraus, dass an dem betreffenden Krankenhaus eine Belegabteilung der entsprechenden Fachrichtung nach Maßgabe der Gebietsbezeichnung (Schwerpunkt) der Weiterbildungsordnung in Übereinstimmung mit dem Krankenhausplan oder mit dem Versorgungsvertrag eingerichtet ist und der Praxissitz des Vertragsarztes im Einzugsbereich dieser Belegabteilung liegt.

(2) Über die Anerkennung als Belegarzt entscheidet die für seinen Niederlassungsort zuständige Kassenärztliche Vereinigung auf Antrag im Einvernehmen mit allen Landesverbänden der Krankenkassen und den Verbänden der Ersatzkassen. Die Ziele der Krankenhausplanung sind zu berücksichtigen.

(3) Dem Antrag ist eine Erklärung des Krankenhauses über die Gestattung belegärztlicher Tätigkeit und die Zahl der zur Verfügung gestellten Betten beizufügen. Die Erklärung wird den Landesverbänden der Krankenkassen zur Kenntnis gegeben.

(4) Die Anerkennung als Belegarzt endet mit der Beendigung seiner vertragsärztlichen Zulassung oder mit der Beendigung der Tätigkeit

als Belegarzt an dem Krankenhaus, für welches er anerkannt war. Die Landesverbände der Krankenkassen und die Verbände der Ersatzkassen sind vom Ende der Anerkennung zu benachrichtigen. Ist ein Ruhen der vertragsärztlichen Zulassung angeordnet, ruht auch die belegärztliche Tätigkeit.

(5) Die Anerkennung als Belegarzt ist durch die Kassenärztliche Vereinigung zurückzunehmen oder zu widerrufen, wenn ihre Voraussetzungen nicht oder nicht mehr vorliegen. Die Kassenärztliche Vereinigung kann die Anerkennung außerdem widerrufen, wenn entweder in der Person des Vertragsarztes ein wichtiger Grund vorliegt oder der Vertragsarzt seine Pflichten gröblich verletzt hat, so dass er für die weitere belegärztliche Tätigkeit ungeeignet ist. Die Entscheidung der Kassenärztlichen Vereinigung ist dem Vertragsarzt und den Landesverbänden der Krankenkassen und den Verbänden der Ersatzkassen mitzuteilen.

(6) Der Widerruf der Anerkennung kann auch von den Landesverbänden der Krankenkassen bei der Kassenärztlichen Vereinigung beantragt werden.

...

I Einschlägige Gesetzestexte

Erbschaftsteuer- und Schenkungsteuergesetz (ErbStG)
i.d.F. der Bek. vom 27.2.1997 (BGBl. I S. 378), zuletzt geändert durch Art. 8 G vom 10.10.2007 (BGBl. I S. 2332)
– *Auszug* –

...

§ 16
Freibeträge

(1) Steuerfrei bleibt in den Fällen des § 2 Abs. 1 Nr. 1 der Erwerb
1. des Ehegatten in Höhe von 307 000 Euro;
2. der Kinder im Sinne der Steuerklasse I Nr. 2 und der Kinder verstorbener Kinder im Sinne der Steuerklasse I Nr. 2 in Höhe von 205 000 Euro;
3. der übrigen Personen der Steuerklasse I in Höhe von 51 200 Euro;
4. der Personen der Steuerklasse II in Höhe von 10 300 Euro;
5. der Personen der Steuerklasse III in Höhe von 5 200 Euro.

(2) An die Stelle des Freibetrags nach Absatz 1 tritt in den Fällen des § 2 Abs. 1 Nr. 3 ein Freibetrag von 1 100 Euro.

...

§ 19
Steuersätze

(1) Die Erbschaftsteuer wird nach folgenden Vomhundertsätzen erhoben:

Wert des steuerpflichtigen Erwerbs (§ 10) bis einschließlich ... Euro	Vomhundertsatz in der Steuerklasse		
	I	II	III
52 000	7	12	17
256 000	11	17	23
512 000	15	22	29
5 113 000	19	27	35
12 783 000	23	32	41
25 565 000	27	37	47
über 25 565 000	30	40	50

...

Einkommensteuergesetz (EStG)

i.d.F. der Bek. vom 19.10.2002 (BGBl. I S. 4210, ber. 2003 S. 179), zuletzt geändert durch Art. 1 G vom 29.7.2008 (BGBl. I S. 1509)

– Auszug –

...

§ 7
Absetzung für Abnutzung oder Substanzverringerung

(1) ¹Bei Wirtschaftsgütern, deren Verwendung oder Nutzung durch den Steuerpflichtigen zur Erzielung von Einkünften sich erfahrungsgemäß auf einen Zeitraum von mehr als einem Jahr erstreckt, ist jeweils für ein Jahr der Teil der Anschaffungs- oder Herstellungskosten abzusetzen, der bei gleichmäßiger Verteilung dieser Kosten auf die Gesamtdauer der Verwendung oder Nutzung auf ein Jahr entfällt (Absetzung für Abnutzung in gleichen Jahresbeträgen). ²Die Absetzung bemisst sich hierbei nach der betriebsgewöhnlichen Nutzungsdauer des Wirtschaftsguts. ³Als betriebsgewöhnliche Nutzungsdauer des Geschäfts- oder Firmenwerts eines Gewerbebetriebs oder eines Betriebs der Land- und Forstwirtschaft gilt ein Zeitraum von 15 Jahren. ⁴Im Jahr der Anschaffung oder Herstellung des Wirtschaftsguts vermindert sich für dieses Jahr der Absetzungsbetrag nach Satz 1 um jeweils ein Zwölftel für jeden vollen Monat, der dem Monat der Anschaffung oder Herstellung vorangeht. ⁵Bei Wirtschaftsgütern, die nach einer Verwendung zur Erzielung von Einkünften im Sinne des § 2 Abs. 1 Nr. 4 bis 7 in ein Betriebsvermögen eingelegt worden sind, mindern sich die Anschaffungs- oder Herstellungskosten um die Absetzungen für Abnutzung oder Substanzverringerung, Sonderabschreibungen oder erhöhte Absetzungen, die bis zum Zeitpunkt der Einlage vorgenommen worden sind. ⁶Bei beweglichen Wirtschaftsgütern des Anlagevermögens, bei denen es wirtschaftlich begründet ist, die Absetzung für Abnutzung nach Maßgabe der Leistung des Wirtschaftsguts vorzunehmen, kann der Steuerpflichtige dieses Verfahren statt der Absetzung für Abnutzung in gleichen Jahresbeträgen anwenden, wenn er den auf das einzelne Jahr entfallenden Umfang der Leistung nachweist. ⁷Absetzungen für außergewöhnliche technische oder wirtschaftliche Abnutzung sind zulässig; soweit der Grund hierfür in späteren Wirtschaftsjahren entfällt, ist in den Fällen der Ge-

I Einschlägige Gesetzestexte

winnermittlung nach § 4 Abs. 1 oder nach § 5 eine entsprechende Zuschreibung vorzunehmen.

...

§ 16
Veräußerung des Betriebs

...

(4) ¹Hat der Steuerpflichtige das 55. Lebensjahr vollendet oder ist er im sozialversicherungsrechtlichen Sinne dauernd berufsunfähig, so wird der Veräußerungsgewinn auf Antrag zur Einkommensteuer nur herangezogen, soweit er 45 000 Euro übersteigt. ²Der Freibetrag ist dem Steuerpflichtigen nur einmal zu gewähren. ³Er ermäßigt sich um den Betrag, um den der Veräußerungsgewinn 136 000 Euro übersteigt.

...

§ 34
Außerordentliche Einkünfte

...

(3) ¹Sind in dem zu versteuernden Einkommen außerordentliche Einkünfte im Sinne des Absatzes 2 Nr. 1 enthalten, so kann auf Antrag abweichend von Absatz 1 die auf den Teil dieser außerordentlichen Einkünfte, der den Betrag von insgesamt 5 Millionen Euro nicht übersteigt, entfallende Einkommensteuer nach einem ermäßigten Steuersatz bemessen werden, wenn der Steuerpflichtige das 55. Lebensjahr vollendet hat oder wenn er im sozialversicherungsrechtlichen Sinne dauernd berufsunfähig ist. ²Der ermäßigte Steuersatz beträgt 56 Prozent des durchschnittlichen Steuersatzes, der sich ergäbe, wenn die tarifliche Einkommensteuer nach dem gesamten zu versteuernden Einkommen zuzüglich der dem Progressionsvorbehalt unterliegenden Einkünfte zu bemessen wäre, mindestens jedoch 15 Prozent. ³Auf das um die in Satz 1 genannten Einkünfte verminderte zu versteuernde Einkommen (verbleibendes zu versteuerndes Einkommen) sind vorbehaltlich des Absatzes 1 die allgemeinen Tarifvorschriften anzuwenden. ⁴Die Ermäßigung nach den Sätzen 1 bis 3 kann der Steuerpflichtige nur einmal im Leben in Anspruch nehmen. ⁵Erzielt der Steuerpflichtige in einem Veranlagungszeitraum mehr als einen Veräußerungs- oder Aufgabegewinn im Sinne des Satzes 1, kann

er die Ermäßigung nach den Sätzen 1 bis 3 nur für einen Veräußerungs- oder Aufgabegewinn beantragen. ⁶Absatz 1 Satz 4 ist entsprechend anzuwenden.

§ 52[325]
Anwendungsvorschriften

...

(34) ¹§ 16 Abs. 1 in der Fassung des Artikels 1 des Gesetzes vom 20. Dezember 2001 (BGBl. I S. 3858) ist erstmals auf Veräußerungen anzuwenden, die nach dem 31. Dezember 2001 erfolgen. ²§ 16 Abs. 2 Satz 3 und Abs. 3 Satz 2 in der Fassung der Bekanntmachung vom 16. April 1997 (BGBl. I S. 821) ist erstmals auf Veräußerungen anzuwenden, die nach dem 31. Dezember 1993 erfolgen. ³§ 16 Abs. 3 Satz 1 und 2 in der Fassung des Gesetzes vom 24. März 1999 (BGBl. I S. 402) ist erstmals auf Veräußerungen und Realteilungen anzuwenden, die nach dem 31. Dezember 1998 erfolgen. ⁴§ 16 Abs. 3 Satz 2 bis 4 in der Fassung des Gesetzes vom 20. Dezember 2001 (BGBl. I S. 3858) ist erstmals auf Realteilungen nach dem 31. Dezember 2000 anzuwenden. ⁵§ 16 Abs. 4 in der Fassung der Bekanntmachung vom 16. April 1997 (BGBl. I S. 821) ist erstmals auf Veräußerungen anzuwenden, die nach dem 31. Dezember 1995 erfolgen; hat der Steuerpflichtige bereits für Veräußerungen vor dem 1. Januar 1996 Veräußerungsfreibeträge in Anspruch genommen, bleiben diese unberücksichtigt. ⁶§ 16 Abs. 4 in der Fassung des Gesetzes vom 23. Oktober 2000 (BGBl. I S. 1433) ist erstmals auf Veräußerungen und Realteilungen anzuwenden, die nach dem 31. Dezember 2000 erfolgen. ⁷§ 16 Abs. 5 in der Fassung des Gesetzes vom 7. Dezember 2006 (BGBl. I S. 2782) ist erst-

---

325 **Anm. d. Verlages:**
Gemäß Art. 5 Nr. 3 G vom 10.12.2007 (BGBl. I S. 2838) wird § 52 mit Wirkung zum 1.1.2009 wie folgt geändert:
a) Absatz 12a wird wie folgt gefasst:

„(12a) § 4d Abs. 1 Satz 1 Nr. 1 Satz 1 in der Fassung des Artikels 5 Nr. 1 des Gesetzes vom 10. Dezember 2007 (BGBl. I S. 2838) ist erstmals bei nach dem 31. Dezember 2008 zugesagten Leistungen der betrieblichen Altersversorgung anzuwenden."

b) Absatz 17 wird wie folgt gefasst:

„(17) § 6a Abs. 2 Nr. 1 und Abs. 3 Satz 2 Nr. 1 Satz 6 in der Fassung des Artikels 5 Nr. 2 des Gesetzes vom 10. Dezember 2007 (BGBl. I S. 2838) sind erstmals bei nach dem 31. Dezember 2008 erteilten Pensionszusagen anzuwenden."

mals anzuwenden, wenn die ursprüngliche Übertragung der veräußerten Anteile nach dem 12. Dezember 2006 erfolgt ist.

...

(47) [1]§ 34 Abs. 1 Satz 1 in der Fassung des Gesetzes vom 23. Oktober 2000 (BGBl. I S. 1433) ist erstmals für den Veranlagungszeitraum 1999 anzuwenden. [2]Auf § 34 Abs. 2 Nr. 1 in der Fassung des Gesetzes vom 23. Oktober 2000 (BGBl. I S. 1433) ist Absatz 4a in der Fassung des Gesetzes vom 23. Oktober 2000 (BGBl. I S. 1433) entsprechend anzuwenden. [3]Satz 2 gilt nicht für die Anwendung des § 34 Abs. 3 in der Fassung des Gesetzes vom 19. Dezember 2000 (BGBl. I S. 1812). [4]In den Fällen, in denen nach dem 31. Dezember eines Jahres mit zulässiger steuerlicher Rückwirkung eine Vermögensübertragung nach dem Umwandlungssteuergesetz erfolgt oder ein Veräußerungsgewinn im Sinne des § 34 Abs. 2 Nr. 1 in der Fassung des Gesetzes vom 23. Oktober 2000 (BGBl. I S. 1433) erzielt wird, gelten die außerordentlichen Einkünfte als nach dem 31. Dezember dieses Jahres erzielt. [5]§ 34 Abs. 3 Satz 1 in der Fassung des Gesetzes vom 19. Dezember 2000 (BGBl. I S. 1812) ist ab dem Veranlagungszeitraum 2002 mit der Maßgabe anzuwenden, dass an die Stelle der Angabe „10 Millionen Deutsche Mark" die Angabe „5 Millionen Euro" tritt. [6]§ 34 Abs. 3 Satz 2 in der Fassung des Artikels 9 des Gesetzes vom 29. Dezember 2003 (BGBl. I S. 3076) ist erstmals für den Veranlagungszeitraum 2004 und ab dem Veranlagungszeitraum 2005 mit der Maßgabe anzuwenden, dass an die Stelle der Angabe „16 Prozent" die Angabe „15 Prozent" tritt. [7]Für die Anwendung des § 34 Abs. 3 Satz 4 in der Fassung des Gesetzes vom 19. Dezember 2000 (BGBl. I S. 1812) ist die Inanspruchnahme einer Steuerermäßigung nach § 34 in Veranlagungszeiträumen vor dem 1. Januar 2001 unbeachtlich.

...

Grundgesetz für die Bundesrepublik Deutschland

vom 23.5.1949 (BGBl. I S. 1),
zuletzt geändert durch G vom 28.8.2006 (BGBl. I S. 2034)

– *Auszug* –

...

Art. 3

(1) Alle Menschen sind vor dem Gesetz gleich.

(2) ¹Männer und Frauen sind gleichberechtigt. ²Der Staat fördert die tatsächliche Durchsetzung der Gleichberechtigung von Frauen und Männern und wirkt auf die Beseitigung bestehender Nachteile hin.

(3) ¹Niemand darf wegen seines Geschlechtes, seiner Abstammung, seiner Rasse, seiner Sprache, seiner Heimat und Herkunft, seines Glaubens, seiner religiösen oder politischen Anschauungen benachteiligt oder bevorzugt werden. ²Niemand darf wegen seiner Behinderung benachteiligt werden.

...

Art. 12

(1) ¹Alle Deutschen haben das Recht, Beruf, Arbeitsplatz und Ausbildungsstätte frei zu wählen. ²Die Berufsausübung kann durch Gesetz oder auf Grund eines Gesetzes geregelt werden.

(2) Niemand darf zu einer bestimmten Arbeit gezwungen werden, außer im Rahmen einer herkömmlichen allgemeinen, für alle gleichen öffentlichen Dienstleistungspflicht.

(3) Zwangsarbeit ist nur bei einer gerichtlich angeordneten Freiheitsentziehung zulässig.

...

Art. 14

(1) ¹Das Eigentum und das Erbrecht werden gewährleistet. ²Inhalt und Schranken werden durch die Gesetze bestimmt.

(2) ¹Eigentum verpflichtet. ²Sein Gebrauch soll zugleich dem Wohle der Allgemeinheit dienen.

(3) ¹Eine Enteignung ist nur zum Wohle der Allgemeinheit zulässig. ²Sie darf nur durch Gesetz oder auf Grund eines Gesetzes erfolgen, das Art und Ausmaß der Entschädigung regelt. ³Die Entschädigung ist unter gerechter Abwägung der Interessen der Allgemeinheit und der Beteiligten zu bestimmen. ⁴Wegen der Höhe der Entschädigung steht im Streitfalle der Rechtsweg vor den ordentlichen Gerichten offen.

...

Gesetz über die Berufsausübung, die Berufsvertretungen und die Berufsgerichtsbarkeit der Ärzte, Zahnärzte, Tierärzte, Apotheker sowie der Psychologischen Psychotherapeuten und der Kinder- und Jugendlichenpsychotherapeuten (Heilberufe-Kammergesetz – HKaG)

i.d.F. der Bek. vom 6.2.2002 (GVBl. S. 42),
zuletzt geändert durch § 2 G vom 23.4.2008 (GVBl. S. 132)

– Auszug –

...

Art. 18

...

(3) [1]Das Nähere zu Absatz 1 Satz 1 regelt die Berufsordnung. [2]Sie hat zu Absatz 1 Satz 1 Nr. 2 vorzusehen, dass die Teilnahmeverpflichtung nur für einen bestimmten regionalen Bereich gilt und Befreiung von der Teilnahme am Notfall- und Bereitschaftsdienst aus schwer wiegenden Gründen, insbesondere wegen körperlicher Behinderungen, besonders belastender familiärer Pflichten oder wegen Teilnahme an einem klinischen Bereitschaftsdienst mit Notfallversorgung auf Antrag ganz, teilweise oder vorübergehend erteilt werden kann.

Handelsgesetzbuch (HGB)

vom 10.5.1897 (RGBl. I S. 219),
zuletzt geändert durch Art. 17 G vom 21.12.2007 (BGBl. I S. 3089)
– *Auszug* –

...

§ 128

[1]Die Gesellschafter haften für die Verbindlichkeiten der Gesellschaft den Gläubigern als Gesamtschuldner persönlich. [2]Eine entgegenstehende Vereinbarung ist Dritten gegenüber unwirksam.

...

§ 130

(1) Wer in eine bestehende Gesellschaft eintritt, haftet gleich den anderen Gesellschaftern nach Maßgabe der § 128 und 129 für die vor seinem Eintritte begründeten Verbindlichkeiten der Gesellschaft, ohne Unterschied, ob die Firma eine Änderung erleidet oder nicht.

(2) Eine entgegenstehende Vereinbarung ist Dritten gegenüber unwirksam.

...

§ 160

(1) [1]Scheidet ein Gesellschafter aus der Gesellschaft aus, so haftet er für ihre bis dahin begründeten Verbindlichkeiten, wenn sie vor Ablauf von fünf Jahren nach dem Ausscheiden fällig und daraus Ansprüche gegen ihn gerichtlich geltend gemacht sind; bei öffentlich-rechtlichen Verbindlichkeiten genügt zur Geltendmachung der Erlass eines Verwaltungsakts. [2]Die Frist beginnt mit dem Ende des Tages, an dem das Ausscheiden in das Handelsregister des für den Sitz der Gesellschaft zuständigen Gerichts eingetragen wird. [3]Die für die Verjährung geltenden §§ 203, 206, 207, 210, 212 bis 216 und 220 des Bürgerlichen Gesetzbuches sind entsprechend anzuwenden.

(2) Einer gerichtlichen Geltendmachung bedarf es nicht, soweit der Gesellschafter den Anspruch schriftlich anerkannt hat.

(3) ¹Wird ein Gesellschafter Kommanditist, so sind für die Begrenzung seiner Haftung für die im Zeitpunkt der Eintragung der Änderung in das Handelsregister begründeten Verbindlichkeiten die Absätze 1 und 2 entsprechend anzuwenden. ²Dies gilt auch, wenn er in der Gesellschaft oder einem ihr als Gesellschafter angehörenden Unternehmen geschäftsführend tätig wird. ³Seine Haftung als Kommanditist bleibt unberührt.

...

Kündigungsschutzgesetz (KSchG)

i.d.F. der Bek. vom 25.8.1969 (BGBl. I S. 1317), zuletzt geändert durch Art. 3 G vom 26.3.2008 (BGBl. I S. 444)

– *Auszug* –

...

§ 23
Geltungsbereich

(1) ¹Die Vorschriften des Ersten und Zweiten Abschnitts gelten für Betriebe und Verwaltungen des privaten und des öffentlichen Rechts, vorbehaltlich der Vorschriften des § 24 für die Seeschifffahrts-, Binnenschifffahrts- und Luftverkehrsbetriebe. ²Die Vorschriften des Ersten Abschnitts gelten mit Ausnahme der §§ 4 bis 7 und des § 13 Abs. 1 Satz 1 und 2 nicht für Betriebe und Verwaltungen, in denen in der Regel fünf oder weniger Arbeitnehmer ausschließlich der zu ihrer Berufsbildung Beschäftigten beschäftigt werden. ³In Betrieben und Verwaltungen, in denen in der Regel zehn oder weniger Arbeitnehmer ausschließlich der zu ihrer Berufsbildung Beschäftigten beschäftigt werden, gelten die Vorschriften des Ersten Abschnitts mit Ausnahme der §§ 4 bis 7 und des § 13 Abs. 1 Satz 1 und 2 nicht für Arbeitnehmer, deren Arbeitsverhältnis nach dem 31. Dezember 2003 begonnen hat; diese Arbeitnehmer sind bei der Feststellung der Zahl der beschäftigten Arbeitnehmer nach Satz 2 bis zur Beschäftigung von in der Regel zehn Arbeitnehmern nicht zu berücksichtigen. ⁴Bei der Feststellung der Zahl der beschäftigten Arbeitnehmer nach den Sätzen 2 und 3 sind teilzeitbeschäftigte Arbeitnehmer mit einer regelmäßigen wöchentlichen Arbeitszeit von nicht mehr als 20 Stunden mit 0,5 und nicht mehr als 30 Stunden mit 0,75 zu berücksichtigen.

...

(Muster-) Berufsordnung für die deutschen Ärztinnen und Ärzte
– MBO-Ä 1997 –

i.d.F. der Beschlüsse des 100. Deutschen Ärztetages am 31.5.1997 in Eisenach, zuletzt geändert durch Beschluss des Vorstandes der Bundesärztekammer am 24.11.2006 (DÄ 2007, Heft 22, S. A1613)

– Auszug –

...

§ 23a
Ärztegesellschaften

(1) Ärztinnen und Ärzte können auch in der Form der juristischen Person des Privatrechts ärztlich tätig sein. Gesellschafter einer Ärztegesellschaft können nur Ärztinnen und Ärzte und Angehörige der in § 23b Absatz 1 Satz 1 genannten Berufe sein. Sie müssen in der Gesellschaft beruflich tätig sein. Gewährleistet sein muss zudem, dass

a) die Gesellschaft verantwortlich von einer Ärztin oder einem Arzt geführt wird; Geschäftsführer müssen mehrheitlich Ärztinnen und Ärzte sein,

b) die Mehrheit der Gesellschaftsanteile und der Stimmrechte Ärztinnen und Ärzten zustehen,

c) Dritte nicht am Gewinn der Gesellschaft beteiligt sind,

d) eine ausreichende Berufshaftpflichtversicherung für jede/jeden in der Gesellschaft tätige Ärztin/tätigen Arzt besteht.

(2) Der Name der Ärztegesellschaft des Privatrechts darf nur die Namen der in der Gesellschaft tätigen ärztlichen Gesellschafter enthalten. Unbeschadet des Namens der Gesellschaft können die Namen und Arztbezeichnungen aller ärztlichen Gesellschafter und der angestellten Ärztinnen und Ärzte angezeigt werden.

...

§ 24
Verträge über ärztliche Tätigkeit

Ärztinnen und Ärzte sollen alle Verträge über ihre ärztliche Tätigkeit vor ihrem Abschluss der Ärztekammer vorlegen, damit geprüft werden kann, ob die beruflichen Belange gewahrt sind.

...

Richtlinie 2000/78/EG des Rates zur Festlegung eines allgemeinen Rahmens für die Verwirklichung der Gleichbehandlung in Beschäftigung und Beruf

vom 27.11.2000 (ABl. L 303 S. 16)

– *Auszug* –

...

Artikel 6
Gerechtfertigte Ungleichbehandlung wegen des Alters

(1) Ungeachtet des Artikels 2 Absatz 2 können die Mitgliedstaaten vorsehen, dass Ungleichbehandlungen wegen des Alters keine Diskriminierung darstellen, sofern sie objektiv und angemessen sind und im Rahmen des nationalen Rechts durch ein legitimes Ziel, worunter insbesondere rechtmäßige Ziele aus den Bereichen Beschäftigungspolitik, Arbeitsmarkt und berufliche Bildung zu verstehen sind, gerechtfertigt sind und die Mittel zur Erreichung dieses Ziels angemessen und erforderlich sind.

Derartige Ungleichbehandlungen können insbesondere Folgendes einschließen:

a) die Festlegung besonderer Bedingungen für den Zugang zur Beschäftigung und zur beruflichen Bildung sowie besonderer Beschäftigungs- und Arbeitsbedingungen, einschließlich der Bedingungen für Entlassung und Entlohnung, um die berufliche Eingliederung von Jugendlichen, älteren Arbeitnehmern und Personen mit Fürsorgepflichten zu fördern oder ihren Schutz sicherzustellen;

b) die Festlegung von Mindestanforderungen an das Alter, die Berufserfahrung oder das Dienstalter für den Zugang zur Beschäftigung oder für bestimmte mit der Beschäftigung verbundene Vorteile;

c) die Festsetzung eines Höchstalters für die Einstellung aufgrund der spezifischen Ausbildungsanforderungen eines bestimmten Arbeitsplatzes oder aufgrund der Notwendigkeit einer angemessenen Beschäftigungszeit vor dem Eintritt in den Ruhestand.

...

I Einschlägige Gesetzestexte

Sozialgesetzbuch (SGB) – Fünftes Buch (V) – Gesetzliche Krankenversicherung[326]

vom 20.12.1988 (BGBl. I S. 2477),
zuletzt geändert durch Art. 6 G vom 28.5.2008 (BGBl. I S. 874)

– *Auszug* –

...

§ 73c
Besondere ambulante ärztliche Versorgung

(1) [1]Die Krankenkassen können ihren Versicherten die Sicherstellung der ambulanten ärztlichen Versorgung durch Abschluss von Verträgen nach Absatz 4 anbieten. [2]Gegenstand der Verträge können Versorgungsaufträge sein, die sowohl die versichertenbezogene gesamte ambulante ärztliche Versorgung als auch einzelne Bereiche der ambulanten ärztlichen Versorgung umfassen. [3]Für die personellen und sächlichen Qualitätsanforderungen zur Durchführung der vereinbarten Versorgungsaufträge gelten die vom Gemeinsamen Bundesausschuss sowie die in den Bundesmantelverträgen für die Leistungserbringung in der vertragsärztlichen Versorgung beschlossenen Anforderungen als Mindestvoraussetzungen entsprechend.

(2) [1]Die Versicherten erklären ihre freiwillige Teilnahme an der besonderen ambulanten ärztlichen Versorgung durch nach Absatz 3 verpflichtete Leistungserbringer, indem sie sich schriftlich gegenüber ihrer Krankenkasse verpflichten, für die Erfüllung der in den Verträgen umschriebenen Versorgungsaufträge nur die vertraglich gebundenen Leistungserbringer und andere ärztliche Leistungserbringer nur auf deren Überweisung in Anspruch zu nehmen. [2]Der Versicherte ist an diese Verpflichtung mindestens ein Jahr gebunden. [3]Das Nähere zur Durchführung der Teilnahme der Versicherten, insbesondere zur Bindung an die vertraglich gebundenen Leistungserbringer, zu Ausnahmen von dem Überweisungsgebot und zu den Folgen bei Pflichtverstößen der Versicherten, regeln die Krankenkassen in ihren Satzungen.

---

326 **Anm. d. Verlages:**
Das Gesetz ist Art. 1 des Gesetzes zur Strukturreform im Gesundheitswesen (Gesundheits-Reformgesetz – GRG).

(3) ¹Die Krankenkassen können zur Umsetzung ihres Angebots nach Absatz 1 allein oder in Kooperation mit anderen Krankenkassen Einzelverträge schließen mit
1. vertragsärztlichen Leistungserbringern,
2. Gemeinschaften dieser Leistungserbringer,
3. Trägern von Einrichtungen, die eine besondere ambulante Versorgung nach Absatz 1 durch vertragsärztliche Leistungserbringer anbieten,
4. Kassenärztlichen Vereinigungen.

²Ein Anspruch auf Vertragsschluss besteht nicht. ³Die Aufforderung zur Abgabe eines Angebots ist unter Bekanntgabe objektiver Auswahlkriterien öffentlich auszuschreiben. ⁴Soweit die Versorgung der Versicherten durch Verträge nach Satz 1 durchgeführt wird, ist der Sicherstellungsauftrag nach § 75 Abs. 1 eingeschränkt. ⁵Die Krankenkassen können den diesen Versorgungsaufträgen zuzurechnenden Notdienst gegen Aufwendungsersatz, der pauschaliert werden kann, durch die Kassenärztlichen Vereinigungen sicherstellen lassen.

(4) ¹In den Verträgen nach Absatz 3 sind das Nähere über den Inhalt, den Umfang und die Durchführung der Versorgungsaufträge, insbesondere die Ausgestaltung der Qualitätsanforderungen, sowie die Vergütung zu regeln. ²Gegenstand der Versorgungsaufträge dürfen nur solche Leistungen sein, über deren Eignung als Leistung der gesetzlichen Krankenversicherung der Gemeinsame Bundesausschuss nach § 91 im Rahmen der Beschlüsse nach § 92 Abs. 1 Satz 2 Nr. 5 keine ablehnende Entscheidung getroffen hat. ³Die Verträge können Abweichendes von den Vorschriften dieses Kapitels sowie den nach diesen Vorschriften getroffenen Regelungen regeln. ⁴§ 106a Abs. 3 gilt hinsichtlich der arzt- und versichertenbezogenen Prüfung der Abrechnungen auf Rechtmäßigkeit entsprechend.

(5) Die Krankenkassen haben ihre Versicherten in geeigneter Weise umfassend über Inhalt und Ziele der besonderen ambulanten ärztlichen Versorgung nach Absatz 1 sowie der daran teilnehmenden Ärzte zu informieren.

(6) ¹Die Vertragspartner der Gesamtverträge nach § 83 Abs. 1 haben die Gesamtvergütungen nach § 85 Abs. 2 in den Jahren 2007 und 2008 entsprechend der Zahl der nach Absatz 3 teilnehmenden Versicherten sowie dem in einem Vertrag nach Absatz 3 vereinbarten Versorgungsauftrag zu bereinigen, soweit der damit verbundene einzelver-

tragliche Leistungsbedarf den nach § 295 Abs. 2 auf Grundlage des einheitlichen Bewertungsmaßstabes für vertragsärztliche Leistungen abgerechneten Leistungsbedarf vermindert. ²Ab dem 1. Januar 2009 ist der Behandlungsbedarf nach § 87a Abs. 3 Satz 2 entsprechend der Zahl und der Morbiditätsstruktur der nach Absatz 3 teilnehmenden Versicherten sowie dem in einem Vertrag nach Absatz 3 vereinbarten Versorgungsauftrag zu bereinigen. ³Kommt eine Einigung über die Verringerung der Gesamtvergütungen nach Satz 1 oder des Behandlungsbedarfs nach Satz 2 nicht zustande, können auch die Krankenkassen, die Vertragspartner der Verträge nach Absatz 3 sind, das Schiedsamt nach § 89 anrufen. ⁴Die für die Bereinigungsverfahren erforderlichen arzt- und versichertenbezogenen Daten übermitteln die Krankenkassen den zuständigen Gesamtvertragspartnern.

...

§ 75[327]
Inhalt und Umfang der Sicherstellung

(1) ¹Die Kassenärztlichen Vereinigungen und die Kassenärztlichen Bundesvereinigungen haben die vertragsärztliche Versorgung in dem in § 73 Abs. 2 bezeichneten Umfang sicherzustellen und den Krankenkassen und ihren Verbänden gegenüber die Gewähr dafür zu übernehmen, dass die vertragsärztliche Versorgung den gesetzlichen und vertraglichen Erfordernissen entspricht. ²Die Sicherstellung umfasst auch die vertragsärztliche Versorgung zu den sprechstundenfreien Zeiten (Notdienst), nicht jedoch die notärztliche Versorgung im Rahmen des Rettungsdienstes, soweit Landesrecht nichts anderes bestimmt. ³Kommt die Kassenärztliche Vereinigung ihrem Sicherstellungsauftrag aus Gründen, die sie zu vertreten hat, nicht nach, können die Krankenkassen die in den Gesamtverträgen nach § 85 oder § 87a vereinbarten Vergütungen teilweise zurückbehalten. ⁴Die Einzelheiten regeln die Partner der Bundesmantelverträge.

(2) ¹Die Kassenärztlichen Vereinigungen und die Kassenärztlichen Bundesvereinigungen haben die Rechte der Vertragsärzte gegenüber den Krankenkassen wahrzunehmen. ²Sie haben die Erfüllung der den

---

327   **Anm. d. Verlages:**
      Gemäß Art. 2 Nr. 8a Buchstabe a G vom 26.3.2007 (BGBl. I S. 378) werden in § 75 Absatz 3a Satz 1 mit Wirkung zum 1.1.2009 nach der Angabe „§ 315" die Wörter „sowie dem brancheneinheitlichen Basistarif nach § 12 Abs. 1a des Versicherungsaufsichtsgesetzes" eingefügt.

Vertragsärzten obliegenden Pflichten zu überwachen und die Vertragsärzte, soweit notwendig, unter Anwendung der in § 81 Abs. 5 vorgesehenen Maßnahmen zur Erfüllung dieser Pflichten anzuhalten.

(3) ¹Die Kassenärztlichen Vereinigungen und die Kassenärztlichen Bundesvereinigungen haben auch die ärztliche Versorgung von Personen sicherzustellen, die auf Grund dienstrechtlicher Vorschriften über die Gewährung von Heilfürsorge einen Anspruch auf unentgeltliche ärztliche Versorgung haben, soweit die Erfüllung dieses Anspruchs nicht auf andere Weise gewährleistet ist. ²Die ärztlichen Leistungen sind so zu vergüten, wie die Ersatzkassen die vertragsärztlichen Leistungen vergüten. ³Die Sätze 1 und 2 gelten entsprechend für ärztliche Untersuchungen zur Durchführung der allgemeinen Wehrpflicht sowie Untersuchungen zur Vorbereitung von Personalentscheidungen und betriebs- und fürsorgeärztliche Untersuchungen, die von öffentlich-rechtlichen Kostenträgern veranlasst werden.

(3a) ¹Die Kassenärztlichen Vereinigungen und die Kassenärztlichen Bundesvereinigungen haben auch die ärztliche Versorgung der in den brancheneinheitlichen Standardtarifen nach § 257 Abs. 2a in Verbindung mit § 314 und nach § 257 Abs. 2a in Verbindung mit § 315 Versicherten mit den in diesen Tarifen versicherten ärztlichen Leistungen sicherzustellen. ²Solange und soweit nach Absatz 3b nichts Abweichendes vereinbart oder festgesetzt wird, sind die in Satz 1 genannten Leistungen einschließlich der belegärztlichen Leistungen nach § 12 nach der Gebührenordnung für Ärzte oder der Gebührenordnung für Zahnärzte mit der Maßgabe zu vergüten, dass Gebühren für die in Abschnitt M des Gebührenverzeichnisses der Gebührenordnung für Ärzte genannten Leistungen sowie für die Leistung nach Nummer 437 des Gebührenverzeichnisses der Gebührenordnung für Ärzte nur bis zum 1,16fachen des Gebührensatzes der Gebührenordnung für Ärzte, Gebühren für die in den Abschnitten A, E und O des Gebührenverzeichnisses der Gebührenordnung für Ärzte genannten Leistungen nur bis zum 1,38fachen des Gebührensatzes der Gebührenordnung für Ärzte, Gebühren für die übrigen Leistungen des Gebührenverzeichnisses der Gebührenordnung für Ärzte nur bis zum 1,8fachen des Gebührensatzes der Gebührenordnung für Ärzte und Gebühren für die Leistungen des Gebührenverzeichnisses der Gebührenordnung für Zahnärzte nur bis zum 2fachen des Gebührensatzes der Gebührenordnung für Zahnärzte berechnet werden dürfen. ³Für die Vergütung von in den §§ 115b und 116b bis 119 genannten Leistungen gilt Satz 2 entsprechend, wenn diese für die in Satz 1 genann-

I Einschlägige Gesetzestexte

ten Versicherten im Rahmen der dort genannten Tarife erbracht werden.

(3b) ¹Die Vergütung für die in Absatz 3a Satz 2 genannten Leistungen kann in Verträgen zwischen dem Verband der privaten Krankenversicherung einheitlich mit Wirkung für die Unternehmen der privaten Krankenversicherung und im Einvernehmen mit den Trägern der Kosten in Krankheits-, Pflege- und Geburtsfällen nach beamtenrechtlichen Vorschriften mit den Kassenärztlichen Vereinigungen oder den Kassenärztlichen Bundesvereinigungen ganz oder teilweise abweichend von den Vorgaben des Absatzes 3a Satz 2 geregelt werden. ²Für den Verband der privaten Krankenversicherung gilt § 12 Abs. 1d des Versicherungsaufsichtsgesetzes entsprechend. ³Wird zwischen den Beteiligten nach Satz 1 keine Einigung über eine von Absatz 3a Satz 2 abweichende Vergütungsregelung erzielt, kann der Beteiligte, der die Abweichung verlangt, die Schiedsstelle nach Absatz 3c anrufen. ⁴Diese hat innerhalb von drei Monaten über die Gegenstände, über die keine Einigung erzielt werden konnte, zu entscheiden und den Vertragsinhalt festzusetzen. ⁵Die Schiedsstelle hat ihre Entscheidung so zu treffen, dass der Vertragsinhalt

1. den Anforderungen an eine ausreichende, zweckmäßige, wirtschaftliche und in der Qualität gesicherte ärztliche Versorgung der in Absatz 3a Satz 1 genannten Versicherten entspricht,
2. die Vergütungsstrukturen vergleichbarer Leistungen aus dem vertragsärztlichen und privatärztlichen Bereich berücksichtigt und
3. die wirtschaftlichen Interessen der Vertragsärzte sowie die finanziellen Auswirkungen der Vergütungsregelungen auf die Entwicklung der Prämien für die Tarife der in Absatz 3a Satz 1 genannten Versicherten angemessen berücksichtigt.

⁶Wird nach Ablauf einer von den Vertragsparteien nach Satz 1 vereinbarten oder von der Schiedsstelle festgesetzten Vertragslaufzeit keine Einigung über die Vergütung erzielt, gilt der bisherige Vertrag bis zu der Entscheidung der Schiedsstelle weiter. ⁷Für die in Absatz 3a Satz 1 genannten Versicherten und Tarife kann die Vergütung für die in den §§ 115b und 116b bis 119 genannten Leistungen in Verträgen zwischen dem Verband der privaten Krankenversicherung einheitlich mit Wirkung für die Unternehmen der privaten Krankenversicherung und im Einvernehmen mit den Trägern der Kosten in Krankheits-, Pflege- und Geburtsfällen nach beamtenrechtlichen Vorschriften mit den entsprechenden Leistungserbringern oder den sie vertretenden

Verbänden ganz oder teilweise abweichend von den Vorgaben des Absatzes 3a Satz 2 und 3 geregelt werden; Satz 2 gilt entsprechend. ⁸Wird nach Ablauf einer von den Vertragsparteien nach Satz 7 vereinbarten Vertragslaufzeit keine Einigung über die Vergütung erzielt, gilt der bisherige Vertrag weiter.

(3c) ¹Die Kassenärztlichen Bundesvereinigungen bilden mit dem Verband der privaten Krankenversicherung je eine gemeinsame Schiedsstelle. ²Sie besteht aus Vertretern der Kassenärztlichen Bundesvereinigung oder der Kassenzahnärztlichen Bundesvereinigung einerseits und Vertretern des Verbandes der privaten Krankenversicherung und der Träger der Kosten in Krankheits-, Pflege- und Geburtsfällen nach beamtenrechtlichen Vorschriften andererseits in gleicher Zahl, einem unparteiischen Vorsitzenden und zwei weiteren unparteiischen Mitgliedern sowie je einem Vertreter des Bundesministeriums der Finanzen und des Bundesministeriums für Gesundheit. ³Die Amtsdauer beträgt vier Jahre. ⁴Über den Vorsitzenden und die weiteren unparteiischen Mitglieder sowie deren Stellvertreter sollen sich die Vertragsparteien einigen. ⁵Kommt eine Einigung nicht zu Stande, gilt § 89 Abs. 3 Satz 4 bis 6 entsprechend. ⁶Im Übrigen gilt § 129 Abs. 9 entsprechend. ⁷Die Aufsicht über die Geschäftsführung der Schiedsstelle führt das Bundesministerium der Finanzen; § 129 Abs. 10 Satz 2 gilt entsprechend.

(4) ¹Die Kassenärztlichen Vereinigungen und die Kassenärztlichen Bundesvereinigungen haben auch die ärztliche Behandlung von Gefangenen in Justizvollzugsanstalten in Notfällen außerhalb der Dienstzeiten der Anstaltsärzte und Anstaltszahnärzte sicherzustellen, soweit die Behandlung nicht auf andere Weise gewährleistet ist. ²Absatz 3 Satz 2 gilt entsprechend.

(5) Soweit die ärztliche Versorgung in der knappschaftlichen Krankenversicherung nicht durch Knappschaftsärzte sichergestellt wird, gelten die Absätze 1 und 2 entsprechend.

(6) Mit Zustimmung der Aufsichtsbehörden können die Kassenärztlichen Vereinigungen und Kassenärztlichen Bundesvereinigungen weitere Aufgaben der ärztlichen Versorgung insbesondere für andere Träger der Sozialversicherung übernehmen.

(7) ¹Die Kassenärztlichen Bundesvereinigungen haben
1. die erforderlichen Richtlinien für die Durchführung der von ihnen im Rahmen ihrer Zuständigkeit geschlossenen Verträge aufzustellen,

2. in Richtlinien bis spätestens zum 30. Juni 2002 die überbezirkliche Durchführung der vertragsärztlichen Versorgung und den Zahlungsausgleich hierfür zwischen den Kassenärztlichen Vereinigungen zu regeln, soweit nicht in Bundesmantelverträgen besondere Vereinbarungen getroffen sind, und

3. Richtlinien über die Betriebs-, Wirtschafts- und Rechnungsführung der Kassenärztlichen Vereinigungen aufzustellen.

²Die Richtlinie nach Satz 1 Nr. 2 muss sicherstellen, dass die für die erbrachte Leistung zur Verfügung stehende Vergütung die Kassenärztliche Vereinigung erreicht, in deren Bezirk die Leistung erbracht wurde; eine Vergütung auf der Basis bundesdurchschnittlicher Verrechnungspunktwerte ist zulässig. ³Die Richtlinie nach Satz 1 Nr. 2 kann auch Regelungen über die Abrechnungs-, Wirtschaftlichkeits- und Qualitätsprüfung sowie über Verfahren bei Disziplinarangelegenheiten bei überörtlichen Berufsausübungsgemeinschaften, die Mitglieder in mehreren Kassenärztlichen Vereinigungen haben, treffen, soweit hierzu nicht in den Bundesmantelverträgen besondere Vereinbarungen getroffen sind.

(7a) ¹Abweichend von Absatz 7 Satz 2 muss die für die ärztliche Versorgung geltende Richtlinie nach Absatz 7 Satz 1 Nr. 2 ab dem 1. Januar 2009 sicherstellen, dass die Kassenärztliche Vereinigung, in deren Bezirk die Leistungen erbracht wurden (Leistungserbringer-KV), von der Kassenärztlichen Vereinigung, in deren Bezirk der Versicherte seinen Wohnort hat (Wohnort-KV), für die erbrachten Leistungen jeweils die entsprechenden Vergütungen der in der Leistungserbringer-KV geltenden Euro-Gebührenordnung nach § 87a Abs. 2 erhält. ²Dabei ist das Benehmen mit dem Spitzenverband Bund der Krankenkassen herzustellen.

(8) Die Kassenärztlichen Vereinigungen und die Kassenärztlichen Bundesvereinigungen haben durch geeignete Maßnahmen darauf hinzuwirken, dass die zur Ableistung der Vorbereitungszeiten von Ärzten sowie die zur allgemeinmedizinischen Weiterbildung in den Praxen niedergelassener Vertragsärzte benötigten Plätze zur Verfügung stehen.

(9) Die Kassenärztlichen Vereinigungen sind verpflichtet, mit Einrichtungen nach § 13 des Schwangerschaftskonfliktgesetzes auf deren Verlangen Verträge über die ambulante Erbringung der in § 24b aufgeführten ärztlichen Leistungen zu schließen und die Leistungen außerhalb des Verteilungsmaßstabes nach den zwischen den Kassen-

ärztlichen Vereinigungen und den Einrichtungen nach § 13 des Schwangerschaftskonfliktgesetzes oder deren Verbänden vereinbarten Sätzen zu vergüten.

(10) – *aufgehoben* –

...

§ 95
Teilnahme an der vertragsärztlichen Versorgung

(1) [1]An der vertragsärztlichen Versorgung nehmen zugelassene Ärzte und zugelassene medizinische Versorgungszentren sowie ermächtigte Ärzte und ermächtigte Einrichtungen teil. [2]Medizinische Versorgungszentren sind fachübergreifende ärztlich geleitete Einrichtungen, in denen Ärzte, die in das Arztregister nach Absatz 2 Satz 3 eingetragen sind, als Angestellte oder Vertragsärzte tätig sind. [3]Eine Einrichtung nach Satz 2 ist dann fachübergreifend, wenn in ihr Ärzte mit verschiedenen Facharzt- oder Schwerpunktbezeichnungen tätig sind; sie ist nicht fachübergreifend, wenn die Ärzte der hausärztlichen Arztgruppe nach § 101 Abs. 5 angehören und wenn die Ärzte oder Psychotherapeuten der psychotherapeutischen Arztgruppe nach § 101 Abs. 4 angehören. [4]Sind in einer Einrichtung nach Satz 2 ein fachärztlicher und ein hausärztlicher Internist tätig, so ist die Einrichtung fachübergreifend. [5]Sind in einem medizinischen Versorgungszentrum Angehörige unterschiedlicher Berufsgruppen, die an der vertragsärztlichen Versorgung teilnehmen, tätig, ist auch eine kooperative Leitung möglich. [6]Die medizinischen Versorgungszentren können sich aller zulässigen Organisationsformen bedienen; sie können von den Leistungserbringern, die auf Grund von Zulassung, Ermächtigung oder Vertrag an der medizinischen Versorgung der Versicherten teilnehmen, gegründet werden. [7]Die Zulassung erfolgt für den Ort der Niederlassung als Arzt oder den Ort der Niederlassung als medizinisches Versorgungszentrum (Vertragsarztsitz).

...

(3) [1]Die Zulassung bewirkt, dass der Vertragsarzt Mitglied der für seinen Kassenarztsitz zuständigen kassenärztlichen Vereinigung wird und zur Teilnahme an der vertragsärztlichen Versorgung im Umfang seines aus der Zulassung folgenden zeitlich vollen oder hälftigen Versorgungsauftrags berechtigt und verpflichtet ist. [2]Die Zulassung des medizinischen Versorgungszentrums bewirkt, dass die in

I Einschlägige Gesetzestexte

dem Versorgungszentrum angestellten Ärzte Mitglieder der für den Vertragsarztsitz des Versorgungszentrums zuständigen Kassenärztlichen Vereinigung sind und dass das zugelassene medizinische Versorgungszentrum insoweit zur Teilnahme an der vertragsärztlichen Versorgung berechtigt und verpflichtet ist. ³Die vertraglichen Bestimmungen über die vertragsärztliche Versorgung sind verbindlich.

...

(7) ¹Die Zulassung endet mit dem Tod, mit dem Wirksamwerden eines Verzichts oder mit dem Wegzug des Berechtigten aus dem Bezirk seines Kassenarztsitzes. ²Die Zulassung eines medizinischen Versorgungszentrums endet mit dem Wirksamwerden eines Verzichts, der Auflösung oder mit dem Wegzug des zugelassenen medizinischen Versorgungszentrums aus dem Bezirk des Vertragsarztsitzes. ³Im Übrigen endet ab 1. Januar 1999 die Zulassung am Ende des Kalendervierteljahres, in dem der Vertragsarzt sein 68. Lebensjahr vollendet. ⁴War der Vertragsarzt

1. zum Zeitpunkt der Vollendung des achtundsechzigsten Lebensjahres weniger als zwanzig Jahre als Vertragsarzt tätig und
2. vor dem 1. Januar 1993 bereits als Vertragsarzt zugelassen,

verlängert der Zulassungsausschuss die Zulassung längstens bis zum Ablauf dieser Frist. ⁵Satz 4 Nr. 2 gilt für Psychotherapeuten mit der Maßgabe, dass sie vor dem 1. Januar 1999 an der ambulanten Versorgung der Versicherten mitgewirkt haben. ⁶Für die Verträge nach § 82 Abs. 1 gelten die Sätze 3 bis 5 entsprechend. ⁷Die Anstellung von Ärzten in einem zugelassenen medizinischen Versorgungszentrum endet am Ende des Kalendervierteljahres, in dem diese ihr 68. Lebensjahr vollenden; Sätze 8 und 9 gelten entsprechend; in den Fällen des § 103 Abs. 4a Satz 1 gelten die Sätze 3 bis 5 entsprechend. ⁸Hat der Landesausschuss der Ärzte und Krankenkassen nach § 100 Abs. 1 Satz 1 festgestellt, dass in einem bestimmten Gebiet eines Zulassungsbezirks eine ärztliche Unterversorgung eingetreten ist oder unmittelbar droht, gilt Satz 3 nicht. ⁹Die Zulassung endet spätestens ein Jahr nach Aufhebung der Feststellung nach Satz 8.

...

(9) ¹Der Vertragsarzt kann mit Genehmigung des Zulassungsausschusses Ärzte, die in das Arztregister eingetragen sind, anstellen, sofern für die Arztgruppe, der der anzustellende Arzt angehört, keine Zulassungsbeschränkungen angeordnet sind. ²Sind Zulassungsbe-

schränkungen angeordnet, gilt Satz 1 mit der Maßgabe, dass die Voraussetzungen des § 101 Abs. 1 Satz 1 Nr. 5 erfüllt sein müssen. ³Das Nähere zu der Anstellung von Ärzten bei Vertragsärzten bestimmen die Zulassungsverordnungen. ⁴Absatz 7 Satz 7 gilt entsprechend.
...

§ 97
Berufungsausschüsse

...

(3) ¹Für das Verfahren sind § 84 Abs. 1 und § 85 Abs. 3 des Sozialgerichtsgesetzes anzuwenden. ²Das Verfahren vor dem Berufungsausschuss gilt als Vorverfahren (§ 78 des Sozialgerichtsgesetzes).
...

§ 101
Überversorgung

(1) ¹Der Gemeinsame Bundesausschuss beschließt in Richtlinien Bestimmungen über
1. einheitliche Verhältniszahlen für den allgemeinen bedarfsgerechten Versorgungsgrad in der vertragsärztlichen Versorgung,
2. Maßstäbe für eine ausgewogene hausärztliche und fachärztliche Versorgungsstruktur,
3. Vorgaben für die ausnahmsweise Besetzung zusätzlicher Vertragsarztsitze, soweit diese zur Wahrung der Qualität der vertragsärztlichen Versorgung in einem Versorgungsbereich unerlässlich sind,
3a. allgemeine Voraussetzungen, nach denen die Landesausschüsse der Ärzte und Krankenkassen nach § 100 Abs. 3 einen zusätzlichen lokalen Versorgungsbedarf in nicht unterversorgten Planungsbereichen feststellen können,
4. Ausnahmeregelungen für die Zulassung eines Arztes in einem Planungsbereich, für den Zulassungsbeschränkungen angeordnet sind, sofern der Arzt die vertragsärztliche Tätigkeit gemeinsam mit einem dort bereits tätigen Vertragsarzt desselben Fachgebiets oder, sofern die Weiterbildungsordnungen Facharztbezeichnungen vorsehen, derselben Facharztbezeichnung ausüben will und sich die Partner der Berufsausübungsgemeinschaft gegenüber

dem Zulassungsausschuss zu einer Leistungsbegrenzung verpflichten, die den bisherigen Praxisumfang nicht wesentlich überschreitet, dies gilt für die Anstellung eines Arztes in einer Einrichtung nach § 311 Abs. 2 Satz 1 und in einem medizinischen Versorgungszentrum entsprechend; bei der Ermittlung des Versorgungsgrades ist der Arzt nicht mitzurechnen,

5. Regelungen für die Anstellung von Ärzten bei einem Vertragsarzt desselben Fachgebiets oder, sofern die Weiterbildungsordnungen Facharztbezeichnungen vorsehen, mit derselben Facharztbezeichnung in einem Planungsbereich, für den Zulassungsbeschränkungen angeordnet sind, sofern sich der Vertragsarzt gegenüber dem Zulassungsausschuss zu einer Leistungsbegrenzung verpflichtet, die den bisherigen Praxisumfang nicht wesentlich überschreitet, und Ausnahmen von der Leistungsbegrenzung, soweit und solange dies zur Deckung eines zusätzlichen lokalen Versorgungsbedarfs erforderlich ist; bei der Ermittlung des Versorgungsgrades sind die angestellten Ärzte nicht mitzurechnen.

[2]Sofern die Weiterbildungsordnungen mehrere Facharztbezeichnungen innerhalb desselben Fachgebiets vorsehen, bestimmen die Richtlinien nach Nummer 4 und 5 auch, welche Facharztbezeichnungen bei der gemeinschaftlichen Berufsausübung nach Nummer 4 und bei der Anstellung nach Nummer 5 vereinbar sind. [3]Überversorgung ist anzunehmen, wenn der allgemeine bedarfsgerechte Versorgungsgrad um 10 vom Hundert überschritten ist. [4]Der allgemeine bedarfsgerechte Versorgungsgrad ist erstmals bundeseinheitlich zum Stand vom 31. Dezember 1990 zu ermitteln. [5]Bei der Ermittlung des Versorgungsgrades ist die Entwicklung des Zugangs zur vertragsärztlichen Versorgung seit dem 31. Dezember 1980 arztgruppenspezifisch angemessen zu berücksichtigen. [6]Die regionalen Planungsbereiche sollen den Stadt- und Landkreisen entsprechen. [7]Bei der Berechnung des Versorgungsgrades in einem Planungsbereich sind Vertragsärzte mit einem hälftigen Versorgungsauftrag mit dem Faktor 0,5 sowie die bei einem Vertragsarzt nach § 95 Abs. 9 Satz 1 angestellten Ärzte und die in einem medizinischen Versorgungszentrum angestellten Ärzte entsprechend ihrer Arbeitszeit anteilig zu berücksichtigen.

...

(3) [1]Im Falle des Absatzes 1 Satz 1 Nr. 4 erhält der Arzt eine auf die Dauer der gemeinsamen vertragsärztlichen Tätigkeit beschränkte Zulassung. [2]Die Beschränkung und die Leistungsbegrenzung nach Ab-

satz 1 Satz 1 Nr. 4 enden bei Aufhebung der Zulassungsbeschränkungen nach § 103 Abs. 3, spätestens jedoch nach zehnjähriger gemeinsamer vertragsärztlicher Tätigkeit. ³Endet die Beschränkung, wird der Arzt bei der Ermittlung des Versorgungsgrades mitgerechnet. ⁴Im Fall der Praxisfortführung nach § 103 Abs. 4 ist bei der Auswahl der Bewerber die gemeinschaftliche Praxisausübung des in Absatz 1 Satz 1 Nr. 4 genannten Arztes erst nach mindestens fünfjähriger gemeinsamer vertragsärztlicher Tätigkeit zu berücksichtigen. ⁵Für die Einrichtungen nach § 311 Abs. 2 Satz 1 gelten die Sätze 2 und 3 entsprechend.

...

§ 103
Zulassungsbeschränkungen

(1) ¹Die Landesausschüsse der Ärzte und Krankenkassen stellen fest, ob eine Überversorgung vorliegt. ²Wenn dies der Fall ist, hat der Landesausschuss nach den Vorschriften der Zulassungsverordnungen und unter Berücksichtigung der Richtlinien des Gemeinsamen Bundesausschusses Zulassungsbeschränkungen anzuordnen.

(2) ¹Die Zulassungsbeschränkungen sind räumlich zu begrenzen. ²Sie können einen oder mehrere Planungsbereiche einer Kassenärztlichen Vereinigung umfassen. ³Sie sind arztgruppenbezogen unter angemessener Berücksichtigung der Besonderheiten bei den Kassenarten anzuordnen.

(3) Die Zulassungsbeschränkungen sind aufzuheben, wenn die Voraussetzungen für eine Überversorgung entfallen sind.

(4) ¹Wenn die Zulassung eines Vertragsarztes in einem Planungsbereich, für den Zulassungsbeschränkungen angeordnet sind, durch Erreichen der Altersgrenze, Tod, Verzicht oder Entziehung endet und die Praxis von einem Nachfolger fortgeführt werden soll, hat die Kassenärztliche Vereinigung auf Antrag des Vertragsarztes oder seiner zur Verfügung über die Praxis berechtigten Erben diesen Vertragsarztsitz in den für ihre amtlichen Bekanntmachungen vorgesehenen Blättern unverzüglich auszuschreiben und eine Liste der eingehenden Bewerbungen zu erstellen. ²Dem Zulassungsausschuss sowie dem Vertragsarzt oder seinen Erben ist eine Liste der eingehenden Bewerbungen zur Verfügung zu stellen. ³Unter mehreren Bewerbern, die die ausgeschriebene Praxis als Nachfolger des bisherigen Vertragsarztes fortführen wollen, hat der Zulassungsausschuss den Nachfolger

I Einschlägige Gesetzestexte

nach pflichtgemäßem Ermessen auszuwählen. ⁴Bei der Auswahl der Bewerber sind die berufliche Eignung, das Approbationsalter und die Dauer der ärztlichen Tätigkeit zu berücksichtigen, ferner, ob der Bewerber der Ehegatte, ein Kind, ein angestellter Arzt des bisherigen Vertragsarztes oder ein Vertragsarzt ist, mit dem die Praxis bisher gemeinschaftlich ausgeübt wurde. ⁵Ab dem 1. Januar 2006 sind für ausgeschriebene Hausarztsitze vorrangig Allgemeinärzte zu berücksichtigen. ⁶Die wirtschaftlichen Interessen des ausscheidenden Vertragsarztes oder seiner Erben sind nur insoweit zu berücksichtigen, als der Kaufpreis die Höhe des Verkehrswerts der Praxis nicht übersteigt.

(4a) ¹Verzichtet ein Vertragsarzt in einem Planungsbereich, für den Zulassungsbeschränkungen angeordnet sind, auf seine Zulassung, um in einem medizinischen Versorgungszentrum tätig zu werden, so hat der Zulassungsausschuss die Anstellung zu genehmigen; eine Fortführung der Praxis nach Absatz 4 ist nicht möglich. ²Soll die vertragsärztliche Tätigkeit in den Fällen der Beendigung der Zulassung nach Absatz 4 Satz 1 von einem Praxisnachfolger weitergeführt werden, kann die Praxis auch in der Form weitergeführt werden, dass ein medizinisches Versorgungszentrum den Vertragsarztsitz übernimmt und die vertragsärztliche Tätigkeit durch einen angestellten Arzt in der Einrichtung weiterführt. ³Die Absätze 4 und 5 gelten entsprechend. ⁴Nach einer Tätigkeit von mindestens fünf Jahren in einem medizinischen Versorgungszentrum, dessen Sitz in einem Planungsbereich liegt, für den Zulassungsbeschränkungen angeordnet sind, erhält ein Arzt unbeschadet der Zulassungsbeschränkungen auf Antrag eine Zulassung in diesem Planungsbereich; dies gilt nicht für Ärzte, die auf Grund einer Nachbesetzung nach Satz 5 oder erst seit dem 1. Januar 2007 in einem medizinischen Versorgungszentrum tätig sind. ⁵Medizinischen Versorgungszentren ist die Nachbesetzung einer Arztstelle möglich, auch wenn Zulassungsbeschränkungen angeordnet sind.

(4b) Verzichtet ein Vertragsarzt in einem Planungsbereich, für den Zulassungsbeschränkungen angeordnet sind, auf seine Zulassung, um bei einem Vertragsarzt als nach § 95 Abs. 9 Satz 1 angestellter Arzt tätig zu werden, so hat der Zulassungsausschuss die Anstellung zu genehmigen; eine Fortführung der Praxis nach Absatz 4 ist nicht möglich. Die Nachbesetzung der Stelle eines nach § 95 Abs. 9 Satz 1 angestellten Arztes ist möglich, auch wenn Zulassungsbeschränkungen angeordnet sind.

(5) ¹Die Kassenärztlichen Vereinigungen (Registerstelle) führen für jeden Planungsbereich eine Warteliste. ²In die Warteliste werden auf Antrag die Ärzte, die sich um einen Vertragsarztsitz bewerben und in das Arztregister eingetragen sind, aufgenommen. ³Bei der Auswahl der Bewerber für die Übernahme einer Vertragsarztpraxis nach Absatz 4 ist die Dauer der Eintragung in die Warteliste zu berücksichtigen.

(6) ¹Endet die Zulassung eines Vertragsarztes, der die Praxis bisher mit einem oder mehreren Vertragsärzten gemeinschaftlich ausgeübt hat, so gelten die Absätze 4 und 5 entsprechend. ²Die Interessen des oder der in der Praxis verbleibenden Vertragsärzte sind bei der Bewerberauswahl angemessen zu berücksichtigen.

(7) ¹In einem Planungsbereich, für den Zulassungsbeschränkungen angeordnet sind, haben Krankenhausträger das Angebot zum Abschluss von Belegarztverträgen auszuschreiben. ²Kommt ein Belegarztvertrag mit einem im Planungsbereich niedergelassenen Vertragsarzt nicht zustande, kann der Krankenhausträger mit einem bisher im Planungsbereich nicht niedergelassenen geeigneten Arzt einen Belegarztvertrag schließen. ³Dieser erhält eine auf die Dauer der belegärztlichen Tätigkeit beschränkte Zulassung; die Beschränkung entfällt bei Aufhebung der Zulassungsbeschränkungen nach Absatz 3, spätestens nach Ablauf von zehn Jahren.

(8) Die Absätze 1 bis 7 gelten nicht für Zahnärzte.

§ 104
Verfahren bei Zulassungsbeschränkungen

...

(3) Die Absätze 1 und 2 gelten nicht für Zahnärzte.

§ 140a
Integrierte Versorgung

(1) ¹Abweichend von den übrigen Regelungen dieses Kapitels können die Krankenkassen Verträge über eine verschiedene Leistungssektoren übergreifende Versorgung der Versicherten oder eine interdisziplinär-fachübergreifende Versorgung mit den in § 140b Abs. 1 genannten Vertragspartnern abschließen. ²Die Verträge zur integrierten Versorgung sollen eine bevölkerungsbezogene Flächendeckung der Versorgung ermöglichen. ³Soweit die Versorgung der Versicherten

nach diesen Verträgen durchgeführt wird, ist der Sicherstellungsauftrag nach § 75 Abs. 1 eingeschränkt. ⁴Das Versorgungsangebot und die Voraussetzungen seiner Inanspruchnahme ergeben sich aus dem Vertrag zur integrierten Versorgung. ⁵Die für die ambulante Behandlung im Rahmen der integrierten Versorgung notwendige Versorgung mit Arzneimitteln soll durch Verträge nach § 130a Abs. 8 erfolgen.

(2) ¹Die Teilnahme der Versicherten an den integrierten Versorgungsformen ist freiwillig. ²Ein behandelnder Leistungserbringer darf aus der gemeinsamen Dokumentation nach § 140b Abs. 3 die den Versicherten betreffenden Behandlungsdaten und Befunde nur dann abrufen, wenn der Versicherte ihm gegenüber seine Einwilligung erteilt hat, die Information für den konkret anstehenden Behandlungsfall genutzt werden soll und der Leistungserbringer zu dem Personenkreis gehört, der nach § 203 des Strafgesetzbuches zur Geheimhaltung verpflichtet ist.

(3) Die Versicherten haben das Recht, von ihrer Krankenkasse umfassend über die Verträge zur integrierten Versorgung, die teilnehmenden Leistungserbringer, besondere Leistungen und vereinbarte Qualitätsstandards informiert zu werden.

§ 140b
Verträge zu integrierten Versorgungsformen

(1) Die Krankenkassen können die Verträge nach § 140a Abs. 1 nur mit

1. einzelnen, zur vertragsärztlichen Versorgung zugelassenen Ärzten und Zahnärzten und einzelnen sonstigen, nach diesem Kapitel zur Versorgung der Versicherten berechtigten Leistungserbringern oder deren Gemeinschaften,

2. Trägern zugelassener Krankenhäuser, soweit sie zur Versorgung der Versicherten berechtigt sind, Trägern von stationären Vorsorge- und Rehabilitationseinrichtungen, soweit mit ihnen ein Versorgungsvertrag nach § 111 Abs. 2 besteht, Trägern von ambulanten Rehabilitationseinrichtungen oder deren Gemeinschaften,

3. Trägern von Einrichtungen nach § 95 Abs. 1 Satz 2 oder deren Gemeinschaften,

4. Trägern von Einrichtungen, die eine integrierte Versorgung nach § 140a durch zur Versorgung der Versicherten nach dem Vierten Kapitel berechtigte Leistungserbringer anbieten,

5. Pflegekassen und zugelassenen Pflegeeinrichtungen auf der Grundlage des § 92b des Elften Buches,
6. Gemeinschaften der vorgenannten Leistungserbringer und deren Gemeinschaften

abschließen.

(2) – *aufgehoben* –

(3) ¹In den Verträgen nach Absatz 1 müssen sich die Vertragspartner der Krankenkassen zu einer qualitätsgesicherten, wirksamen, ausreichenden, zweckmäßigen und wirtschaftlichen Versorgung der Versicherten verpflichten. ²Die Vertragspartner haben die Erfüllung der Leistungsansprüche der Versicherten nach den §§ 2 und 11 bis 62 in dem Maße zu gewährleisten, zu dem die Leistungserbringer nach diesem Kapitel verpflichtet sind. ³Insbesondere müssen die Vertragspartner die Gewähr dafür übernehmen, dass sie die organisatorischen, betriebswirtschaftlichen sowie die medizinischen und medizinisch-technischen Voraussetzungen für die vereinbarte integrierte Versorgung entsprechend dem allgemein anerkannten Stand der medizinischen Erkenntnisse und des medizinischen Fortschritts erfüllen und eine an dem Versorgungsbedarf der Versicherten orientierte Zusammenarbeit zwischen allen an der Versorgung Beteiligten einschließlich der Koordination zwischen den verschiedenen Versorgungsbereichen und einer ausreichenden Dokumentation, die allen an der integrierten Versorgung Beteiligten im jeweils erforderlichen Umfang zugänglich sein muss, sicherstellen. ⁴Gegenstand des Versorgungsauftrags an die Vertragspartner der Krankenkassen nach den Absätzen 1 und 2 dürfen nur solche Leistungen sein, über deren Eignung als Leistung der Krankenversicherung der Gemeinsame Bundesausschuss nach § 91 im Rahmen der Beschlüsse nach § 92 Abs. 1 Satz 2 Nr. 5 und im Rahmen der Beschlüsse nach § 137c Abs. 1 keine ablehnende Entscheidung getroffen hat.

(4) ¹Die Verträge können Abweichendes von den Vorschriften dieses Kapitels, des Krankenhausfinanzierungsgesetzes, des Krankenhausentgeltgesetzes sowie den nach diesen Vorschriften getroffenen Regelungen insoweit regeln, als die abweichende Regelung dem Sinn und der Eigenart der integrierten Versorgung entspricht, die Qualität, die Wirksamkeit und die Wirtschaftlichkeit der integrierten Versorgung verbessert oder aus sonstigen Gründen zu ihrer Durchführung erforderlich ist. ²Der Grundsatz der Beitragssatzstabilität nach § 71 Abs. 1 gilt für Verträge, die bis zum 31. Dezember 2008 abgeschlossen

werden, nicht. ³Die Vertragspartner der integrierten Versorgung können sich auf der Grundlage ihres jeweiligen Zulassungsstatus für die Durchführung der integrierten Versorgung darauf verständigen, dass Leistungen auch dann erbracht werden können, wenn die Erbringung dieser Leistungen vom Zulassungs- oder Ermächtigungsstatus des jeweiligen Leistungserbringers nicht gedeckt ist. ⁴Die Krankenhäuser sind unabhängig von Satz 3 im Rahmen eines Vertrages zur integrierten Versorgung zur ambulanten Behandlung der im Katalog nach § 116b Abs. 3 genannten hochspezialisierten Leistungen, seltenen Erkrankungen und Erkrankungen mit besonderen Behandlungsverläufen berechtigt.

(5) Ein Beitritt Dritter zu Verträgen der integrierten Versorgung ist nur mit Zustimmung aller Vertragspartner möglich.

§ 140c
Vergütung

(1) ¹Die Verträge zur integrierten Versorgung legen die Vergütung fest. ²Aus der Vergütung für die integrierten Versorgungsformen sind sämtliche Leistungen, die von teilnehmenden Versicherten im Rahmen des vertraglichen Versorgungsauftrags in Anspruch genommen werden, zu vergüten. ³Dies gilt auch für die Inanspruchnahme von Leistungen von nicht an der integrierten Versorgung teilnehmenden Leistungserbringern, soweit die Versicherten von an der integrierten Versorgung teilnehmenden Leistungserbringer überwiesen wurden oder aus sonstigen, in dem Vertrag zur integrierten Versorgung geregelten Gründen berechtigt waren, nicht teilnehmende Leistungserbringer in Anspruch zu nehmen.

(2) ¹Die Verträge zur integrierten Versorgung können die Übernahme der Budgetverantwortung insgesamt oder für definierte Teilbereiche (kombiniertes Budget) vorsehen. ²Die Zahl der teilnehmenden Versicherten und deren Risikostruktur sind zu berücksichtigen. ³Ergänzende Morbiditätskriterien sollen in den Vereinbarungen berücksichtigt werden.

...

Sozialgerichtsgesetz (SGG)

i.d.F. der Bek. vom 23.9.1975 (BGBl. I S. 2535), zuletzt geändert durch Art. 1 G vom 26.3.2008 (BGBl. I S. 444)

– *Auszug* –

...

§ 86a

(1) ¹Widerspruch und Anfechtungsklage haben aufschiebende Wirkung. ²Das gilt auch bei rechtsgestaltenden und feststellenden Verwaltungsakten sowie bei Verwaltungsakten mit Drittwirkung.

(2) Die aufschiebende Wirkung entfällt

1. bei der Entscheidung über Versicherungs-, Beitrags- und Umlagepflichten sowie der Anforderung von Beiträgen, Umlagen und sonstigen öffentlichen Abgaben einschließlich der darauf entfallenden Nebenkosten,

2. in Angelegenheiten des sozialen Entschädigungsrechts und der Bundesagentur für Arbeit bei Verwaltungsakten, die eine laufende Leistung entziehen oder herabsetzen,

3. für die Anfechtungsklage in Angelegenheiten der Sozialversicherung bei Verwaltungsakten, die eine laufende Leistung herabsetzen oder entziehen,

4. in anderen durch Bundesgesetz vorgeschriebenen Fällen,

5. in Fällen, in denen die sofortige Vollziehung im öffentlichen Interesse oder im überwiegenden Interesse eines Beteiligten ist und die Stelle, die den Verwaltungsakt erlassen oder über den Widerspruch zu entscheiden hat, die sofortige Vollziehung mit schriftlicher Begründung des besonderen Interesses an der sofortigen Vollziehung anordnet.

(3) ¹In den Fällen des Absatzes 2 kann die Stelle, die den Verwaltungsakt erlassen oder die über den Widerspruch zu entscheiden hat, die sofortige Vollziehung ganz oder teilweise aussetzen. ²In den Fällen des Absatzes 2 Nr. 1 soll die Aussetzung der Vollziehung erfolgen, wenn ernstliche Zweifel an der Rechtmäßigkeit des angegriffenen Verwaltungsaktes bestehen oder wenn die Vollziehung für den Abgaben- oder Kostenpflichtigen eine unbillige, nicht durch überwie-

gende öffentliche Interessen gebotene Härte zur Folge hätte. [3]In den Fällen des Absatzes 2 Nr. 2 ist in Angelegenheiten des sozialen Entschädigungsrechts die nächsthöhere Behörde zuständig, es sei denn, diese ist eine oberste Bundes- oder eine oberste Landesbehörde. [4]Die Entscheidung kann mit Auflagen versehen oder befristet werden. [5]Die Stelle kann die Entscheidung jederzeit ändern oder aufheben.

(4) [1]Die aufschiebende Wirkung entfällt, wenn eine Erlaubnis nach Artikel 1 § 1 des Arbeitnehmerüberlassungsgesetzes in der Fassung der Bekanntmachung vom 3. Februar 1995 (BGBl. I S. 158), das zuletzt durch Artikel 2 des Gesetzes vom 23. Juli 2001 (BGBl. I S. 1852) geändert worden ist, aufgehoben oder nicht verlängert wird. [2]Absatz 3 gilt entsprechend.

Strafgesetzbuch (StGB)

i.d.F. der Bek. vom 13.11.1998 (BGBl. I S. 3322),
zuletzt geändert durch Art. 6 G vom 8.4.2008 (BGBl. I S. 666)

– Auszug –

...

§ 201
Verletzung der Vertraulichkeit des Wortes

(1) Mit Freiheitsstrafe bis zu drei Jahren oder mit Geldstrafe wird bestraft, wer unbefugt

1. das nichtöffentlich gesprochene Wort eines anderen auf einen Tonträger aufnimmt oder

...

Gesetz über den Versicherungsvertrag (Versicherungsvertragsgesetz – VVG)[328]

vom 23.11.2007 (BGBl. I S. 2631),
zuletzt geändert durch Art. 9 G vom 28.5.2008 (BGBl. I S. 874)
– *Auszug* –

...

§ 69
Gesetzliche Vollmacht

(1) Der Versicherungsvertreter gilt als bevollmächtigt,

1. Anträge, die auf den Abschluss eines Versicherungsvertrags gerichtet sind, und deren Widerruf sowie die vor Vertragsschluss abzugebenden Anzeigen und sonstigen Erklärungen vom Versicherungsnehmer entgegenzunehmen,

2. Anträge auf Verlängerung oder Änderung eines Versicherungsvertrags und deren Widerruf, die Kündigung, den Rücktritt und sonstige das Versicherungsverhältnis betreffende Erklärungen sowie die während der Dauer des Versicherungsverhältnisses zu erstattenden Anzeigen vom Versicherungsnehmer entgegenzunehmen und

3. die vom Versicherer ausgefertigten Versicherungsscheine oder Verlängerungsscheine dem Versicherungsnehmer zu übermitteln.

(2) ¹Der Versicherungsvertreter gilt als bevollmächtigt, Zahlungen, die der Versicherungsnehmer im Zusammenhang mit der Vermittlung oder dem Abschluss eines Versicherungsvertrags an ihn leistet, anzunehmen. ²Eine Beschränkung dieser Vollmacht muss der Versicherungsnehmer nur gegen sich gelten lassen, wenn er die Beschränkung bei der Vornahme der Zahlung kannte oder infolge grober Fahrlässigkeit nicht kannte.

(3) ¹Der Versicherungsnehmer trägt die Beweislast für die Abgabe oder den Inhalt eines Antrags oder einer sonstigen Willenserklärung

---

328 **Anm. d. Verlages:**
Das Gesetz wurde als Artikel 1 des Gesetzes zur Reform des Versicherungsvertragsrechts vom 23.11.2007 (BGBl. I S. 2631) verkündet und ist am 1.1.2008 in Kraft getreten. § 7 Abs. 2 und 3 ist am 30.11.2007 in Kraft getreten.

nach Absatz 1 Nr. 1 und 2. ²Die Beweislast für die Verletzung der Anzeigepflicht oder einer Obliegenheit durch den Versicherungsnehmer trägt der Versicherer.

§ 70
Kenntnis des Versicherungsvertreters

¹Soweit nach diesem Gesetz die Kenntnis des Versicherers erheblich ist, steht die Kenntnis des Versicherungsvertreters der Kenntnis des Versicherers gleich. ²Dies gilt nicht für die Kenntnis des Versicherungsvertreters, die er außerhalb seiner Tätigkeit als Vertreter und ohne Zusammenhang mit dem betreffenden Versicherungsvertrag erlangt hat.
...

I Einschlägige Gesetzestexte

Zivilprozessordnung (ZPO)

i.d.F. der Bek. vom 5.12.2005 (BGBl. I S. 3202, ber. 2006 S. 431, 2007 S. 1781), zuletzt geändert durch Art. 2 G vom 26.3.2008 (BGBl. I S. 441)

– *Auszug* –

...

§ 1029
Begriffsbestimmung

(1) Schiedsvereinbarung ist eine Vereinbarung der Parteien, alle oder einzelne Streitigkeiten, die zwischen ihnen in Bezug auf ein bestimmtes Rechtsverhältnis vertraglicher oder nichtvertraglicher Art entstanden sind oder künftig entstehen, der Entscheidung durch ein Schiedsgericht zu unterwerfen.

(2) Eine Schiedsvereinbarung kann in Form einer selbstständigen Vereinbarung (Schiedsabrede) oder in Form einer Klausel in einem Vertrag (Schiedsklausel) geschlossen werden.

...

§ 1031
Form der Schiedsvereinbarung

(1) Die Schiedsvereinbarung muss entweder in einem von den Parteien unterzeichneten Dokument oder in zwischen ihnen gewechselten Schreiben, Fernkopien, Telegrammen oder anderen Formen der Nachrichtenübermittlung, die einen Nachweis der Vereinbarung sicherstellen, enthalten sein.

(2) Die Form des Absatzes 1 gilt auch dann als erfüllt, wenn die Schiedsvereinbarung in einem von der einen Partei der anderen Partei oder von einem Dritten beiden Parteien übermittelten Dokument enthalten ist und der Inhalt des Dokuments im Fall eines nicht rechtzeitig erfolgten Widerspruchs nach der Verkehrssitte als Vertragsinhalt angesehen wird.

(3) Nimmt ein den Formerfordernissen des Absatzes 1 oder 2 entsprechender Vertrag auf ein Dokument Bezug, das eine Schiedsklausel enthält, so begründet dies eine Schiedsvereinbarung, wenn die Be-

zugnahme dergestalt ist, dass sie diese Klausel zu einem Bestandteil des Vertrages macht.

(4) Eine Schiedsvereinbarung wird auch durch die Begebung eines Konnossements begründet, in dem ausdrücklich auf die in einem Chartervertrag enthaltene Schiedsklausel Bezug genommen wird.

(5) [1]Schiedsvereinbarungen, an denen ein Verbraucher beteiligt ist, müssen in einer von den Parteien eigenhändig unterzeichneten Urkunde enthalten sein. [2]Die schriftliche Form nach Satz 1 kann durch die elektronische Form nach § 126a des Bürgerlichen Gesetzbuchs ersetzt werden. [3]Andere Vereinbarungen als solche, die sich auf das schiedsrichterliche Verfahren beziehen, darf die Urkunde oder das elektronische Dokument nicht enthalten; dies gilt nicht bei notarieller Beurkundung.

(6) Der Mangel der Form wird durch die Einlassung auf die schiedsgerichtliche Verhandlung zur Hauptsache geheilt.

Literaturverzeichnis

Altendorfer/Merk/Jensch, Das Medizinische Versorgungszentrum, Medizin-Recht.de, Vertrag, 1. Auflage 2004
Bäune/Meschke/Rothfuß, Kommentar zur Zulassungsverordnung für Vertragsärzte und Vertragszahnärzte (Ärzte-ZV, Zahnärzte-ZV), Springer Verlag, 1. Auflage 2008
Bohle, Integrierte Versorgung, Economica Verlagsgruppe Hüthig Jehle Rehm, 2. Auflage 2007
Dahm/Möller/Ratzel, Rechtshandbuch Medizinische Versorgungszentren, Springer-Verlag, 1. Auflage 2005
Drukarczyk/Ernst, Branchenorientierte Unternehmensbewertung, Verlag Franz Vahlen, 2. Auflage 2006
Ehlers (Herausgeber), *Gasser/Hesral/Künzel/Möller/Preißler:* Fortführung von Arztpraxen, Verlag C.H. Beck, 2. Auflage 2001
Frielingsdorf, Praxiswert / Apothekenwert, Economica Verlagsgruppe Hüthig Jehle Rehm, 1. Auflage 2007
Gatzen: Bewertung von Arztpraxen, Verlag Josef Eul, 1992
Gutachten *Roland Berger Strategy Consultants 2001,* Geschätzte Entwicklung der Integrierten Gesundheitsvorsorge 2001
Halbe/Schirmer, Handbuch Kooperation im Gesundheitswesen, Economica / Verlagsgruppe Hüthig Jehle Rehm, 8. Aktualisierung 2008
Hohmann/Klawonn, Das Medizinische Versorgungszentrum (MVZ) – Die Verträge, C.F. Müller / MedizinRecht.de, 1. Auflage 2005
Isringhaus/Kroel/Wendland, Medizinisches Versorgungszentrum – Beratungshandbuch, Verlag Praxismanagement Wirtschaftsberatungsgesellschaft mbH, Verlag Praxis-Managementberatungsgesellschaft, 1. Auflage 2004
Kassler Kommentar zum Sozialversicherungsrecht, Loseblattkommentar, Verlag C.H. Beck, 2005
Klapp, Abgabe und Übernahme einer Arztpraxis, Springer-Verlag, 3. Auflage 2006
Laufs/Uhlenbruck, Handbuch des Arztrechts, Verlag C.H. Beck, 3. Auflage 2002

Literaturverzeichnis

Luxenburger, Rechtsfragen beim Verkauf und Erwerb einer ärztlichen Praxis, 1989

Münchener Kommentar zum BGB, Verlag C.H. Beck, 5. Auflage 2006 ff.

Narr/Hess/Schirmer/Nösser/Halbe/Berner/Hübner/Schröder: Ärztliches Berufsrecht, Deutscher Ärzte-Verlag, 2. Auflage 2007

Orlowski/Halbe/Karch, Vertragsarztrechtsänderungsgesetz (VÄndG), C.F. Müller / MedizinRecht.de, 2. Auflage 2008

Palandt, Bürgerliches Gesetzbuch, Beck Verlag, 64. Auflage 2005

Plagemann/Niggehoff, Vertragsarztrecht, Fachhochschulverlag, 2. Auflage 2000

Raffelsieper/Gerdts, Mietvertrag für die Arztpraxis, Frankfurter Musterverträge, Bd. 3, MedizinRecht.de Verlag, 1. Auflage 2003

Ratzel/Luxenburger, Handbuch Medizinrecht, Deutscher Anwaltverlag, 1. Auflage 2008

Rieger/Dahm/Steinhilper, Heidelberger Kommentar Arztrecht Krankenhausrecht Medizinrecht, C.F. Müller / Verlagsgruppe Hüthig Jehle Rehm, 22. Aktualisierung Mai 2008

Rieger, Rechtsfragen beim Verkauf und Erwerb einer Arztpraxis, Deutscher Ärzte-Verlag, 5. Auflage 2004

Schallen, Zulassungsverordnung für Vertragsärzte, Vertragszahnärzte, Medizinische Versorgungszentren, Psychotherapeuten, C.F. Müller / MedizinRecht.de, 6. Auflage 2008

Schmid-Domin, Bewertung von Arztpraxen und Kaufpreisfindung, Erich Schmidt Verlag, 1. Auflage 2006

Schmitz/Binz/Oerter, Der Praxiskaufvertrag für die Arzt- und Zahnarztpraxis, C.F. Müller / MedizinRecht.de, 1. Auflage 2007

Van Zwoll/Mai/Eckhardt/Rehborn, Die Arztpraxis in Krise und Insolvenz, RWS-Verlag, 1. Auflage 2007

Wallhäuser, Verträge in der Integrierten Versorgung, C.F. Müller / MedizinRecht.de, 1. Auflage 2005

Wenzel, Handbuch des Fachanwalts Medizinrecht, Luchterhand, 1. Auflage 2007

Wollny, Unternehmungs- und Praxisübertragungen, Verlag Neue Wirtschaftsbriefe, 4. Auflage 1996

Zwingel/Preißler, Ärzte-Kooperationen und das Medizinische Versorgungszentrum, Deutscher Ärzteverlag, 2. Auflage 2008

Literaturverzeichnis

Altendorfer/Merk/Jensch, Das Medizinische Versorgungszentrum, Medizin-Recht.de, Vertrag, 1. Auflage 2004
Bäune/Meschke/Rothfuß, Kommentar zur Zulassungsverordnung für Vertragsärzte und Vertragszahnärzte (Ärzte-ZV, Zahnärzte-ZV), Springer Verlag, 1. Auflage 2008
Bohle, Integrierte Versorgung, Economica Verlagsgruppe Hüthig Jehle Rehm, 2. Auflage 2007
Dahm/Möller/Ratzel, Rechtshandbuch Medizinische Versorgungszentren, Springer-Verlag, 1. Auflage 2005
Drukarczyk/Ernst, Branchenorientierte Unternehmensbewertung, Verlag Franz Vahlen, 2. Auflage 2006
Ehlers (Herausgeber), *Gasser/Hesral/Künzel/Möller/Preißler:* Fortführung von Arztpraxen, Verlag C.H. Beck, 2. Auflage 2001
Frielingsdorf, Praxiswert / Apothekenwert, Economica Verlagsgruppe Hüthig Jehle Rehm, 1. Auflage 2007
Gatzen: Bewertung von Arztpraxen, Verlag Josef Eul, 1992
Gutachten *Roland Berger Strategy Consultants 2001,* Geschätzte Entwicklung der Integrierten Gesundheitsvorsorge 2001
Halbe/Schirmer, Handbuch Kooperation im Gesundheitswesen, Economica / Verlagsgruppe Hüthig Jehle Rehm, 8. Aktualisierung 2008
Hohmann/Klawonn, Das Medizinische Versorgungszentrum (MVZ) – Die Verträge, C.F. Müller / MedizinRecht.de, 1. Auflage 2005
Isringhaus/Kroel/Wendland, Medizinisches Versorgungszentrum – Beratungshandbuch, Verlag Praxismanagement Wirtschaftsberatungsgesellschaft mbH, Verlag Praxis-Managementberatungsgesellschaft, 1. Auflage 2004
Kassler Kommentar zum Sozialversicherungsrecht, Loseblattkommentar, Verlag C.H. Beck, 2005
Klapp, Abgabe und Übernahme einer Arztpraxis, Springer-Verlag, 3. Auflage 2006
Laufs/Uhlenbruck, Handbuch des Arztrechts, Verlag C.H. Beck, 3. Auflage 2002

Literaturverzeichnis

Luxenburger, Rechtsfragen beim Verkauf und Erwerb einer ärztlichen Praxis, 1989
Münchener Kommentar zum BGB, Verlag C.H. Beck, 5. Auflage 2006 ff.
Narr/Hess/Schirmer/Nösser/Halbe/Berner/Hübner/Schröder: Ärztliches Berufsrecht, Deutscher Ärzte-Verlag, 2. Auflage 2007
Orlowski/Halbe/Karch, Vertragsarztrechtsänderungsgesetz (VÄndG), C.F. Müller / MedizinRecht.de, 2. Auflage 2008
Palandt, Bürgerliches Gesetzbuch, Beck Verlag, 64. Auflage 2005
Plagemann/Niggehoff, Vertragsarztrecht, Fachhochschulverlag, 2. Auflage 2000
Raffelsieper/Gerdts, Mietvertrag für die Arztpraxis, Frankfurter Musterverträge, Bd. 3, MedizinRecht.de Verlag, 1. Auflage 2003
Ratzel/Luxenburger, Handbuch Medizinrecht, Deutscher Anwaltverlag, 1. Auflage 2008
Rieger/Dahm/Steinhilper, Heidelberger Kommentar Arztrecht Krankenhausrecht Medizinrecht, C.F. Müller / Verlagsgruppe Hüthig Jehle Rehm, 22. Aktualisierung Mai 2008
Rieger, Rechtsfragen beim Verkauf und Erwerb einer Arztpraxis, Deutscher Ärzte-Verlag, 5. Auflage 2004
Schallen, Zulassungsverordnung für Vertragsärzte, Vertragszahnärzte, Medizinische Versorgungszentren, Psychotherapeuten, C.F. Müller / MedizinRecht.de, 6. Auflage 2008
Schmid-Domin, Bewertung von Arztpraxen und Kaufpreisfindung, Erich Schmidt Verlag, 1. Auflage 2006
Schmitz/Binz/Oerter, Der Praxiskaufvertrag für die Arzt- und Zahnarztpraxis, C.F. Müller / MedizinRecht.de, 1. Auflage 2007
Van Zwoll/Mai/Eckhardt/Rehborn, Die Arztpraxis in Krise und Insolvenz, RWS-Verlag, 1. Auflage 2007
Wallhäuser, Verträge in der Integrierten Versorgung, C.F. Müller / MedizinRecht.de, 1. Auflage 2005
Wenzel, Handbuch des Fachanwalts Medizinrecht, Luchterhand, 1. Auflage 2007
Wollny, Unternehmungs- und Praxisübertragungen, Verlag Neue Wirtschaftsbriefe, 4. Auflage 1996
Zwingel/Preißler, Ärzte-Kooperationen und das Medizinische Versorgungszentrum, Deutscher Ärzteverlag, 2. Auflage 2008

Der Autor

Dr. Ralph Steinbrück

Rechtsanwalt, Fachanwalt für Medizinrecht und Seniorpartner der Kanzlei Ulsenheimer & Friederich Rechtsanwälte, München

1954 geboren in Mainz, 1975 – 1978 Jurastudium in Mainz und München, 1979 – 1981 Referendariat in München, Promotion 1981 in München, seit 1982 zugelassen als selbstständiger Rechtsanwalt, tätig im Wirtschaftsrecht, seit 1990 bundesweit im Medizinrecht tätig.

Mitglied in der Arbeitsgemeinschaft Medizinrecht im Deutschen Anwaltverein, in der Deutschen Gesellschaft für Medizinrecht e. V., in der Deutschen Gesellschaft für Kassenarztrecht e. V. und in der Gesellschaft für Recht und Politik im Gesundheitswesen e. V.

Arbeitsschwerpunkte im Ärztlichen Vertragsrecht, Vertragsarztrecht, Ärztlichen Berufsrecht, Ärztlichen Vergütungsrecht, Krankenhausrecht und Apotheken- und Arzneimittelrecht. Beratung und Vertretung von Ärzten und Zahnärzten, Medizinischen Versorgungszentren, Krankenhäusern, Apothekern und Pharmafirmen, nicht Patienten.

Vorträge, Seminare und Workshops zu aktuellen Themen des Medizinrechts und der Gesundheitspolitik, insbesondere Praxisgründung, Praxisabgabe und -übernahme, Ärztliche Kooperationsformen, Neue Versorgungsstrukturen, z. B. Medizinische Versorgungszentren, Integrierte Versorgung, Hausarztzentrierte Versorgung und Selektivverträge, Neue Vergütungsstrukturen, z. B. Honorarreform, EBM 2008, Regelleistungsvolumina und Morbi-RSA, Arztpraxis in Krise und Insolvenz, Praxisshop, etc.